Wer schrieb Beethovens Zehnte?

Harald Asel

Wer schrieb Beethovens Zehnte?

Alles, was Sie über Musik nicht wissen

Eichborn Berlin

1 2 3 4 09 08

Umschlaggestaltung: Christina Hucke
Motiv: »His Master's Voice« von Francis Barraud (1898)
© Bettman/CORBIS
Lektorat: Andrea Schaufel
Typografie und Ausstattung: Cosima Schneider
Satz: Fotosatz Reinhard Amann, Aichstetten
Druck und Bindung: FVA, Fulda
ISBN 978-3-8218-5841-8

Eichborn Verlag, Kaiserstraße 66, 60329 Frankfurt am Main
Mehr Informationen zum Programm von Eichborn Berlin und
Eichborn finden Sie unter

www.eichborn-berlin.de und www.eichborn.de

A

a = mehr oder minder 440 Hz

→Kammerton a

Absolutes Gehör

Es ist das gis. Dieser Ton versaut alle Statistik. Als Besitzer des absoluten Gehörs gelten diejenigen, die zwischen 70 und 100 % der Tonhöhen bei einem Test exakt und ohne weitere Hilfsmittel vorhersagen können. Neueste Untersuchungen in den USA behaupten jetzt: beim gis liegen die meisten von ihnen daneben.

Was auf den ersten Blick verwundert, wird verständlich, wenn man bedenkt, dass das richtige Erfassen von exakten Tonhöhen und Tonarten seit etwas mehr als zweieinhalb Jahrhunderten deutlich erschwert ist. Zum einen liegt das an der »temperierten Stimmung« (→Wohltemperiert), also an der geringfügigen Verstimmung einzelner Intervalle, um zwölf gleichmäßig große Halbtöne in einer Oktave unterzubringen. Zum anderen findet ein allmählicher Anstieg der Hertzfrequenz für den Stimmton a statt (→Kammerton a). Heute existieren je nach Ensemble verschiedene Stimmungen. Mal hat das a' 392 Hz, mal 415 Hz, mal 440 Hz, mal 446 Hz. Da hat sich das absolute Gehör mächtig anzustrengen. Oder sagen wir besser, sonst wäre es ja nicht absolut, im Kopf ständig neu zu rechnen.

Fast jeder, so meinen manche Forscher, hat mit der Geburt diese besondere Fähigkeit des sicheren Tonortens, er verliert sie aber rasch. Im Erwachsenenalter bleibt nur jeder 10 000ste übrig. Optimistischere Schätzungen sprechen immerhin von unter 1 %.

Um diese angeborene Sonderbegabung zu fördern, setzen die Verfechter einer Umwelttheorie auf frühkindliche Prägung, plädieren also für Musikunterricht für Kinder zwischen drei und fünf Jahren zur Ausbildung des absoluten Gehörs. Einige Menschen behalten das absolute Gehör im Erwachsenenalter aufgrund eines genetischen Defekts, des so genannten Williams-Beuren-Syndroms. Das sorgt bei den Betroffenen für eine ausgeprägte Musikalität, allerdings auch für erhöhte Geräuschempfindlichkeit. Nicht immer ist ein absolutes Gehör also ein Gewinn.

Zudem gibt es große nationale Unterschiede, für die seitens der Forschung noch keine hinreichenden Erklärungen gefunden wurden. Liegt es an der Ausbildung oder doch an der unterschiedlichen Musikalität der Sprachen, dass Franzosen besser abschneiden als US-Amerikaner? Haben Sprecher von Sprachen, die Wörtern je nach Tonhöhe oder Satzmelodie verschiedene Bedeutungen zuteilen, größere Chancen auf das absolute Gehör? Das könnte die beeindruckende Musikalität bei Chinesen, Koreanern und Japanern erklären. Obwohl die dortigen traditionellen Musikkulturen mit anderen Tonskalen arbeiten als der europäischen Tonleiter. Und wieso ist eigentlich das gis der Ausreißer? An der Universität von Kalifornien haben gerade mal die Hälfte der hochmusikalischen Probanden den Ton richtig bestimmt, halb so viele lagen mit der Vermutung »a« knapp daneben. Oder, wie meine Klavierlehrerin beim Anschlagen der falschen Tasten sagte: »A miss is as long as a mile« – dicht daneben ist auch vorbei. Offensichtlich führen häufige Besuche von Konzerten klassischer Musik nicht, wie man zunächst denken könnte, zu einem treffsicheren Bestimmen der Tonhöhen. Ganz im Gegenteil. Wer dem Stimmvorgang lauscht, bei dem ein Orchester sich nacheinander auf ein gemeinsames a einigt, der wird möglicherweise erst recht verunsichert. Zumindest bei Tönen, die nahe beieinander liegen.

Beruhigend ist, dass bei Untersuchungen mit Berufsmusikern der Anteil derer, die ein absolutes Gehör besitzen, im Höchstfall nur 20 % betrug. Die restlichen 80 % waren darum keine schlechteteren Musiker.

Adorno schlägt Mozart

Der Philosoph Theodor Wiesengrund Adorno rang sich in einer schwachen Stunde dazu durch, den theoretisch geforderten Zwang zur Negation abzulegen. In einem Programmheft der Städtischen Bühnen Frankfurt am Main in der Spielzeit 1952/53 schrieb der mittlerweile 50-Jährige die *Huldigung an Zerlina*. Der Text ist ein intellektuell verbrämter Ausdruck seiner scheuen Verliebtheit in jenes Bauernmädchen, das Don Giovanni mit seinem Angebot »Reich mir die Hand mein Leben, komm auf mein Schloss mit mir« verführen will. Adorno geht so weit zu behaupten: »Im Nachspiel von Mozarts Orchester scheint die entzweite Menschheit selber versöhnt.«

So sehr also Adorno ein Bewunderer Mozarts war, so sehr würde es ihn irritiert haben, wenn er von folgendem bürokratischen Vorgang erfahren hätte: 1970 wurde in Opladen eine bis dahin unbenannte Straße auf den Namen Mozartstraße getauft. Nun führte die Neuordnung der Kommunen in Nordrhein-Westfalen aber wenige Jahre später dazu, dass Opladen Teil von Leverkusen wurde. Das Dilemma war, dass man plötzlich zwei Mozartstraßen im städtischen Straßenregister führte. In der Verwaltung der Rheinstadt schienen zu diesem Zeitpunkt außerdem die so genannten 68er ihren »Marsch durch die Institutionen« angetreten zu haben. So kam es, dass der gerade mal sechs Jahre zuvor verstorbene Philosoph und Musiktheoretiker, der übrigens mit den Studentenprotesten seine liebe Not hatte, durch eine eigene Straße geehrt wurde. Die Opladener Mozartstraße wurde zur Adornostraße. Es entstand ein richtiges Philosophenviertel. Denn die Theodor-Adorno-Straße mündet in die Karl-Jaspers-Straße und quert die Ernst-Bloch-Straße. Nun ist es ja nicht ungewöhnlich, dass der Denker der Kritischen Theorie an dem Ort, an dem er maßgeblich wirkte, in Frankfurt am Main, mit einem Platz geehrt wird. Leverkusen aber ist eine Stadt, mit der ihn wenig verband. Dass die ihn Wolfgang Amadeus Mozart vorzieht, das ist schon ein Ereignis.

Hieraus entsteht für Adornoschüler ein interessantes Theorieproblem, das bislang noch nicht recht angegangen wurde: Ungezählte Straßen sind weltweit nach dem Wiener Komponisten benannt. Sie mögen ebenso wie die Mozartkugel (→ Kulinarisches) von der Vereinnahmung durch den von Adorno kritisierten Kulturbetrieb künden. Wovon kündet dann aber die Theodor-Adorno-Straße?

Aleatorik

Gewürfelt wurde musikalisch bereits im 18. Jahrhundert. Damals wurden Notentafeln veröffentlicht, nach denen jedermann mit einem oder zwei Würfeln komponieren konnte. Auch wenn es sich dabei nur um Polonaisen oder Menuette in vorgefertigten Bahnen handelte. Das Ganze war also sogar noch weniger aufregend als »Malen nach Zahlen«. Von diesen musikalischen Würfelspielen (→Würfelkomponisten) unterscheidet sich jene Tendenz in der Musik des 20. Jahrhunderts, die mit dem lateinischen Wort für Würfel, alea, ästhetische Prinzipien verbindet.

Ferienkurse für junge Komponisten

Auf dem alljährlichen »Gipfeltreffen« der Avantgarde, den Darmstädter Ferienkursen für Neue Musik, fällt 1957 der Begriff Aleatorik in seiner normativen Bedeutung wohl zum ersten Mal. Die Freiheit des Interpreten, eigene Entscheidungen in den vorgegebenen kompositorischen Rahmen einzubringen, davon schwärmten die jungen Komponisten im Nachkriegseuropa, wie etwa Karlheinz Stockhausen oder Pierre Boulez. Allerdings nicht ohne Einschränkungen. Weshalb sie ziemlich genau definierten, was frei wählbar bleibt, etwa die Reihenfolge von genauestens notierten Abschnitten. Einschübe werden in diesen Kompositionen dann gestattet, wenn sie weder den Sound noch die Struktur der Musiksprache verlassen, in die sie sich einfügen sollen. Solche gelenkten Improvisationen, die selbstredend lange vor der Aufführung festgelegt waren, erforderten vom Interpreten sogar eine größere affirmative Einstellung zur Musik des jeweiligen Komponisten als das pingelige Ausführen fester Vorgaben. Vielleicht haben deshalb manche Komponisten wie Hans Werner Henze in späteren Überarbeitungen ihrer Werke die aleatorischen Passagen auskomponiert. Es ist also trotz aller Traditionsstürmerei der jungen Komponisten ein Rest jenes autoritären Stils geblieben. Demokratie ja, aber es soll gefälligst das Richtige herauskommen. Da war sich die revolutionäre Avantgarde merkwürdigerweise mit Konrad Adenauer doch einiger, als ihr lieb war. Der Vergleich zwischen den Avantgardisten im Westen und in Osteuropa zeigt: Interessanterweise waren es gerade Komponisten aus Polen wie Witold Lutoslawski und Krzysztof Penderecki, die weitere Freiheiten der Interpreten im Umspielen des vorhandenen Materials zuließen. Vielleicht verstanden sie das Gewährenlassen als eine Art Gegenbewegung zu der ihnen wohlbekannten Manie des bürokratischen Sozialismus, alles verregeln und kontrollieren zu wollen.

In Nordamerika ging man einen anderen Weg. Einen Weg, der viele europäische Komponisten bei der ersten Begegnung anlässlich der Darmstädter Ferienkurse 1957 nachhaltig irritierte. Ein Name polarisierte: John Cage. Er galt als Hauptvertreter dieser Richtung. Cage hat das Würfeln selbst zum kompositorischen Prinzip gemacht. Genauer: die Entscheidungen über die Struktur und die Interpretation seiner Musik folgt oft den Ergebnissen, die beim Werfen von Stäbchen oder Münzen nach dem altchinesischen Orakelbuch I Ching (I Ging, Yi Jing) herauskommen. Cage will damit verhindern, wie er sagt, dass »individueller Geschmack oder Gedächtnis« Stücke wie *Music of Changes, Concerto for Prepared Piano and Chamber Orchestra* oder *Imaginary Landscape IV* determinieren.

Cage komponiert für vierundzwanzig Spieler und zwölf Radiogeräte

Imaginary Landscape IV ist darüber hinaus auch von nicht vom I-Ching-Werfen beinflussbaren Parametern abhängig. Es handelt sich um eine Komposition für 12 Radiogeräte und 24 Spieler. Entsprechend den von Cage »erwürfelten« Entscheidungen über Tondauern, Lautstärken und zu wählendes Tempo, werden Lautstärke- und Senderwahlknopf bedient. Was zu hören ist, entscheiden die Programmverantwortlichen der Radiostationen, die auf den jeweils angepeilten Frequenzen senden. Bei der Uraufführung war es bereits recht spät am Abend und das hieß in den 1950er Jahren, dass weniger Programm ausgestrahlt wurde als tagsüber. Doch Cage ließ sich davon nicht beirren: atmosphärische Störungen und Rauschen können ebenso eine Version von *Imaginary Landscape IV* bilden wie aufgeregte Moderatoren und hektische Beats bei heutigen Aufführungen. Im Unterschied zu den Würfelmenuetten des späten 18. Jahrhunderts, die im Grunde alle gleich klingen, ist bei *Imaginary Landscape IV* nie eine Wiederholung möglich, obwohl die kompositorischen Vorgaben nicht beliebig sind.

Die Würfel sind gefallen. Wie auch in anderen Feldern, etwa bei der Verwendung von elektronisch erzeugten Tönen, finden sich die ästhetischen Überlegungen einer verhältnismäßig kleinen Gruppe von Musikern der so genannten »Avantgarde« nach Jahrzehnten sedimentiert in der allgemeinen Kultur des Mainstreams wieder. Das zeigt etwa der Blick auf ein modernes Computerprogramm. Das Stockhausensche Prinzip einer Wahlfreiheit in engen Grenzen einer vorgegebenen Struktur, bei der es »richtige« und »falsche« Töne, Tempi, Anschlagsarten gibt, hat ein norddeutscher Erfinder in Rechnerbefehle umgeschrieben. Im Rahmen der Dur-Moll-Harmonik wird auf diese Weise möglichst konventionelle Musik erzeugt (→Ludwig: Komponieren am Bildschirm).

Amadeus, Amadeus

»Er war ein Superstar, er war so populär …« sang in den 1980er Jahren der Österreicher Falco über Wolfgang Amadeus Mozart in seinem größten Hit. *Rock me Amadeus* antwortete auf den Erfolg des Films von Milos Forman, der wiederum auf einem Theaterstück von Peter Shaffer beruhte. Auf der Bühne und im Film erzählt der greise Antonio Salieri, der zu seiner Zeit erfolgreichste Komponist im kaiserlichen Wien, aus einem persönlichen Blickwinkel heraus das Leben und das Scheitern des Kompositionskollegen. Schon der russische Dichter Alexander Puschkin hatte in seinem Drama *Mozart und Salieri* eine Rivalität der beiden Musiker behauptet, die im Mord Salieris an Mozart kulminiert. Nikolai Rimski-Korsakow setzte den Einakter später in Musik.

»Amadeus, Amadeus«. Schon an diesem Vornamen lassen sich die Schatten der Umdeutungen und Vereinnahmungen in der Mozartrezeption zweier Jahrhunderte ablesen. Laut Taufurkunde hieß Mozart Joannes Chrysostomos Wolfgangus Theophilus. Die Entscheidung für die verschiedenen Vornamen hatte unterschiedliche Gründe. Sein Geburtstag, der 27. Januar, ist der Namenstag des großen Kirchenlehrers Johannes Chrysostomos (»Goldmund«) aus Antiochia am Orontes, dem heutigen Antakya im Süden der Türkei. Chrysostomos wirkte später in Konstantinopel, wurde aber gleichermaßen für die westliche Kirche bedeutsam, weswegen er auch im katholischen Salzburg verehrt wurde.

Theophil wurde Mozart nach seinem Taufpaten Johann Gottlieb Pergmayr genannt, dabei die griechische Version mit lateinischer Endung verwendend. Wolfgang hieß Mozart schließlich zu Ehren seines Großvaters Wolfgang Nikolaus Pertl.

Die latinisierte Form von Gottlieb/Theophil, Amadeus, findet sich erstmals in einem Brief von 1774. In den Jahren zuvor ist häufiger die italienisierte Form Amadeo zu lesen, nach der großen Parisreise 1777/78 auch französisch Amadé.

Dem Sterberegister von St. Stephan in Wien ist schließlich die amtliche Beglaubigung der heute üblichen Namensform zu verdanken. Noch wichtiger für die überregionale Verbreitung des Vornamens Amadeus war jedoch die Publikation der *Œuvres complette de Wolfgang Amadeus Mozart*, die das Leipziger Verlagshaus Breitkopf & Härtel 1799 in Druck gab.

Ein großer Verehrer der Musik Mozarts war der Dichter Ernst Theodor Wilhelm Hoffmann, der auch als Komponist und als Autor von musikkritischen Schriften hervorgetreten ist. Seine Verehrung ging so weit, dass er bei der Veröffentlichung des Singspiels *Die lustigen Musikanten* 1805 seinen Vornamen Wilhelm durch Amadeus ersetzte und von da an unter dem Kürzel E. T. A. Hoffmann publizierte.

Ob sich die Eltern des deutschen Komponisten Karl Amadeus Hartmann (1905–1963) bei der Namensgebung vorstellen konnten, dass ihr Sohn einmal ein blendender Organisator von Veranstaltungen mit Neuer Musik werden würde? Jedenfalls war ihre Entscheidung für den Namen »Amadeus« nicht falsch gewesen. Denn Hartmann war ein Musiker, der mit hoher ethischer Verantwortungsbereitschaft in der Zeit des Nationalsozialismus in die innere Emigration ging. So bewahrte er seine musikalische Sprache als Hort der Humanität. Auf die existentielle Situation der Verunsicherung in Zeiten des Krieges antwortete er beispielhaft mit seiner Oper *Simplicius Simplicissimus* nach dem Roman von Grimmelshausen.

Animalische Töne

In vielen Ländern ist unter dem Begriff »Charivari« ein Brauch bekannt, mit dem das Verhalten eines Einzelnen oder einer Gruppe durch lauten Lärm, Töpfe Schlagen, misstönenden Gesang öffentlich angeprangert wurde. Dabei ging es in der Regel um nicht regelkonformes Verhalten. Möglicherweise liegt der Ursprung in mittelalterlichen antisemitischen Aufläufen, bei denen der fremdartige liturgische Gesang nachgeahmt werden sollte.

Katzen

Im 19. Jahrhundert wird »Charivari« konkreter auf unverständliche Musik bezogen. So entgeht auch Richard Wagner bei einigen Musikpublizisten nicht dem Vorwurf, Katzenmusik geschrieben zu haben.

Als *Katzenfuge* ist die Sonata g-Moll K30/L 499 von Domenico Scarlatti (→ Œuvres, überbordende) in die Musikgeschichte eingegangen. Sie beginnt mit einem Thema, das in harmonisch verunklarten Schritten langsam nach oben steigt, ehe es in Achteln wieder abwärts rollt. Als Begründung für diese Normabweichung wird die Katze des Komponisten angeführt, die auf dem Flügel entlanggestreift sein soll.

Gioacchino Rossini schrieb ein Katzenduett für zwei Sänger, *Duetto buffo di due gatti.*

Der größte kommerzielle Erfolg der Katzen in der Musik ist selbstredend Andrew Lloyd Webbers Musical *Cats,* nach den Gedichten von T. S. Eliot. Doch kaum hatte das Stück 1981 am West End in London seine Uraufführung erlebt, da konfrontierte einer der wichtigsten Opernkomponisten des 20. Jahrhunderts, Hans Werner Henze, sein Publikum mit einer weiteren Tierfabel. Nach einer Erzählung von Balzac entstand *Die englische Katze,* 1983 bei den Schwetzinger Festspielen uraufgeführt. Eine Parabel über menschliches Verhalten im Gewand einer Katzengeschichte, die im viktorianischen England spielt.

Vögel Musikalisch ergiebiger sind allerdings Vogelstimmen.

Der Anfang der fünften Symphonie von Beethoven ist nicht nur das Signet, mit dem die BBC während des Zweiten Weltkrieges ihre Sendungen ankündigte (→Pausenzeichen). Es handelt sich zudem um den Gesang des Ammerlings. Behauptet zumindest Carl Czerny, der den Vogel verantwortlich macht für das Kopfmotiv. Überhaupt, so Czerny, habe der allmählich ertaubende Komponist häufiger Einfälle gehabt, die auf den natürlichen »Gesang« der Vögel zurückzuführen sind. Das Scherzo der Neunten sei ihm an einem Frühlingsmorgen im Wiener Augarten eingefallen, nachdem er dem Durcheinanderzwitschern der Vögel gelauscht hatte. Czerny nimmt dies als einen Beweis dafür, dass die eigentliche Ertaubung Beethovens zwischen der Arbeit am Scherzo und am Finale eingetreten sei, weshalb der Schlusssatz auch so weit von der Konvention abweiche.

Je mehr man in den Wald hinein hört, um so deutlicher schallt es heraus: Auch das Finalthema seines Violinkonzertes soll Beethoven einer Amsel abgelauscht haben.

Nun gibt es zwischen der zufälligen Verarbeitung von unbewusst oder bewusst aufgenommenen Vogelrufen einerseits und dem absichtlichem Einsatz als lautmalerisches Signal einen Unterschied. In musikalischen Natur- und Landschaftsschilderungen werden beispielsweise Kuckuck und Nachtigall gerne eingesetzt. Georg Friedrich Händel verwendete in seinem Orgelkonzert *Der Kuckuck und die Nachtigall* die beiden Rufe als Kontrast. In Beethovens sechster Symphonie, der *Pastorale,* rufen im Satz »Szene am Bach« Kuckuck, Wachtel, Nachtigall, Goldammer. Richard Wagner lässt im *Ring des Nibelungen*, genauer in der Oper *Siegfried*, den Titelhelden über seine Mutter nachsinnen, was Gelegenheit für ein Orchesterstück namens *Waldweben* gibt. Hier sollen laut Wagnerexegeten Goldammer, Pirol, Nachtigall, Baumlerche und Mönchsgrasmücke zu hören sein.

Gustav Mahler war von den Stimmen der Vögel sehr beeindruckt, nahm sie jedoch als frei verfügbares Material. Immer wieder stehen als Interpretationsangabe in den Noten »wie eine Vogelstimme« oder ähnliche Anmerkungen.

Am häufigsten werden Vogelstimmen bei Olivier Messiaen in den kompositorischen Prozess eingebunden. Werke wie *Le Réveil des Oiseaux* (Das Erwachen der Vögel) für Klavier und Orchester, *Oiseaux exotiques*, *Catalogue des Oiseaux* für Klavier oder *Chants d'oiseaux* für Orgel nehmen schon im Titel Bezug auf das Verfahren. Aber auch in anderen Werken wie dem Orchesterstück *Chronochromie* finden sich Vogelstimmen, deren Urheber zum Teil aus entlegenen Ländern stammen. Allerdings lädt uns Messiaen auch dabei nicht zum heiteren Vogelstimmenraten ein, sondern verwendet das vorgefundene Tonmaterial nach eigenem Belieben.

Wale

1971 erforschten Robert Payne und Scott McVay erstmals bei Buckelwalen die Ordnung der Töne, die die Meeressäuger im Frequenzbereich zwischen 10 und 20 Kilohertz erzeugen. Und zwar, anders als der Mensch, nicht über Stimmbänder und Ausatmen der Luft, sondern nur über ihren Kehlkopf. »Whale Song« nannten Walforscher das klangliche Phänomen, vor allem deshalb, weil es für Menschen erkennbare Themen und Strophenbildungen aufweist. Tonhöhen, Lautstärken und Geschwindigkeiten ändern sich dabei in den der Wiederholungen eines circa zwanzig Minuten dauernden Stücks. Ein Muster der Variation ist allerdings schwer zu erkennen. Wale, die benachbart leben, ähneln sich in ihrem »Gesang«, mit zunehmender Entfernung wachsen die Unterschiede. Anders als der Gesang der Vögel ist die Walmusik noch nicht von namhaften Komponisten zum Ausgangspunkt ihrer Werke gemacht worden. Allerdings sind bereits in den 1980er Jahren erste Aufnahmen als Meditationshilfe kommerziell vertrieben worden. Jeden Winter ist zudem das Whale-Song-Projekt auf Hawaii aktiv und stellt Unterwassertonaufnahmen mit kurzer Verzögerung live ins Netz.

Der berühmteste Wal der Welt ist zweifelsohne Moby Dick. 1851 hat ihn Herman Melville in seinem gleichnamigen Roman als Gegenspieler von Kapitän Ahab eingeführt. Zu musikalischen Ehren kam er etwa durch den Hollywoodkomponisten Bernard Hermann, der ihm 1938 eine Kantate widmete. 1999 erschienen von Laurie Anderson *Songs and Storys from Moby Dick*. Als Kinderoper wurde der Stoff 2004 mit den Wiener Sängerknaben uraufgeführt. Im Musical von Robert Longden und Hereward Kaye retten engagierte Schülerinnen die bankrotte Lehranstalt durch eine Aufführung von *Moby Dick* im Schulschwimmbad. Weitere Opern sind angekündigt.

Weit wie der Ozean sind auch die Bezüge in Rinde Eckerts *And God Created Great Whales* (aufgeführt in Baltimore 2002). Darin versucht ein Musiker seine Wal-Oper zu beenden, ehe er sein Gedächtnis völlig verliert. Eckert kritisiert dabei die Tendenz der letzten Jahrzehnte, berühmte literarische Stoffe zu veropern (→ überflüssige Literaturopern). Seine Frage lautet: »Braucht die Welt wirklich eine Moby-Dick-Oper?« Die Antwort: Nein.

Auf-die-Couch-schmeiß-Musik

Die Bezeichnung musikalischer Zeitalter, Stile und Verwendungsarten geht manchmal seltsame Wege. Da werden etwa aus Hilfsbegriffen der Wissenschaft charakterisierende Ausdrücke. Polemiken, die sich konkurrierende Musiker gegenseitig an den Kopf werfen, werden irgendwann terminologisch geadelt und dann nüchtern als Etikett verwendet. Und manche Begriffe, wie wir an der »Auf-die-Couch-schmeiß-Musik« sehen werden, tauchen auf und welken rasch.

Um 1320 macht sich eine junge Musikergeneration in Paris daran, melodische Eindringlichkeit und rhythmische Vielfalt in ihren Kompositionen auszubilden. Ihr Wortführer Philippe de Vitry nennt dies *Ars nova*, neue Kunst oder besser: neue Lehre, und setzt sich damit gegenüber der »alten«, in seinen Ohren vergangenen Schreibweise ab. Die Verfechter des bisherigen Stils lassen das nicht auf sich sitzen: »Es regiert die neue Kunst, die alte ist verbannt« schäumen sie. Und schon macht sich die Kirche als Hort der Tradition gegen die Neuerer stark, denen sie musikalische Laszivität vorwirft. Zum Glück kommt sie mit ihrem Verdikt nicht durch. Und letztlich macht der Klerus seinen Frieden mit den Modernisierern. Guillaume de Machaut, dem führenden Vertreter der *Ars nova,* verdanken wir immerhin die erste vierstimmige Messe der Musikgeschichte, die *Missa de Nostre Dame.*

Man sieht: In musikalischen Fragen wurde zu allen Zeiten mit harten Bandagen gekämpft. Der Streit zwischen Alt und Neu zieht sich durch die Musikgeschichte und wird im 20. Jahrhundert besonders virulent. Der einflussreiche Musikpublizist Paul Bekker nennt 1919 einen Vortrag »Neue Musik« und fortan wird dieser Abgrenzungsbegriff – das Wort »Neu« mit großem Anfangsbuchstaben geschrieben – zu einem Markennamen. Was er positiv bedeutet, ist weniger klar als wogegen er sich wendet.

Vertrackt ist auch die Begriffsgeschichte von »Barock«, einer Zeitalterbestimmung, die uns heute so gebräuchlich erscheint, dass wir uns wundern, wie spät sie eigentlich in der wissenschaftlichen Welt auftauchte. Die Zeitgenossen zwischen etwa 1600 und 1750 sahen ihre Epoche gar nicht als Einheit. Sie wurde erst im Nachhinein als solche wahrgenommen. Ende des 19. Jahrhunderts versuchte die Musikwissenschaft für diese anderthalb Jahrhunderte den Begriff »Generalbasszeitalter« einzuführen. Konstitutiv für die Musik war zu dieser Zeit nämlich der bezifferte Bass, die verkürzte Angabe von aus dem Stegreif auszuführenden Akkorden über der Bassnote als Begleitung zu den Solostimmen. Doch ein so technischer Begriff hat keinen Charme für ein breites Publikum. Und so machte, wie in der Kunst und der Literatur, auch in der Musik ein abfällig gemeintes Wort am Ende das Rennen. Denn »barocco«, schiefrund, wurde in romanischen Sprachen lange als Ausdruck für Überladenheit und Verschrobenheit verwendet. Jean-Jacques Rousseau, der Vorkämpfer einer neuen Natürlichkeit, schleuderte denn auch in den 1750er Jahren als erster den Bannstrahl »Barock« gegen die in seinen Augen dekadente Architektur. Aber man braucht nur lange genug zu warten und ein abschätziger Begriff wird allmählich gereinigt. In den 1920er Jahren beginnt die Wiederentdeckung der Musik vor 1750 in großem Stil. Es werden Händel-Festspiele und Bachensembles gegründet. Aktuelle Musik wird mit »barocken« Stilelementen, etwa fugierten Passagen, aufgepeppt. Nun ist »Barock« eine neutrale Bezeichnung für eine Epoche geworden, die jeder verwendet, als wäre es schon immer so gewesen.

Barock en vogue

Aber nicht alle Definitionen von Musik machen den Weg von der Polemik zum Abgeklärtsein durch. »Zukunftsmusik«, als Kampfbegriff von Wagner wie von seinen Gegnern verwandt, ist schneller gealtert als die Kompositionen des Bayreuther Meisters und wird heute im alltäglichen Sprachgebrauch nicht mehr visionär, sondern abwiegelnd gebraucht. Und keinem namhaften Hersteller von Aufzügen ist es bislang gelungen, das Pejorative an »Fahrstuhlmusik« (→ Musikpest) herauszufiltern.

Schließlich sind da auch noch die Begriffe, die sich nie über einen kleinen Kreis hinaus durchsetzen konnten und die dennoch einiges über den Zeitgeist verraten. Wie »Auf-die-Couch-schmeiß-Musik«. Helmut Segler erwähnt die Formulierung 1985 auf einer Tagung mit folgender, wissenschaftlich nicht voll zitierfähiger Quellenangabe: »von Hauptschülern gelernt«.

Hausfrauenhits

Gemeint sind kleine musikalisch gestaltete Werbeszenen im Hörfunk, die für die Zielgruppe der Hausfrau gedacht sind. Wir befinden uns vor der Einführung des Rund-um-die-Uhr-Programms öffentlich-rechtlicher wie privater Fernsehsender und nach Ansicht dieser wahrscheinlich männlichen Schüler bleiben die Frauen am Vormittag faulenzend auf der Couch liegen, um Radio hören zu können.

Was zeigt uns dies? In der musikpädagogischen Debatte in den 1970er Jahren hatten die Impulse der Studentenbewegung vertraute didaktische Konzepte durcheinandergewirbelt. Doch vom Aufbruch ins Neue war keine zehn Jahre später oft wenig mehr als die kumpelhafte Anbiederung der Musiklehrer bei ihren Schülern geblieben. Wir befinden uns außerdem zu diesem Zeitpunkt in einer Phase, in der der Musikunterricht im Stundenplan eine zunehmend untergeordnete Rolle spielt. Um im Dauerbeschuss von marketingstrategisch durchgeplanter Massenmusik und Videoclips Gehör zu finden, boten sich Begriffe wie »Auf-die-Couch-schmeiß-Musik« an. Doch anders als »Generalbasszeitalter« oder »Barock« ist diesem Begriff zu wenig

Musikalisches Tafelkonfekt

spezifisch Musikalisches eigen. Es erinnert lediglich daran, dass »Tafelmusik«, »Musikalisches Tafelkonfekt« oder »Musicalische Kürbishütte« zwar Titel von Sammlungen mit unterhaltsamen Musikstücken der Barockzeit waren, aber nie zu Gattungsbezeichnungen wurden.

B

b und h

→ Guidonische Hand

Bache

Der ungewöhnliche Namensplural ist angebracht bei dieser Familie, die über zwei Jahrhunderte hinweg auf vielen Musikerstellen in Mitteldeutschland, und schließlich auch darüber hinaus, ihren Dienst versah. Nur ganz wenige Familienmitglieder wählten andere Berufe. Als Ahnvater gilt Veit Bach, der wahrscheinlich aus Pressburg stammte, nach Wechmar einwanderte und dort als Bäcker tätig war. Zum Vergnügen soll er auf dem »Cythringen« gespielt haben. Johann Sebastian Bach war sich der besonderen Bedeutung seiner Familie bewusst und sammelte Fakten und Kompositionen in seinem Alt-Bachischen Archiv, bei vielen Familienmitgliedern die einzige Quelle für Musik und Lebenszeugnisse, die überdauert hat. Zwar waren die Bache kein Einzelfall in einer Zeit, in der Musik eher als Handwerk denn als Genietätigkeit verstanden wurde. Doch so umfänglich wie die Angehörigen der Familie Bach waren nur wenige Familien musikalisch tätig.

Die Familie Bach in alphabetischer Reihenfolge:

Carl Philipp Emanuel 1714–1788 (Komponist, Pianist) • Caspar ca. 1570–1642/44 (Stadtpfeifer, Fagottist) • Caspar ca. 1600–nach 1625 (Hofmusiker) • Christoph 1613–1661 (Stadtpfeifer) • Ernst Carl Gottfried 1738–1801 (Kantor) • Ernst Christian 1747–1822 (Kantor) • Georg Christoph 1642–1697 (Kantor und Organist) • Georg Michael 1703–1771 (Kantor) • Gottfried Heinrich 1724–1763 (schwachsinnig, mit Sinn für Tasteninstrumente) • Gottlieb Friedrich 1714–1785 (Organist) • Heinrich gest. 1635 (vermutlich jener blinde Musiker, der laut Familienüberlieferung in Italien ausgebildet wurde) • Heinrich 1615–1692 (Stadtmusikus, Organist) • Johann Aegidius 1645–1716 (Organist) • Johann Aegidius 1709–1746 (Kantor) • Johann Ambrosius 1645–1695 (Hof- und Stadtmusiker) • Johann Andreas 1713–1779 (Organist) • Johann Balthasar 1673–1691 (Stadtpfeifer) • Johann Bernhard 1676–1749 (Organist) • Johann Bernhard 1700–1743 (Organist) • Johann Christian 1640–1682 (Stadtpfeifer, Ratsmusiker) • Johann Christian 1696–? (Hofmusiker) • Johann Christian 1743–1814 (Lehrer an den Franckeschen Stiftungen und Pianist) • Johann Christian 1735–1782 (Komponist) • Johann Christoph 1642–1703 (Organist, Komponist) • Johann Christoph 1645–1693 (Stadtmusiker) • Johann Christoph 1671–1721 (Organist) • Johann Christoph 1673–1727 (Organist, Kantor) • Johann Christoph 1676–? (Cembalist) • Johann Christoph 1685–1740 (Organist) • Johann Christoph 1689–1740

(Organist und Lehrer) • Johann Christoph 1702–1756 (Kantor) • Johann Christoph Friedrich 1732–1795 (Komponist, Kapellmeister) • Johann Christoph Georg 1747–1814 (Organist) • Johann Elias 1705–1755 (Kantor) • Johann Ernst 1683–1739 (Organist) • Johann Ernst 1722–1777 (Organist, Komponist) • Johann Friedrich ca. 1682–1730 (Organist) • Johann Friedrich 1706–1743 (Kantor und Organist) • Johann Georg 1751–1797 (Organist und Hofadvokat) • Johann Gottfried Bernhard 1715–1739 (Organist) • Johann Günther 1653–1683 (Organist) • Johann Günther 1703–1756 (Ratsmusiker, Violinist, Sänger) • Johann Heinrich 1707–1783 (Kantor und Organist) • Johann Heinrich 1709–? (»ein guter Clavieriste«) • Johann Jacob 1655–1718 (Kantor) • Johann Jacob 1668–1692 (Stadtpfeifergeselle) • Johann Jacob 1682–1722 (Oboist, Flötist, Kammermusiker am schwedischen Hof) • Johann Lorenz 1695–1773 (Kantor) • Johann Ludwig 1677–1731 (Komponist, Kapellmeister) • Johann Michael 1648–1694 (Organist, Komponist, Instrumentenbauer) • Johann Michael 1685–? (Orgelbauer) • Johann Nikolaus 1653–1682 (Stadtmusiker) • Johann Nikolaus 1669–1753 (Organist, Instrumentenbauer) • Johann Philipp 1752–1846 (Organist) • Johann Samuel 1694–1720 (Musiker und Schulmeister) • Johann Sebastian 1685–1750 • Johann Stephan 1665–1717 (Kantor) • Johann Valentin 1669–1720 (Stadtmusiker und Obertürmer) • Johannes ca. 1550–1626 (Stadtpfeifer und Bäcker) • Johannes 1604–1673 (Stadtmusikus, Organist) • Johannes 1612–1632 (Stadtpfeifer) • Johannes 1621–1686 (Kantor und Pfarrer) • Lips ca. 1590–1626 (Spielmann) • Melchior 1603–1634 (»Musicant«) • Nicolaus 1619–1637 (Spielmann) • Nicolaus Ephraim 1690–1760 (Organist und Hofmusikus) • Philipp Christian Georg 1734–1809 (Kantor und Pfarrer) • Philipp Ernst Christian 1780–1840 (Oberamtskopist und Organist) • Samuel Anton 1713–1781 (Organist) • Tobias Friedrich 1695–1768 (Organist und Kantor) • Tobias Friedrich 1723–1805 (Kantor und »Mägdeleinschulmeister«) • Veit gest. vor 1577 (der Stammvater. War Bäcker und spielte auf dem »Cythringen«) • Wilhelm Friedemann 1710–1784 (Komponist und Organist) • Wilhelm Friedrich Ernst 1759–1845 (Komponist, Pianist)

Die hinter den Lebensdaten angegebenen Berufsbezeichnungen sind oft nur Näherungen an die tatsächlichen Tätigkeiten. Da das Komponieren im 17. und 18. Jahrhundert zu den selbstverständlichen Aufgaben von Kantoren und Organisten gehörte, wird nur dann, wenn mehrere Werke überliefert sind, ausdrücklich der Namensträger als Komponist erwähnt. Instrumentalisten, die am Hofe oder bei der Stadt angestellt waren, spielten zudem oft mehrere Blas- und Streichinstrumente.

Die Mitglieder der Musikerdynastie Bach waren zunächst in einem recht überschaubaren Gebiet in Mitteldeutschland tätig, erst allmählich, im 18. Jahrhundert, weitet sich ihr Wirkungsfeld bis ins fernere Europa aus. An folgenden Orten haben Bache musiziert:

Andisleben b. Erfurt • Arnstadt • Bayreuth • Berlin • Blankenhain • Braunschweig • Bückeburg • Dresden • Eisenach • Erfurt • Frankfurt a. M. • Gehren • Gotha • Großmonra b. Kölleda • Gundersleben • Halle • Hamburg • Heinrichs b. Suhl • Ilmenau • Jena • Keula • Köthen • Lahm im Itzgrund • Lehnstedt • Leipzig • London • Lübeck • Lüneburg • Magdeburg • Mailand • Meiningen • Mühlhausen • Neapel • Neumarkt b. Halle • Niederzimmern b. Weimar • Ohrdruf • Öhringen • Pferdingsleben b. Gotha • Potsdam • Rotterdam • Ruhla • Schweinfurt • Sondershausen · Steinbach · Stockholm • Thal b. Eisenach • Themar • Udestedt • Wasungen • Wechmar • Weimar

Daneben finden sich Ortsbezeichnungen wie »Italien« oder »nach Nordland ausgewandert«.

Nicht zur Wechmarer Linie der Bachfamilie, zu der Johann Sebastian Bach gehört, zählt Johann Michael Bach, 1745–1820. Er entstammt der so genannten hessischen Linie. Ob sie eine Verbindung nach Mitteldeutschland hat, ist bislang nicht in Erfahrung gebracht worden. Johann Michael Bach war sehr reiselustig, erreichte Amerika und hatte in seiner Jugend Werke im empfindsamen Stil komponiert. Später war er Anwalt im mecklenburgischen Güstrow, spielte die Orgel in einem Ort in der Rhön und fristete schließlich seine Tage als Gymnasiallehrer in Elberfeld.

Sein Sohn Georg Friedrich 1793–1860 hinterließ biographische Spuren als Flötist in der französischen Armee unter Napoleon und am schwedischen Hof.

Unklar ist die Verbindung zur Bachfamilie bei Hans Bach, geboren um 1555 im vorarlbergischen Andelsbuch, der als Hofnarr und Spielmann am würtembergischen Hof in Stuttgart lebte. Er starb 1615 in Nürtingen.

Garantiert nicht mit Johann Sebastian Bach verwandt ist August Wilhelm Bach, der von 1796 bis 1869 hauptsächlich in Berlin lebte. Er war hochgeschätzt als Orgelsachverständiger und Lehrer, spielte das Instrument virtuos, blieb in seinen Kompositionen allerdings recht akademisch.

Beethovens Zehnte, wer schrieb

Er selbst hat sie nicht geschrieben. Ludwig van Beethoven hat auch keine Fragmente hinterlassen, die ein anderer Komponist vollenden konnte. Es existiert kein Gerücht über ein verschollenes Meisterwerk. Und es gab auch keinen Skandal um eine gefälschte Symphonie, die dreist als letztes Werk Beethovens ausgeben worden wäre.

Beethovens Zehnte wurde nie geschrieben – und es gibt sie doch. Es handelt sich um eine bewusst normative Formulierung, als Ergebnis eines langwierigen kulturgeschichtlichen Prozesses im 19. Jahrhundert. Beethoven beherrschte damals als übermächtiges Vorbild, ja als Titan, die Musikwelt und erzeugte einen ungeheueren Erwartungsdruck auf jüngere Komponisten.

So fing alles an

Der Reihe nach: Am 7. Mai 1824 erklang erstmals Beethovens Symphonie Nr. 9 d-Moll. Gewidmet war sie König Friedrich Wilhelm III. von Preußen. Der war im Unterschied zu seinem unmittelbaren Vorgänger Friedrich Wilhelm II. (→ Spanisches Preußen: ein musikalischer Gastarbeiter) nicht unbedingt durch seinen künstlerischen Sachverstand aufgefallen. Mit der Dedikation an den preußischen König hatte sich Beethoven mindestens einen Orden erwartet. Was er bekam, war ein im Dankesschreiben als Brillantring bezeichnetes Schmuckstück. Das hatte bei genauem Hinsehen gerade mal den Wert von 300 Gulden.

Die Neunte spaltete zunächst die Musikwelt. Viele Zeitgenossen reagierten auf das genresprengende Werk mit Schillers *Ode an die Freude* im Schlusssatz eher verstört. Aber in der meinungsbildenden *Allgemeinen Musikalischen Zeitung* aus Leipzig feierte der Wiener Korrespondent bereits unmittelbar nach der Uraufführung die »göttliche Tonkunst« mit ihrem »hohen Priester« Beethoven.

Allmählich wendete sich das Blatt. Nur wenige ernstzunehmende Musiker, wie der Kasseler Hofkapellmeister Louis Spohr, behielten auch weiterhin ihre Abneigung gegen Beethovens letzte Symphonie bei. Die Neunte war zum Markstein geworden, den zu erreichen oder zu überschreiten als Aufgabe für die nachgeborenen Komponisten formuliert wurde.

Der Kult um Komponist und Werk brach sich dann 1845 endgültig Bahn in der Einweihung eines Denkmals während des Beethoven-Festes in Bonn. Da war die Auseinandersetzung, wer Beethoven in Deutschland beerben könnte, längst entbrannt. Felix Mendelssohn Bartholdy und Robert Schumann hatten neben anderen Zeitgenossen gewichtige Werke in der Gattung Sinfonie vorgelegt. Doch welches Werk würde neben den übermächtigen Beethovenschen Vorbildern bestehen können? Noch war der Begriff »Beethovens Zehnte« nicht gefallen, aber jeder suchte danach.

Brahms wird zum unfreiwilligen Erben

In den *Reise-Recensionen*, die der Dirigent Hans von Bülow 1877 als Buch veröffentlichte, wird ein definitiver Vorschlag zur Erbfolge gemacht. Bülow bezeichnete die erste Symphonie von Johannes Brahms, die dieser ein Jahr zuvor zu Ende komponiert hatte, knapp als »Zehnte Beethovens«. Eine musikgeschichtlich folgenschwere Einschätzung und für Brahms eine fast lähmende Last, an der er in der Folgezeit schwer zu tragen hatte.

Bülows Feststellung überrschascht. Denn Bülow war noch bis vor kurzer Zeit ein Parteigänger Richard Wagners gewesen. Wagner hatte sich früh von der reinen Instrumentalmusik abgewandt und sah seine Musikdramen als unmittelbare Fortführung der Idee der Neunten Beethovens. Denn in dieser Symphonie, so Wagners Argumentation, habe die Musik bereits zum deutenden Wort gedrängt. Er, Wagner, vollende dies mit der Einheit von Dichtung und Musik.

Hans von Bülow galt als einer der wichtigsten Mitarbeiter Wagners. Seine Abkehr von dessen ästhetischen Dogmen wurde mitunter vordergründig mit persönlichen Verletzungen erklärt. Denn seine Frau Cosima war von Richard Wagner schwanger geworden. Sie forderte aber bis zur offiziellen Scheidung von Bülow eine Art Dreiecksverhältnis, um den Schein aufrechtzuerhalten. Doch greift diese Erklärung sicherlich zu kurz. Vielmehr finden wir zu dieser Zeit einen grundlegenden Wandel in Bülows musikalischen Anschauungen. In den frühen 1860er Jahren hatte er noch eine eigene symphonische Dichtung im Stile von Franz Liszt geschrieben. Nun wurde er zum Verfechter programmloser Instrumentalmusik.

Er traf sich darin mit dem einflussreichen Wiener Kritiker und Brahmsapologeten Eduard Hanslick, der seine Musikästhetik auf dem Vorrang der Instrumentalmusik und dem Begriff der »tönend bewegten« Form aufbaute. Die Musik habe keine außermusikalischen Inhalte. Dass Hanslick nach der Wiener Erstaufführung der ersten Symphonie des Johannes Brahms einen klaren Bezug zu dem ein halbes Jahrhundert zuvor verstorbenen Beethoven herstellte, verwundert also nicht. Hanslick ging sogar noch weiter und baute den Norddeutschen mit seinem gesamten publizistischen Gewicht als Gegenpol zu Wagner auf.

Während Hanslick also alle außermusikalischen Bedeutungen in der Musik kategorisch ablehnte, verzichtete Hans von Bülow auch weiterhin nicht auf die inhaltliche Auslegung instrumentaler Kompositionen. Er folgte dabei den Stimmungen des Zeitgeistes. So bezeichnete er nach der deutschen Reichseinigung den greisen Kanzler Otto von Bismarck in einer Ansprache 1892 als »Bruder Beethovens«. Von Beethovens Vorbild im Gefolge der Französischen Revolution mit seinem menschheitsumspannenden Pathos war nur noch die Begleitmusik für nationalen Chauvinismus geblieben. Nicht wenige Konzertbesucher hörten denn auch aus den Symphonien des Hamburgers Johannes Brahms die Vorrangstellung der deutschen Musik in Europa heraus. Mit ihr wurde zugleich auch eine machtpolitische Vorrangstellung beansprucht. Insofern hatte es Hans von Bülow gar nicht so weit, wenn er einen Bogen schlug von Beethoven zu Brahms, einen Bogen, für den die Bezeichnung »Beethovens Zehnte« symptomatisch ist.

Bülows beständige Verehrung für Brahms zeigt sich übrigens darin, dass er seine persönliche Zählweise beibehielt. Er bezeichnete die zweite, dritte und vierte Symphonie von Johannes Brahms als Beethovens Elfte, Zwölfte, Dreizehnte. Das war dann aber nur noch eine Marotte und hatte keine durchschlagende Wirkung mehr, zumal der Komponist längst aus dem Schatten des übermächtigen Vorbildes getreten war. Und doch: Unter der Einschätzung, Brahms sei der »Nachfolger« bzw. »Erbe« Beethovens, hat die Rezeption seiner Musik lange gelitten. Schon früh stellten Freunde und Rezensenten die Nähe heraus, betonten den Ernst der Musik des Johannes Brahms. Der Betroffene, so erinnert sich der Komponist Karl Goldmark, trat 1863 vor die grummelnden Wiener Philharmoniker und erklärte: »Meine Herren! Ich weiß, ich bin nicht Beethoven, aber ich bin Johannes Brahms.« Brahms litt unter dem Zwang zur Beethoven-Nachfolge: »Ach Gott, wenn man wagt, nach Beethoven noch Symphonien zu schreiben, so müssen sie ganz anders aussehen!« formulierte er und wich zunächst auf die weniger festgelegte Form der Serenade in seinen frühen Orchesterwerken aus. Dem Dirigenten Hermann Levi vertraute er später an: »Du hast keinen Begriff davon, wie es unsereinem zumute ist, wenn er immer so einen Riesen hinter sich marschieren hört.« Dennoch hatte Brahms in Wien in seinem Musikzimmer immer eine Beethovenbüste im Blick, wenn er am Flügel saß.

Brahms emanzipiert sich

Berufsrisiko

Johann Sebastian Bach hatte am Ende seiner zehnjährigen Dienstzeit am Hofe des Herzogs zu Weimar genug von der ständigen Hintansetzung und den Eifersüchteleien zwischen dem Herzog und seinem Neffen, dem Prinzen Ernst August. Er unterlief das Verbot, für beide tätig zu sein, und wurde dafür bei der Stellenbesetzung nach dem Tode des Hofkapellmeisters Drese übergangen. Da bot sich durch Vermittlung von Ernst Augusts junger Frau der kleine Hof im anhaltinischen Köthen als Ausweichstation an. Die Familie war schon vorausgeschickt, die ersten Bezüge der neuen Stelle ausbezahlt. Allein der Weimarer Herzog weigerte sich, seinen geschätzten, wenn auch mager bezahlten Organisten gehen zu lassen. Bach wurde für vier Wochen »wegen seiner halßstarrigen Bezeugung von zu erzwingender Dimission auf der Landrichter-Stube arretiret und endlich den 2. Dec. Darauf, mit angezeigter Ungnade, Ihme die dimission durch den Hof-Secretär angedeutet und zugleich des arrests befreyet«, wie das offizielle Dokument der Verwaltung mitteilt. Die vier Wochen hatte Bach nicht untätig verbracht. Er überarbeitete die Choräle des Orgelbüchleins, ja manche Forscher vermuten erste Entwürfe jener Präludien und Fugen, die später zum Wohltemperierten Klavier zusammengefasst wurden (→ Wohltemperiert).

Bach komponiert im Knast

Im Jahr 2000 wurde vom Preußischen Kammerorchester Prenzlau *Die erzwungene Dimission* uraufgeführt. Der Dirigent und Komponist Mathias Husmann (Jg. 1948) lässt in dieser so genannten *Weimarer Schloss- und Riegel-Kantate* einen Bariton als Touristenführer die Geschichte der Inhaftierung Bachs erzählen. Husmann verwendet Bachsche Strukturen, die um ein Originalwerk gruppiert sind, Sinfonia, Aria, Choral. Er kopiert nicht, nur von fern erklingen beim Erwähnen der Jagdkantate einige Bläserstimmen. Die Musik wirkt altertümlich, wie aus der Erinnerung, überfirnisst durch den Staub der Jahrhunderte.

Beruf und Berufung

Bis ins späte 18. Jahrhundert hinein stellte sich die Frage nach einem außermusikalischen Brotberuf kaum. Viele Musiker waren an Höfen als Bedienstete angestellt und stammten zumeist aus Familien, in denen das musikalische Handwerk von einer Generation an die nächste weitergegeben wurde. Doppelberufungen gab es damals dennoch. Der Nürnberger Hans Sachs betonte, er sei »Schumacher und Poet dazu«. Antonio Vivaldi war zugleich als Priester tätig. Allerdings kam er immer dann bei seinen Vorgesetzten in Schwierigkeiten, wenn er das Musizieren den geistlichen Aufgaben vorzog.

Der Londoner Thomas Campion (1567–1620) verstand sich als Inbegriff des Renaissancemenschen, schließlich war er nicht nur Dichter und Komponist, sondern auch Arzt. Das gab ihm die Freiheit, unabhängig von Amt oder Mäzenen ausschließlich eigene Texte als Lautenlieder zu vertonen.

Erst mit dem Auftreten des mehr oder minder freien Künstlers und mit der Entstehung des bürgerlichen Kulturbetriebs im 19. Jahrhundert wurde es zu einer Gewissensentscheidung, den Weg des Komponisten zu wählen oder auf Alternativen zu sinnen.

Carl Friedrich Zelter war Gründer der Singakademie zu Berlin und einer der wichtigstgen Vertreter bürgerlichen Musizierens. Der Freund Goethes und Förderer Felix Mendelssohns hatte das Maurerhandwerk gelernt und war in die Leitung des väterlichen Betriebes eingetreten. Der war mit 60 Maurern ein führendes Unternehmen der Branche in der preußischen Hauptstadt. Erst spät, mit 56 Jahren, als er sich als Komponist, Lehrer und Organisator längst durchgesetzt hatte, legte er seinen Meistertitel ab, um sich ganz der Musik zu widmen.

Echte und gefälschte Gesellenbriefe

Der tschechische Komponist Antonín Dvořák erlernte das Metzgereihandwerk, da sein Vater als Metzger und Gastwirt in einfachen Verhältnissen lebte. Dennoch wurde sein musikalisches Talent früh erkannt und ausgebildet. Dvořáks vermeintlicher Gesellenbrief hat sich inzwischen als Fälschung erwiesen, der Brotberuf als eine fromme Legende.

Einen echten Gesellenbrief hielt hingegen Carl Michael Ziehrer in Händen. Der Vertreter der leichten Muse aus Wien war seinem Vater gefolgt und hatte Hutmacher gelernt. Ausgeübt hat Ziehrer den Beruf allerdings nicht, da er vom Wiener Magistrat die »musikdirectionale Befugnis für das Musizieren in Gasthäusern und Wirtshausgärten« erhalten hatte und schon bald nach Abschluss seiner Ausbildung mit gedruckten Kompositionen, Walzern, Polkas und Ländlern, reüssierte.

In der sich im 19. Jahrhundert nur langsam entwickelnden russischen Musikkultur arbeitete Peter Tschaikowsky im Justizministerium. Modest Mussorgsky fristete seine Tage als Kollegiensekretär, später im Forst-Departement. César Cui (1835–1918), Sohn eines französischen Tambourmajors, schlug eine militärische Ingenieurslaufbahn ein und lehrte Festungsbau. Schließlich stieg er in der Hierarchie bis zum General auf. Gleichzeitig wirkte er als Musikkritiker und Komponist. Aufgrund der Absicherung durch seine Lehrätigkeit konnte sich Cui eine eigenständige, mitunter auch eigensinnige Haltung in musikalischen Fragen erlauben. So nahm er Stellung zum aufkommenden Nationalismus in der russischen Musik, verschanzte sich hinter dem gepflegten Konservatismus seiner Kompositionen und griff selbst jene Musiker an, mit denen er lange verbunden war. Alexander Borodin (1833–1887) schließlich hatte als Chemiker maßgebliche Arbeiten publiziert und initiierte universitäre medizinische Kurse für Frauen, bis ihm dies per Zarenerlass untersagt wurde. Sein musikalisches Werk, das er selbst ganz offen als reine Freizeitbeschäftigung ansah, ist aufgrund der zahlreichen und zeitraubenden Broterwerbstätigkeiten nicht sehr umfangreich (→Œuvres, schmale).

Das 20. Jahrhundert kennt eine bessere ökonomische Absicherung von Musikern, etwa durch Tätigkeiten an staatlichen Hochschulen. Dennoch finden sich immer wieder Komponisten mit außermusikalischen Berufen. Bemerkenswert sind dabei einige Doppelbegabungen, bei denen neben dem musikalischen auch das mathematisch-technische Interesse ausgelebt wird. Zwei Beispiele:

Der Amerikaner Walter Piston (1894–1976) begann als technischer Zeichner für eine Eisenbahngesellschaft und besaß ein Diplom über Architekturmalerei. Daher rührt auch sein Faible für kontrapunktische Strenge, das sich in seiner Musik finden lässt.

Iannis Xenakis (1922–2001) verließ nach dem Zweiten Weltkrieg seine Heimat Griechenland, nachdem ihn eine Granate schwer verletzt hatte. Sie war während einer linken Demonstration gegen die britische Besatzungsmacht von deren Armeeangehörigen abgefeuert worden. Xenakis flüchtete nach Frankreich und wurde nach einem Ingenieurstudium Mitarbeiter im Team des Stararchitekten Le Corbusier. Das konstruktivistische Denken durchzieht seine Musik. Da finden sich mathematische Prinzipien, architektonische Konstruktionen und eine sentimentfreie Verwendung der klanglichen Mittel.

Bei Paul Sacher (1906–1999), dem Basler Dirigenten und Mäzen, stand der Musikberuf früh fest. Er gründete das Basler Kammerorchester und führte neuere Kompositionen ebenso auf wie Werke der Barockzeit. Auch übernahm er früh Funktionen in musikalischen Gesellschaften wie dem Schweizerischen Tonkünstlerverein oder der Internationalen Gesellschaft für Neue Musik. Die Heirat mit Maja Hoffmann-Stehlin veränderte sein Tätigkeitsfeld. Sacher war durch die Verbindung mit der Erbin des Pharmaunternehmens Hoffmann-La Roche finanzieller Sorgen enthoben. Als Verwaltungsratsmitglied der Firma prägte er jahrzehntelang in führender Stellung deren Unternehmenspolitik mit. Und machte seinen künstlerischen wie ökonomischen Einfluss auch bei der Förderung junger Komponisten und neuer Werke geltend. Für Paul Sacher schrieb beispielsweise Strawinsky sein *Concerto in re* für Kammerorchester. Die von Sacher gegründete Paul-Sacher-Stiftung erwarb eine Fülle von Originalpartituren und Nachlässen, so 1983 den kompletten Strawinskys.

Der Komponist als Unternehmer

Bestseller, musikalischer

Es war schon ein Ereignis, über das die Studierenden tuschelnd sprachen, wenn Hans Heinrich Eggebrecht, Ordinarius an der Universität in Freiburg im Breisgau, der damalige Nestor der deutschsprachigen Musikwissenschaft, in den 1980er Jahren sich ans Klavier setzte und von Thekla Badarzewska-Baranowska *Das Gebet einer Jungfrau* spielte. Es handelt sich bei *Modlitwa dziewicy*, später unter *La prière d'une vierge* verbreitet, um das meistverkaufte Stück Salonmusik aus dem 19. Jahrhundert. 1856 erstmals veröffentlicht, machte es die damals 22-jährige Tochter eines Polizeibeamten über Nacht berühmt. Nachdem das kurze sentimentale Stück bald darauf auch in Paris herausgekommen war, rissen sich die Musikverleger darum, es rund um den Erdball zu veröffentlichen. Die ernsthaften Kritiker waren über den Erfolg erbost, nannten die Kompositionen Thekla Badarzewskas die »demoralisierenden Produkte einer Aftermuse« (so das Musikalische Converstations-Lexikon, Berlin 1870).

Von Null auf Eins: ***Das Gebet einer Jungfrau***

Erst spät hat sich die Wissenschaft der konfektionierten Massenprodukte des 19. Jahrhunderts angenommen. Sie fand heraus, dass manche Verleger, wie etwa Schott in Mainz, gerade durch den inflationären Vertrieb von Salonmusik jenes Geld verdienen konnten, mit dem sie bestimmte musikgeschichtlich bedeutende Komponisten förderten. Wagners Geldmangel hätte ohne die Albumblätter der von ihm verachteten Zeitgenossen kaum behoben werden können. Manche Komponisten dieser Jahrzehnte hatten eine geradezu beängstigende Produktivität. Andreas Ballstaedt und Tobias Widmaier, die die Musik für den Salon im 19. Jahrhundert intensiv untersucht haben (Salonmusik. Zur Geschichte einer bürgerlichen Musikpraxis, Wiesbaden 1989), erwähnen etwa Fritz Kirchner mit fast 1000, Franz Behr und Josef Löw mit rund 700 und Gustav Lange mit 500 Stücken. Standardisiert waren die Titel dieser Werkchen, die die Aufgabe hatten, vorgefertigte Empfindungen von Natur und weiter Welt abzurufen. Standardisiert waren auch die musikalischen Mittel, die bei einfachen spieltechnischen Voraussetzungen dennoch den Anschein von Virtuosität erwecken sollten.

L'education sentimentale

Thekla Badarzewska-Baranowska hat im Unterschied zu den Vielschreibern der Branche nur gut drei Dutzend Klavierstückchen hinterlassen. Sie heißen *Douce Rêverie* (Süße Träumerei), *Souvenir de l'amitié* (Andenken der Freundschaft) oder *Le Baiser* (Der Kuß). Keines kam aber an den Erfolg des *Gebets einer Jungfrau* heran.

Zurück zu den musikästhetischen Seminaren des 20. Jahrhunderts. *La Prière d'une vierge* wurde dort nicht zuletzt deshalb als Beispiel vorgespielt, um die vorschnelle Überheblichkeit im Umgang mit vermeintlich »schlecht gemachter« Musik zu hinterfragen. Denn was im Kontext einer romantischen Kunstmusik billig erscheint, mag dennoch oder gerade deshalb eine bestimmte Funktion hervorragend erfüllen, hier: die Sentimentalität der höheren, am Klavier festgehaltenen Tochter des aufstrebenden Bürgertums zu befördern.

Bolero

Schon merkwürdig, dass ausgerechnet Ravels Orchesterwerk von 1928 (→Kopulationsmusik) als bekanntestes Beispiel dieses Tanzes immer wieder genannt wird. Denn als der französische Komponist seinen spanischen Tanz schrieb, lag die Blütezeit des Bolero bereits fast ein Jahrhundert zurück.

Die Entstehung des Tanzes lässt sich relativ genau datieren: um 1780. Zunächst tauchte er in der Sonderform der Seguidilla auf und wurde sehr bald zu einem gewichtigen Bestandteil einer erbittert geführten kulturellen Auseinandersetzung. Es ging um die Frage, wie stark der politische und kulturelle Einfluss des Auslandes auf die iberische Halbinsel sein sollte. Wer Anschluss an Europa finden wollte, tanzte zu diesem Zeitpunkt Menuett. Wer sich heimattreu geben wollte, plädierte für Fandango. Oder für den Bolero.

Europaweite Boleromanie

Vom Bürgertum bis zum einfachen Volk breitete sich bald darauf eine Boleromanie aus, zusätzlich geschürt durch kommerzielle Theaterunternehmen. Diese engagierten professionelle Tänzer für unterhaltsame Darbietungen, die zwischen den Akten der seriösen Dramen eingeschoben wurden. Manche gewagte Sprungfolge der Tänzer entzückte das Publikum und lud zum Nachmachen ein. Der Einmarsch der Franzosen 1808 (→Napoleon ist an allem Schuld) unterbrach den Aufstieg des Bolero als Modetanz in Spanien nur kurz. Inzwischen hatten bereits ausländische Zeitschriften Beispiele von Boleros abgedruckt, wenn auch nicht immer auf korrekte Weise. Die Übersetzungen waren oft sehr frei und spiegelten jene Klischees wider, die man in Paris, Wien und Berlin von Spanien hatte. Zu den ersten Boleros, die in Deutschland erschienen, zählte *Ich vergleiche die Frauen mit Sardinen*. Er wurde 1799 in der *Allgemeinen musikalischen Zeitung*, Leipzig veröffentlicht und fiel durch seine Kastagnettenbegleitung auf. Auch wenn diese ersten Beispiele von Boleros im Norden die reichhaltige spanische Musik nur schemenhaft abbilden konnten, weckten sie dennoch das Interesse namhafter Komponisten. So befasste sich auch Ludwig van Beethoven mit dem rhythmisch scharf akzentuierten Tanz.

Frauen und Sardinen

Mehr und mehr wurde der Bolero zur musikalischen Chiffre für Spanien allgemein. Im Zeitalter aufstrebender nationaler Musiksprachen diente er den Komponisten außerhalb der iberischen Halbinsel als einfaches Mittel, um Lokalkolorit zu erzeugen. Wie für Maurice Ravel. Der hatte übrigens schon in seiner *Rapsodie espagnole* 1907/08 einen Bolero verwandt, ehe er zwei Jahrzehnte später sein ursprünglich für Ballett konzipiertes bekanntestes Werk schuf.

Brennendes Rom

Es ist einer der Höhepunkte im Filmklassiker *Quo Vadis*: Peter Ustinov als Nero singt »Oh, lodernd Feuer«. Der Film und die Vorlage, Henryk Sinkiewiczs Historienroman, stehen in einer langen Tradition der Verachtung und Verspottung des dilettierenden Künstlers auf dem Cäsarenthron. »Lausiger Schmierenkomödiant« fasste zum Beispiel Friedrich Nietzsche sein Urteil zusammen. Es waren vor allem frühchristliche Autoren, die ihre Abscheu gegenüber einem Herrscher zum Ausdruck brachten, der während des großen Brandes in der Nacht vom 18. auf den 19. Juli 64 n. Chr. zur Lyra greift und singt. Doch stimmt dies überhaupt? Hat Nero wirklich, statt Hilfe zu organisieren, seiner Musikleidenschaft gefrönt? Tacitus schreibt in den ab etwa 110 entstandenen *Annalen* (15,39) lediglich von dem Gerücht, Nero habe Trojas Untergang besungen. Der römische Historiker versucht damit zu erklären, weshalb andere Maßnahmen des Kaisers während der Katastrophe, nämlich Behelfsbauten zu errichten und den Getreidepreis zu senken, nicht zur Kenntnis genommen wurden. Der Dichter Juvenal zählt in der *achten Satire* den Gesang über Orestes und das Lied vom Untergang Trojas zu den Schandtaten des Kaisers. Dabei greift er allerdings eher die ästhetische Anmaßung Neros an, sich in den großen Sujets mit den Meistern der griechischen und römischen Literatur messen zu wollen. Der Historiker Sueton schließlich beschreibt in seiner nach dem Jahr 120 entstandenen Nerobiographie (Kap. 38) die Szene, in der Nero vom Palast über der brennenden Stadt herab singt, bereits so, als wäre sie eine unumstößliche wahre Begebenheit.

Nero soll den Untergang besungen haben

Der eigentliche Skandal für die führende Schicht römischer Senatoren bestand darin, dass Nero seine musikalischen Neigungen nicht für sich auslebte, sondern darauf bestand, in aller Öffentlichkeit zu singen. Zudem ließ er Münzen prägen, auf denen er mit der Kithara, einem volkstümlichen Instrument, und nicht mit der standesgemäßen Lyra abgebildet wurde.

In die Opernliteratur wurde Nero von Claudio Monteverdi eingeführt. Damit betritt erstmals keine sagenhafte Gestalt, sondern eine historische Person die Musikbühne. *L'incoronazione di Poppea* (»Die Krönung der Poppea«) wurde in Venedig während des Karnevals 1642/43 uraufgeführt. Bis zum Brand Roms reicht die Handlung des Stückes allerdings nicht. Es endet mit der Verstoßung von Neros erster Frau Octavia und seiner Heirat mit Poppaea Sabina im Jahre 62 n.Chr.

Dreieinhalb Jahrhunderte später begeisterte sich Arrigo Boito für den Stoff. Boito, der als Librettist für Verdi tätig war, bot diesem den Text einer Oper namens *Nerone* an, vergeblich. Also komponierte er das Stück selbst. Für die Hauptrolle wünschte er sich Enrico Caruso, doch gestaltete sich die weitere Arbeit an der Oper recht mühsam. Boito zog sein Werk wieder zurück und starb während der Überarbeitung. *Nerone* kam erst 1924 an der Mailänder Scala unter dem Dirigat von Arturo Toscanini posthum nach dem Tod des Komponisten heraus.

(→Herrscher, musikalische; →Historische Momente auf dem Theater)

Büchnerpreis

Heute gilt der Büchnerpreis als renommiertester deutscher Literaturpreis. Dabei wurde bei der allerersten Verleihung nicht nur ein Schriftsteller, sondern auch ein Musiker ausgezeichnet. Denn der Preis, der in der Heimatstadt des frühverstorbenen Dichters in Darmstadt vergeben wird, war bis 1950 auch für andere Kunstsparten offen.

1923 in einer Zeit großer ökonomischer wie gesellschaftlicher Krisen erstmals vergeben, sollte der Büchnerpreis zunächst Künstler auszeichnen, die aus Hessen stammten oder mit diesem Landstrich in ihrer Arbeit verbunden waren.

Der erste Büchnerpreis für Musiker

Ausgezeichnet wurden Schriftsteller und Maler, Bildhauer, ein Kalligraph und Musiker. Im ersten Jahr 1923 ging der Preis an Arnold Ludwig Mendelssohn (1855–1933). Mendelssohn war Neffe zweiten Grades von Felix Mendelssohn Bartholdy und ist vor allem als Erneuerer der evangelischen Kirchenmusik und als Liederkomponist hervorgetreten. Er gehört zu der nicht unerheblichen Zahl von Komponisten, die in einem eigenen, wiedererkennbaren Stil die Grenzen der Tonalität erkundeten, letztlich aber doch vor radikalen musikalischen Lösungen zurückschreckten. So ist Arnold Mendelssohns Werk, obwohl stellenweise von beeindruckender handwerklicher Qualität, heute weithin vergessen. In seinem letzten Lebensjahrzehnt wurde seinen Kompositionen allerdings eine große Wertschätzung entgegengebracht. Man zeichnete Mendelssohn mit einer Reihe von Preisen aus. Und wertete umgekehrt den neugeschaffenen Georg-Büchner-Preis mit dem Renommee des Komponisten auf.

Die Nationalsozialisten schaffen den Büchnerpreis ab

Der Georg-Büchner-Preis konnte allerdings nur kurze Zeit ästhetisch meinungsbildend wirken. Bereits zehn Jahre nach seiner Gründung wurde er mit Beginn der nationalsozialistischen Ära wieder abgeschafft. Büchners Parole »Krieg den Palästen – Frieden den Hütten« wie auch seine Beschreibung der gequälten menschlichen Existenz waren nicht mehr gefragt. 1945, kurz nach Kriegsende, wurde der Preis erneut gestiftet. Wiederum für alle Künste. Drei Jahre später wurde er einem Musiker verliehen. 1948 erhielt ihn der Komponist Hermann Heiß. Heiß (1897–1966) war früh ein Anhänger der Zwölftonmusik geworden. Bei einem Bombenangriff 1944 wurden fast alle seine Werke zerstört. In den Nachkriegsjahren wirkte er in Darmstadt als Lehrer für Komposition und Leiter des »Studios für elektronische Komposition« am Kranichsteiner Musikinstitut. Für die jüngere Generation von Komponisten, zu denen damals etwa Karlheinz Stockhausen zählte, wurde der Büchnerpreisträger in den Folgejahren eine wichtige Bezugsgröße. Von Heiß stammt auch das sechstönige, rein elektronische Pausenzeichen des Hessischen Rundfunks (→Pausenzeichen).

Nur fünf Musiker haben den Büchnerpreis erhalten. Die anderen drei Preisträger sind:

1926 Wilhelm Petersen, Komponist
1927 Johannes Bischoff, Kammersänger
1931 Hans Simon, Komponist.

Der Bürger und die Kunst

Theodor Fontane hat in seinen Romanen mit klarem Blick die Ende des 19. Jahrhunderts sich auftuende Kluft zwischen dem einflussreichen Geldbürgertum und dem machtlosen, sich aber überlegen dünkenden Bildungsbürgertum beschrieben.

Gutsbesitzer vs. Hirnbesitzer

Für den Anfang dieser Entwicklung mögen Ludwig van Beethoven und sein Bruder Nikolaus stehen. Nikolaus Johann, sechs Jahre jünger als der Komponist, unterzeichnete seine Briefe mit dem Zusatz »Gutsbesitzer«. Geantwortet wird ihm mit »Ludwig van Beethoven, Hirnbesitzer«.

Wie sehr das Bürgertum noch lange unter der Spaltung von Geld und Geist glaubte leiden zu müssen, zeigt übrigens Helmut

Krausser in seinem 2006 bei Dumont erschienenen Roman *Eros,* der Geschichte eines erfolgreichen Unternehmers im 20. Jahrhundert. Seine Schwestern, Zwillinge, hören auf die Namen von Komponistenwitwen, nämlich Constanze (Mozart) und Cosima (Wagner), und spielen selbstredend Klavier. Der Protagonist selbst wird von seinem Vater gezwungen, ein Instrument zu erlernen: »Ich, weil ich mich wenig musikalisch zeigte, musste die Posaune erlernen, ein Instrument, welches mein Vater als ›auch mit geringer Neigung bald beherrschbar‹ ansah.«

C

Casting im Waisenhaus

Wer heutzutage an einem Konservatorium ein Instrument lernt oder seine Stimme schulen lässt, ahnt kaum, dass er eine Institution besucht, die einst dazu diente, Waisenkinder von der Straße zu holen. 1537 wurde als erste Einrichtung dieser Art das Conservatorio di Santa Maria di Loreto in Neapel gegründet. Die Findelkinder erhielten hier wie bei den vielen anderen bald darauf entstandenen Häusern eine musikalische Ausbildung. Das geschah allerdings mehr aus ökonomischem denn aus ästhetischem Kalkül. Die Häuser mussten eigene Einnahmen erwirtschaften. Das Ausleihen von singenden und musizierenden Kindern für Veranstaltungen und Gottesdienste und die Präsentation auf Benefizaktionen war für den kontinuierlichen Spendenfluss notwendig. Die hervorragende Ausbildung und die außergewöhnlichen Fertigkeiten vieler »Findelkinder« sorgte bald für ein überregionales Interesse. Allmählich wurde eine Herkunft aus einem Waisenhaus, einem Konservatorium, zum Ausweis von Qualität. Im Zuge kriegerischer Auseinandersetzungen kamen adelige Heerführer nach Neapel, die die jungen Sänger und Musiker an ihre Höfe nördlich der Alpen mitnahmen, um zu Hause italienischen Glanz zu verbreiten. Mit der Zeit wurde Europa förmlich überschwemmt von Sängern aus Italien, die nun auch stilbildend für den globalisierten musikalischen Geschmack wurden. Da es sich meist um Personen aus einfachen Verhältnissen handelte, hielt der Bildungsdünkel des Publikums mit seiner Begeisterung Schritt. Allerdings brachten es die ehemaligen Findelkinder zu mitunter erstaunlichen Vermögen.

Findelkinder machen Karriere

Spitzenverdiener waren dabei die Kastraten. Sie konnten im 17. und 18. Jahrhundert die höchsten Gagen fordern. Viele arme Eltern sahen das Heil ihrer Familie in der Entmannung der Söhne, die dann zur Ausbildung an die Konservatorien geschickt wurden. Doch wie bitter war es für die jungen Männer, wenn ihr Talent von den Angehörigen überschätzt worden war und sich dann herausstellte, dass ihre Stimme oder ihre Musikalität nicht ausreichte.

Sängerexport

Mit den Sängern und Musikern, die aus Italien ins restliche Europa kamen, war auch der Name der Waisenhäuser in die Länder nördlich der Alpen übernommen worden. Die ersten deutschen Konservatorien als Orte professioneller musikalischer Ausbildung wurden 1775 in Stuttgart, 1804 in Würzburg und im gleichen Jahr in Berlin gegründet. Sie wurden getragen von den Städten oder von privaten Gesellschaften finanziert und bildeten den Kern der bürgerlichen Musikerziehung sowohl für Berufsmusiker als auch für Amateure. Heute sind die Konservatorien zum Teil aufgegangen in die staatlichen Musikhochschulen. Private Ausbildungsstätten haben den geschichtsträchtigen Namen hingegen bewahrt.

Charivari

→ Animalische Töne

Chronometer

→ Disziplin, temporeiche

Coburgs Walzerkönig

Das Herzogtum Sachsen-Coburg-Gotha war im 19. Jahrhundert bekannt dafür, dass es die Herrscherhäuser Europas immer wieder mit neuen Heiratskandidaten versorgte. Ganz gleich, ob der britische Thron anfragte oder der russische Zar, ob es um neu geschaffene Königreiche auf der Balkanhalbinsel oder um weniger relevante Kleinfürstentümer ging, es gehörte einfach zum guten Ton, in Coburg anzuklopfen. Das tat auch der Walzerkönig Johann Strauß Jr. im Jahre 1883. Denn nicht nur der Hochadel nutzte die bewährte »Coburgsche Heiratsvermittlung«. Strauß hoffte dort ein vertracktes persönliches Problem zu lösen. Er hatte zwar eine Braut, doch er durfte sie nicht heiraten. Ende 1882 war er formal von seiner zweiten Frau Lily nach vier Ehejahren geschieden worden und lebte mit der halb so alten Adele Deutsch verwitwete Strauß (nicht verwandt übrigens) zusammen. Nach österreichischem Recht stand die einstmals katholisch geschlossene Ehe einer Wiederverheiratung im Wege. Um Adele heiraten zu können, legte der gerade zum Ehrenbürger der Stadt Wien ernannte Komponist also die

»Coburgsche Heiratsvermittlung«

österreichische Staatsbürgerschaft nieder, trat aus der katholischen Kirche aus und zusammen mit Adele in die evangelische Kirche ein. Er erhielt übrigens Hilfe von höchster Stelle. Der österreichische Erzherzog Johann aus dem Hause Habsburg fädelte im Geheimen den Deal ein, mit dem Strauß ordentlicher Bürger von Coburg wurde. Er soll dort, obwohl seine Anwesenheit nur formal gefordert war, sogar eine Wohnadresse gehabt haben. Einer Hochzeit stand nun nichts mehr im Wege. Die coburgische Einbürgerung schlug zeitweilig hohe Wellen, wurde aber später von Seiten der Familie Strauß rasch unter den Teppich gekehrt. Und auch in den zunächst erzürnten publizistischen Kreisen wurde das Thema schnell fallen gelassen.

Commissario mit Opernfaible

Die in Venedig lebende amerikanische Krimi-Autorin Donna Leon ist bekennender Fan der Barockoper, insbesondere der Musik von Georg Friedrich Händel. Bereits in ihrem ersten Kriminalroman, *Death at La Fenice*, mit Commissario Brunetti als Ermittler bedient sie sich des Opernhauses der Lagunenstadt als Kulisse für einen Mord. Jeden ihrer Romane eröffnet Leon durch ein Motto, das aber nicht aus den Libretti einer Barockoper stammt, sondern den Opern von Wolfgang Amadeus Mozart entnommen ist. Wahrscheinlich, weil die Texte besser bekannt sind. Aber auch, weil Liebe, Eifersucht, Verrat, Erpressung, Selbsttäuschung, schließlich Verzeihen in Mozarts Kosmos eine Allgemeingültigkeit erlangt haben, die auch für die konkreten Geschehnisse im Venedig von heute als Muster dienen können. Untersucht man die Auswahl der Motti, so fällt auf, dass von den bislang 16 Krimis allein sechs mit einem Zitat aus *Così fan tutte* eingeleitet werden. Die Oper über den Rollentausch der Liebhaber, die die Treue ihrer Geliebten auf die Probe stellen wollen, passt wohl für Donna Leon besonders zu einer Stadt der Masken, in der viele nicht das sind, was sie vorgeben zu sein.

In der zeitlichen Reihenfolge der Kriminalfälle, nach Publikationsjahren geordnet, sieht die Liste der Mozartmotti bei Donna Leon so aus:

Death at La Fenice	1992: Così fan tutte
Death in a Strange Country	1993: Idomeneo
The Anonymous Venetian	1994: Lucio Silla
A Venetian Reckoning	1995: Don Giovanni
Acqua Alta	1996: Don Giovanni
The Death of Faith	1997: Così fan tutte
A Noble Radiance	1998: Don Giovanni
Fatal Remedies	1999: La clemenza di Tito
Friends in High Places	2000: Lucio Silla
A Sea of Troubles	2001: Così fan tutte
Wilful Behaviour	2002: Le Nozze di Figaro
Uniform Justice	2003: Così fan tutte
Doctored Evidence	2004: Così fan tutte
Blood from a Stone	2005: Die Zauberflöte
Through a Glass, Darkly	2006: Cosí fan tutte
Suffer the Little Children	2007: Die Zauberflöte

(→ Lagune, morbide)

Nichts mit dem umtriebigen Kommissar aus Donna Leons Romanen haben trotz Namensgleichheit die Mitglieder der Musikerfamilie Brunetti zu tun. Sie waren im 18. und 19. Jahrhundert von Neapel und Sizilien bis Salzburg und Braunschweig als Geiger, Kapellmeister, Kirchenmusiker und Opernkomponisten tätig. Allerdings ist die Überlieferung so ungenau, dass es des Spürsinns eines Commissario Brunetti bedürfte, schon allein, um die Verwandtschaftsverhältnisse der einzelnen Namensträger untereinander festzustellen.

D

Das spiel ich mit links

Der Wiener Pianist Paul Wittgenstein, Bruder von Ludwig Wittgenstein, einem der einflussreichsten Philosophen des 20. Jahrhunderts, verlor im Ersten Weltkrieg an der Front seinen rechten Arm. Als Mitglied einer reichen Familie sah er in der Folgezeit seine Aufgabe darin, als Mäzen in eigener Sache tätig zu sein, und vergab insgesamt 44 Kompositionsaufträge an zeitgenössische Komponisten. Von Richard Strauss bis Benjamin Britten, von Maurice Ravel bis Erich Wolfgang Korngold reicht die Liste der eingeladenen Musiker. Allerdings entschied Wittgenstein anschließend selbst, welche der Werke er wann der Öffentlichkeit präsentierte. Denn die Kompositionen waren nicht nur in seinen Besitz übergegangen, er besaß auch das alleinige Aufführungsrecht. Sergej Prokofjew etwa musste Jahre warten, ehe das dem Interpreten wohl zu vitalistisch daherkommende vierte Klavierkonzert erklang. Dabei war Prokofjew als Emigrant aus Russland dringend auf Erfolge in Europa und den USA angewiesen. Schlimmer noch erging es Maurice Ravel, der bei der Uraufführung seiner Komposition anwesend war und schockiert sein eigenes Werk kaum wiedererkannte. Paul Wittgenstein hatte Läufe, Dreiklangsbrechungen, Vorhalte und rhythmische Verkomplizierungen eingefügt, um seine einarmige Virtuosität besser zur Geltung kommen zu lassen. Paul Hindemiths Werk gelangte gar erst im neuen Jahrtausend an die Ohren des Publikums. Schuld daran war Wittgensteins traditioneller Musikgeschmack.

In seinen fragmentarischen Lebenserinnerungen beschreibt Johann Friedrich Reichardt seine Zeit als Kapellmeister am Hofe Friedrichs II. von Preußen in Potsdam und Berlin. Mit den Kompositionen seines Kollegen Carl Philipp Emanuel Bach ist er nicht recht zufrieden. Die in Zeiten neuer musikalischer Einfachheit nach der Mitte des 18. Jahrhunderts altertümlich klingenden Eigenheiten Bachs sieht Reichardt als direkte Folge von dessen Linkshändigkeit. Daher seien einige Musikstücke für die Instrumentalisten recht unbequem zu spielen, so Reichardts

Einschätzung. Möglicherweise handelt es sich dabei aber um eine Projektion des Jüngeren, die außer Acht lässt, dass Bach, von seiner Ausbildung als Sohn des Thomaskantors her, einfach nichts von der rein sanglichen Schreibweise mit schlichter Begleitung hält. Allerdings hatte schon Johann Sebastian seinen Sohn ermahnt, die schwache rechte Hand durch ausgiebiges Üben zu stärken.

»Bei Komponisten entspricht der Linkshänderanteil jenem der Normalbevölkerung« wird im Internet auf der Seite einer Betroffeneninitiative, www.linkshaender.at, festgestellt. Auch wenn Musiker wie Friedrich II. von Preußen, Wolfgang Amadeus Mozart, Ludwig van Beethoven, Sergej Rachmaninow oder Bob Dylan als Linkshänder ausgewiesen sind, deutet dies allein also nicht auf eine besondere Begabung hin.

Erst in den letzten Jahren hat das Thema der so genannten Händigkeit auch in die Musikpädagogik Eingang gefunden. Während ein Popmusiker wie Paul McCartney mit seiner spiegelverkehrten Gitarre Medienpräsenz zeigte und Reinhard Goebel aufgrund einer Fingerverletzung sein Ensemble *Musica Antiqua Köln* zeitweise mit einer links gestrichenen Geige leitete, werden für die meisten linkshändigen Instrumentalisten keine Ausnahmen gemacht. Zu teuer sind die Sonderanfertigungen. Im Sommer 1998 überraschte der englische Pianist Christopher Seed mit der Vorstellung des ersten linkshändigen Flügels, einem Nachbau eines Hammerklaviers aus dem Jahre 1826 mit einer seitenverkehrten Klaviatur. Ein gutes halbes Jahr später fand in der Queen Elizabeth Hall in London das erste öffentliche Konzert damit statt.

Auch der aus Ungarn stammende, in Trier lebende Pianist Geza Loso macht sich für die Linkshänder stark. Er selbst und seine drei Kinder spielen auf einem Blüthner, den die Leipziger Traditionsfirma eigens für ihn gebaut hat. Da die Melodiestimmen nun mit der stärkeren linken Hand gespielt werden können, haben Linkshänder kein Handicap mehr, zur pianistischen Spitze aufzuschließen. Loso reicht dies allerdings noch nicht. Er veröffentlicht auch spezielle Noten der gängisgsten Musikstücke für Linkshänder. Diese zeigen ein ungewohntes Notenbild, denn sie spiegeln entsprechend der umgekehrten Anordnung der Tasten auch die Töne. Eine Notenlinie aufwärts entspricht der Bewegung nach rechts (wie bei einem rechtshän-

Linkshänder-Partituren

digen Flügel auch), musikalisch aber gehen dabei die Tonhöhen abwärts. Nach Loso dient eine »seitigkeitsgerechte Präsentation der Noten einer schnelleren Datenübermittlung im Gehirn.« Wie bei Tabulaturen, der alten Griffnotenschrift der Renaissance, steht dabei die Ausführbarkeit, nicht die davon unabhängige Lesbarkeit von Musik im Vordergrund.

Density 21.5

Als Kind sei er von Granitfelsen begeistert gewesen, erinnerte sich der Komponist Edgar Varèse. Auch im Erwachsenenalter war die stoffliche Qualität der Welt etwas, worauf er sein Augenmerk richtete. Das kann man schon an den Titeln seiner Werke ablesen: *Ionisation, Hyperprism, Octandre* und eben *Density 21.5*. 21.5 ist der Wert der spezifischen Dichte von Platin. Varèse schrieb das Solostück 1936 für George Barrère, der als einer der wenigen Musiker seiner Zeit eine Platinflöte besaß. Barrère unterstützte nämlich ganz praktisch die Versuche der Flötenbauer mit neuen Materialien. Diese Experimente begannen bereits Mitte des 19. Jahrhunderts, als zunächst Flöten aus Silber statt dem bis dahin bevorzugten Holz auftauchten, eine Neuerung, die sich allerdings erst allmählich mit den Jahren durchsetzte. Vor allem die William S. Haynes Company in Boston/USA bediente sich paralell verschiedener Materialien. Bis in den Ersten Weltkrieg hinein wurden dort noch Holzflöten gebaut. Man experimentierte allerdings auch mit Aluminium und gleichzeitig fanden erste Goldflöten ihre Abnehmer. Aus der Haynes Company stammt auch die Platinflöte für Barrère. Durchsetzen konnte sich das Instrument nicht, da es vom Gewicht her deutlich schwerer als ein Vergleichsmodell aus Silber war.

Bei der Platinflöte werden die Arme lahm

Dirigentin, erste

Dass Frauen vor Orchestern stehen und die Musiker auf ihr Kommando hören, ist eine verhältnismäßig junge Erscheinung. Erst im letzten Drittel des 20. Jahrhunderts haben sich die Verhältnisse in dieser Männerdomäne verändert. Die Zeit der autoritären Pultstars scheint vorbei zu sein, kooperative Arbeitsweisen haben sich verstärkt Bahn gebrochen – und in diesem Kontext sind weibliche Lebenserfahrungen kein Hinderungsgrund mehr. Die erste Generalmusikdirektorin in Deutschland wurde zur Spielzeit 2000/01 an das Staatstheater Mainz berufen, Catherine Rückwarth, Jahrgang 1960. Mit Simone Young leitet inzwischen eine Frau auch ein führendes Opernhaus, die Hamburgische Staatsoper.

Wenn wir uns auf die Suche nach den wenigen Spuren weiblicher Stabführung begeben, dann treffen wir auf Louise Reichardt. 1818 stand sie am Pult in Hamburg und dirigierte Händels *Messias* und Mozarts *Requiem*. Über 5000 Menschen sollen ihr gelauscht haben. Louise Reichardt war die Tochter von Johann Friedrich Reichardt, der als Hofkapellmeister in Berlin und Potsdam gewirkt hatte. Louise war zu diesem Zeitpunkt bereits als Liederkomponistin hervorgetreten. Sie hatte die Wirren der Napoleonischen Kriege genutzt, um aus der Abgeschiedenheit auszubrechen, in die sich ihr Vater mit der Familie in Giebichenstein bei Halle/Saale zurückgezogen hatte. Louise unterrichtete in Hamburg Gesang und gründete eine Musikschule speziell für Frauen. Und doch musste sie mehr als einmal bei groß besetzten Chor- und Orchesterwerken, die sie selbst einstudiert hatte, in den darauf folgenden Konzerten den Taktstock einem Mann überlassen.

Den weiteren Emanzipationsbestrebungen weiblicher Musiker dienten die so genannten Frauenorchester, wie das 1873 gegründete »Erste europäische Damenorchester«, bei dem aber die als unschicklich für Frauen empfundenen Blasinstrumente weiterhin von Männern, verborgen im Hintergrund, gespielt wurden. Elisabeth Kuyper (1877–1953) erreichte es schließlich, dass sie durch ihre Aktivitäten als Komponistin, Pädagogin und Dirigentin von ihren männlichen Kollegen ernst genommen wurde. Sie gründete 1910 das Berliner Tonkünstlerinnenorchester, dem in den 1920er Jahren in London und New York weitere Ensembles folgten. Diese Unternehmungen litten allerdings alle unter mangelnder Finanzierung.

Der Mann gab immer noch den Ton an

Denn die männlich dominierte Konzertwelt belächelte die Aktivitäten der Frauen oder – sah eine Konkurrenz darin. Es dauerte immerhin bis nach dem Zweiten Weltkrieg, ehe in den staatlich geförderten deutschen Orchestern Frauen fest angestellt werden konnten.

Nicht zu unterschätzen war für die Akzeptanz weiblicher Stabführung auch jenes Konzert, das am 4. November 1937 stattfand. Nadia Boulanger dirigierte als erste Frau in einem öffentlichen Konzert ein Symphonieorchester. Boulanger,

50 Jahre alt, war zu diesem Zeitpunkt als Komponistin und Kompositionslehrerin bereits eine Berühmtheit auf beiden Seiten des Atlantiks.

Disziplin, temporeiche

Im Jahr 1815 ließ sich der Instrumentenbauer Johann Nepomuk Mälzel eine Erfindung gleich zweimal patentieren, in Paris und in London: das Metronom. Als es im darauf folgenden Jahr in Serie produziert wurde, entstand die Abkürzung MM (»Mälzels Metronom«) für Tempoangaben in den Notendrucken. Nun waren Musiker nicht mehr ausschließlich auf relative Begriffen wie Largo, Andante, Allegretto, Presto angewiesen, sondern konnten exakt die »beats per minute« angeben. Auf dem schwingenden Pendel waren Markierungen angebracht, nach denen man die Anzahl der Schläge in einer Minute einstellen konnte.

»beats per minute«

Doch die zweifach patentierte Erfindung war gar nicht Mälzels eigene. Die Idee einer absoluten Zeitmessung mit Hilfe von Pendelbewegungen war bereits im 17. Jahrhundert aufgetaucht. Um die Wende zum 19. Jahrhundert fanden erste Chronometer Eingang in die Musikwelt. Mälzel war nicht der einzige, der diese angebliche Neuerung für sich in Anspruch nahm. Der Niederländer Diederich Nicolaus Winkel beteuerte, dass die Form des Doppelpendels, das von einer Feder angetrieben wurde, von ihm stamme.

Mälzel erwies sich allerdings als der bessere Promoter in eigener Sache. Schon in den 1790er Jahren hatte er in Wien mechanische Musikinstrumente vorgestellt. Ein mechanischer Trompeter entzückte das Publikum ebenso wie ein Seiltänzerautomat. Mälzel versuchte, von namhaften Komponisten Stücke für seine Erfindungen zu bekommen. So klopfte er bei Joseph Haydn, bei Antonio Salieri und bei Ludwig van Beethoven an. Dessen Tongemälde *Wellingtons Sieg oder die Schlacht bei Vittoria* von 1813 soll auf Mälzels Anregung hin komponiert worden sein, auch wenn keine Walzen für das Panharmonikum, für das es wohl ursprünglich gedacht war, bekannt geworden sind. Mit diesem Werk brachte sich der in Wien ein wenig aus der Mode gekommene ertaubte Komponist wieder ins Rampenlicht der Öffentlichkeit. Allerdings folgte auch ein Streit zwischen Beethoven und Mälzel um die Aufführungsrechte als Orchesterstück. Der so genannte Mälzelkanon Beethovens (WoO 162) ist wahrscheinlich eine Fälschung, allerdings nicht von Mälzel, sondern von Beethovens Mitarbeiter Schindler (→ Kanonkommunikation).

Die Reaktionen der Komponisten auf Mälzels Erfindung waren unterschiedlich. Manche Metronomisierungen Beethovens, etwa die der Hammerklaviersonate op. 106, wurden wegen ihrer sehr hohen Tempi in Frage gestellt. In den 1980er Jahren kursierte daher die Theorie, dass für ein Allegro und für schnellere Tempi nicht ein, sondern zwei Schläge, analog der Hin- und Herbewegung des Pendels, die Grundlage der Berechnung sein müsse. Nach der vom Musikforscher Willem Retze Telma und der Pianistin und Pädagogin Grete Wehmeyer vehement vertretenen Position spielt die Mehrzahl der Musiker heute die klassische Musik doppelt so schnell wie von den Komponisten erdacht. Dem stehen Aussagen von Mälzel und von Beethovens Schüler Carl Czerny gegenüber, die jedes hörbare Ticken des Metronoms einer Taktzeit zuordnen. Die Debatte über die Beschleunigung in der Musik im Zuge der Industrialisierung des 19. Jahrhunderts ist übrigens paralell zu sehen mit der Frage nach dem Anstieg der Tonhöhe (→ Kammerton a).

Klassische Musik im schnellen Vorlauf

Während Mälzel mit seiner Erfindung kommerziell erfolgreich war, setzte zeitgleich der Mainzer Richter Gottfried Weber auf ein »Chronometer« genanntes Fadenpendel, das er kostenlos vertreiben wollte. Weber entwickelte analog zu seiner Tätigkeit als Fiskalprokurator eine Harmonietheorie, die von der gleichen Fixierung auf rationelle Beherrschbarkeit der Musik kündet wie die Metronome und die ihnen vergleichbaren Zeitmesser. Ausgehend von der Theorie, dass Dur und Moll aus Terzdreiklängen abgeleitet seien, sucht er alle 6616 möglichen Harmonieschritte zwischen den Grundakkorden in ein starres Regelschema zu pressen.

Mälzel hingegen verdiente Geld mit fremder Leute Erfindungen und verprasste es. Auf dem Weg ins amerikanische Philadelphia starb Mälzel 66-jährig. Aufgrund seines Geschäftssinns konnte er schließlich seinen Angehörigen doch noch eine hübsche Summe hinterlassen.

Donau, so blau

Der Krieg gegen Preußen und die Niederlage bei der Schlacht von Königsgrätz 1866 machten Österreich-Ungarn schwer zu schaffen. Dennoch, in der Hauptstadt Wien stand der Karneval bevor. Der Wiener Männergesangverein bestellte bei Johann Strauß einen Walzer auf einen Text des Vereinsmitglieds Josef Weyl: »Wiener seid froh. Oho, wieso. No so blickt nur um. I bitt warum?« Der Titel des rechtzeitig gelieferten Walzers lautete *An der schönen blauen Donau*, aber der Text handelte nicht vom Fluss, sondern von den Menschen, die an der Donau wohnten und die das Beste aus der aktuellen Misere machten, indem sie tanzten.

Ihren Siegeszug trat die Musik allerdings ohne den holprigen Text an. Der einflussreiche Kritiker Eduard Hanslick sah später in dem aufsteigenden D-Dur-Dreiklang zu Beginn das Erkennungssignal für die Wiener in der ganzen Welt, ein »patriotisches Volkslied ohne Worte(!)«, eine »Friedenmarseillaise« (→Marseillaise). In einer späteren Neutextierung durch Franz von Gernerth wurde der Walzer schießlich doch auf den Fluss bezogen: »Donau, so blau ...«. Johann Strauß hatte bei seinen internationalen Tourneen gerade mit diesem Stück großen Erfolg, nicht zuletzt wegen der Struktur des Walzers. Die braucht den Zuhörern gar nicht bewusst zu sein und wirkt dennoch. Durch eine geschickte Abfolge von Einzelwalzern und Wiederholungspassagen konnte Strauß eine größere musikalische Form erreichen, die dennoch mit ihren rund zehn Minuten Dauer hoch komprimiert ist. Ein Modell, das die Walzer seiner späten Schaffenszeit, etwa den Kaiserwalzer, prägen sollte. Mit der »Friedensmarseillaise« *An der schönen blauen Donau* war der Schritt in den Konzertsaal für die Straußwalzer endgültig vollzogen. Und so ist es kein Wunder, dass bei der alljährlichen weltweiten Liveübertragung des Neujahrskonzertes der Wiener Philharmoniker gerade dieses Musikstück traditionell die vorletzte Zugabe darstellt, vor dem *Radetzkymarsch* von Johann Strauß (Vater).

Mit der blauen Donau wird der Walzer salonfähig

Doppelt und dreifach vertont

Der Barbier von Sevilla

Als im Dezember 1816 Gioachino Rossinis *Barbier von Sevilla* in Rom uraufgeführt wurde, fiel das heitere Stück gnadenlos durch (→Durchgefallen). Ob es an der musikalisch ungenügenden Interpretation infolge fehlender Proben lag, oder ob bezahlte Claqueure bewusst störten, ist bis heute eine offene Frage. Dabei hatte der 24-jährige Komponist schon im Vorfeld versucht, einigen Gefahren aus dem Weg zu gehen. Mit dem Titel *Almaviva ossia L'inutile Precauzione (Almaviva oder Die nutzlose Vorsicht)* machte er deutlich, dass er sich nicht auf eine Stufe mit dem damaligen Dauerbrenner auf italienischen Bühnen stellen wollte, mit *Il Barbiere di Siviglia* von Giovanni Paesiello. Zudem hatte er sich vor Beginn der Arbeit bei seinem greisen Komponistenkollegen erkundigt, ob dieser etwas gegen eine Neuvertonung einzuwenden hätte. Paesiello hatte das Schauspiel des Franzosen Beaumarchais, das von einer vorrevolutionären Stimmung getragen wird, bereits 1782 in St. Petersburg auf die Bühne gebracht. Seine rund 100 Opern zeigen Gewandtheit und Delikatesse, ein profundes Wissen davon, wie das Publikum zu nehmen ist.

Rossinis Vorsichtsmaßnahmen erwiesen sich als nutzlos. Allerdings war nur die Premiere ein Desaster. Die Folgeaufführungen des *Barbiere* wurden zum Siegeszug und stellten die Oper Paesiellos endgültig in den Schatten. Rossini hatte übrigens aus Zeitgründen keine originäre Ouvertüre komponiert, sondern die seiner im Jahr zuvor herausgekommenen Oper *Elisabetta, Regina d'Inghilterra* einfach übernommen.

Wenige Monate vor Rossinis Meisterwerk erblickte an der Hofoper in Dresden *Il barbiere di Siviglia*, komponiert von Francesco Morlacchi, das Licht der kulturellen Welt. Morlacchi, Kapellmeister der italienischen Oper in der Residenzstadt, übernahm stilistisch eine Menge vom Paesielloschen Vorbild und fügte sich so dem recht konservativen Musikgeschmack am Dresdner Hof. Für das aufstrebende bürgerliche Publikum komponierte er allerdings auch einige empfindungsreiche Passagen in sein Werk hinein, die neuere musiklische Moden aufnahmen.

La Bohème

Es war das wütende Wettrennen zweier Freunde. Im Abstand von 15 Monaten brachten sowohl Giacomo Puccini (1896) als auch Ruggiero Leoncavallo (1897) den gleichen Stoff auf die Bühne. Beide verwendeten Henri Murgers Bestseller *Szenen aus dem Leben der Bohème*. Das bereits ein halbes Jahrhundert alte Buch aus der Mitte des 19. Jahrhunderts war mit seiner Beschreibung der Lebenslust und der heiteren Vergnügungen junger, ungebundener Künstler in Paris, aber auch der Armut und Verzweiflung, der Krankheit und dem Tod eine Erfolg versprechende Opernvorlage. Die Geschichte des Komponistenwettstreites ist in mehreren, eindeutig parteiischen Varianten überliefert. Je nach Ausrichtung erscheint Puccini darin als intriganter Gewinner oder als unverdächtiger Mitstreiter.

Version A: Leoncavallo hat den ein Jahr Jüngeren auf das Buch hingewiesen, ja vielleicht sogar ein fertiges Libretto angeboten, ohne auf eine große Reaktion zu stoßen. Daraufhin macht er sich selbst an die Vertonung. Schließlich braucht er nach dem künstlerischen Durchbruch mit seinem *Bajazzo* eine weitere Erfolgsgarantie.

Die Version B erzählt Puccini als alter Mann seinen Freunden: Er sitzt an einen regnerischen Nachmittag lesend zu Hause und spürt bei der Lektüre der *Bohème* von Murger plötzlich einen inneren Blitzschlag, der ihn zum Komponieren zwingt.

Die Wahrheit liegt vermutlich irgendwo in der Mitte. Am wahrscheinlichsten ist es, dass die beiden konkurrierenden Musikverleger Giulio Ricordi und Edoardo Sonzogno die Komponisten unabhängig voneinander mit der Opernkomposition beauftragt haben. So kommt es, dass die beiden Komponisten eines Nachmittags in einem Café zusammentreffen. Beide plaudern über ihre Pläne. Als sie erfahren, dass sie an ein und demselben Stoff arbeiten, findet ihre Freundschaft ein jähes Ende. Sie suchen das Heil in der Flucht nach vorn. In verschienenen Zeitungen erscheinen in den nächsten Tagen kurze Nachrichten von ihren Kompositionsplänen. Die Absicht ist klar, jeder will den anderen zur Aufgabe des Stoffes überreden. Was glücklicherweise nicht gelingt. Denn nicht nur Puccini erlebt mit seiner *Bohème* einen durchschlagenden Erfolg, mit dem er nun endgültig in die erste Reihe der Opernkomponisten aufsteigt. Auch Leoncavallos Nachzügler unter dem gleichen Titel, der ein Jahr später in Venedig herauskommt, wird gefeiert. Und wird zu Unrecht heutzutage allzu selten auf den Spielplan gesetzt.

Wozzeck

Am 22. April 1926 wurde in Bremen die Oper *Wozzeck* von Manfred Gurlitt uraufgeführt. Der Komponist war am dortigen Theater als Generalmusikdirektor tätig. Die Oper, als »musikalische Tragödie in 18 Szenen und einem Epilog« bezeichnet, basiert auf dem fragmentarischen Theaterstück *Woyzeck* von

Georg Büchner. In der schwer zu entziffernden Handschrift des jungen Dichters lasen manche Herausgeber die Schreibweise der Hauptfigur mit zwei z, daher der abweichende Stücktitel.

Gurlitts Werk hätte im Rahmen der Musik der 20er Jahre durchaus reüssieren können. Die Tonsprache ist erweitert tonal, in manchen Passagen frei atonal. Gurlitt lässt das Fragmentarische der Vorlage, das eben auch ein Verstummen der leidenden Kreatur vor den sie beherrschenden Machtstrukturen ist, in der Form seiner Oper aufscheinen.

Doch Gurlitt hinkte einer anderen, Epoche machenden Vertonung des Büchnerstoffes um knapp ein halbes Jahr hinterher. Vier Monate vor der Bremer Uraufführung wurde an der Berliner Staatsoper unter der Leitung des Stardirigenten Erich Kleiber Alban Bergs ebenfalls *Wozzeck* genanntes Stück aus der Taufe gehoben. Berg ist strenger im formalen Gefüge, jede der fünfzehn Szenen ist nach einer anderen historischen Form gestaltet. Da sind Variationen, Passacaglia, Fuge und Sonatensatz zu hören. Berg legte übrigens in einem eigenen Einführungsvortrag zur Oper Wert darauf, dass man die Analyse der Form nicht brauche, um das Werk zu verstehen. Der Komponist erarbeitete sich auf diese Weise mit traditionellen Mitteln die musikalische Großform, die bis dahin bei atonalen Werken als schwer erreichbar galt. Der im Hören als zwingend wahrgenommene Charakter der Musik bietet so den fragmentierten Szenen mit ihren flüchtig skizzierten Geschehnissen einigen Halt.

Bergs Oper wurde, nicht zuletzt dank der publizistischen Unterstützung der Schönbergschule und der Aktivitäten der für das Veröffentlichen von Neuer Musik bekannten Universal Edition, in der Weimarer Republik rasch ein wiederholt gespielter Erfolg. Nach dem Zweiten Weltkrieg konnte daran angeknüpft werden, so dass Bergs *Wozzeck* eines der wenigen ständig aufgeführten Werke des Musiktheaters im 20. Jahrhundert geworden ist.

Gurlitts Stück hingegen fiel der Musikpolitik des Nationalsozialismus zum Opfer. Der Komponist emigrierte nach Japan, wo er die folgenden Jahrzehnte beim Aufbau einer europäischen Musikkultur wirken konnte. Trotz mancher Wiederbelebungsversuche wurde sein Werk in Deutschland nicht wieder heimisch.

Mit seiner zweiten Oper kam Manfred Gurlitt zwar rechtzeitig, vergessen ist sie trotzdem. Das Werk *Soldaten* nach dem gleichnamigen Theaterstück des Stürmers und Drängers Jakob Michael Reinhold Lenz kam 1930 in Düsseldorf heraus. Das auf dem gleichen Drama beruhende Werk von Bernd Alois Zimmermann hat 35 Jahre später Musikgeschichte geschrieben, nicht zuletzt wegen der Gleichzeitigkeit verschiedener Handlungsabläufe, einer Paralellisierung von Kunstarten, sozusagen einem additiven Gesamtkunstwerk. Und schließlich wegen der Einbeziehung von Musik verschiedener Stile und Zeiten, die Vergangenheit und Gegenwart so verschränken, dass Zimmermann von der »Kugelgestalt der Zeit« sprechen konnte.

Weitere Doubletten

Als Giuseppe Verdi seinen *Otello* nach dem Drama von William Shakespeare schrieb, hatte Rossinis gleichnamige Oper bereits sieben Jahrzehnte auf dem Buckel. Das Stück von 1816, dem Uraufführungsjahr des *Barbier von Sevilla,* blieb über Jahrzehnte im Repertoire italienisch orientierter Opernensembles. Zwar waren die radikalen Veränderungen der Gattung, die neue Forderungen an die musikalische Darstellung theatralischer Konflikte stellten, nicht zu übersehen, aber Rossini konnte sich neben dem Verdischen Spätwerk (seiner vorletzten Oper) gerade durch die Unterschiedlichkeit in der Anlage bis in die Gegenwart behaupten.

Andere Opern sind einfach durch ein von der Kritik als »Gipfelwerk« der Gattung bezeichnetes Stück hinweggefegt worden. So erinnern wir uns des *Don Giovanni* von Giuseppe Gazzaniga aus dem Jahre 1787 wohl hauptsächlich wegen des gleichnamigen Dramma giocosos von Mozart, das ein Dreivierteljahr später die Opernbühne erreichte. Die Ähnlichkeiten sind verblüffend, wohl weil Mozarts Librettist Lorenzo da Ponte recht freigiebigen Gebrauch vom Textbuch der Konkurrenz machte. Gazzanigas Stück wurde übrigens zu Mozarts Lebzeiten häufiger aufgeführt. Es war in szenischer Anlage und musikalischer Sprache seiner Zeit konformer und verblasste daher mit zunehmendem Abstand rasch.

Eine ähnliche Konkurrenzsituation findet sich bei *Iphigenie en Tauride,* deren Vertonung gleichzeitig von Christoph Willibald Gluck und Niccolo Piccini in Angriff genommen wurde (→Opernkriege).

Durchgefallen

1. Wolfgang Amadeus Mozart, *Figaros Hochzeit*, Wien 1786
Die Premiere wird nur lau aufgenommen, ganz im Gegensatz zur Oper *La Cosa Rara* von Vicente Martín y Soler kurze Zeit später. Vater Leopold Mozart glaubt, dass Hofkapellmeister Antonio Salieri und die Italiener am Hof die Zurückhaltung des Publikums zu verantworten haben, nicht etwa die fehlenden Proben des erst zwei Tage vor der Uraufführung fertig komponierten Stückes. Wolfgang Amadeus Mozart rächt sich auf seine Weise, er fügt Musik aus der *Cosa Rara* in den ein halbes Jahr danach uraufgeführten *Don Giovanni* ein (→Mozarts Rache).

2. Ludwig van Beethoven, Fünfte Symphonie et al., Wien 1808
Das »Akademie« genannte öffentliche Konzert vom 22. Dezember 1808 leidet unter dem außergewöhnlich umfangreichen Programm, ausschließlich bestückt mit Novitäten Beethovens. Uraufgeführt werden die fünfte und die sechste Symphonie, die Chorphantasie für Klavier, Chor und Orchester, Teile der C-Dur-Messe und das vierte Klavierkonzert. Die ungewohnte Tonsprache führt zur Überforderung vieler Besucher, zu Unaufmerksamkeit und Missfallenskundgebungen. Augenzeugen wie der Geiger und spätere Kasseler Hofkapellmeister Louis Spohr haben den Tumult beschrieben, in dem der Abend im Theater an der Wien endet. Der bereits massiv unter Hörverlust leidende Beethoven sitzt selbst am Klavier, will aber zugleich von dort aus das Orchester dirigieren, Leuchter mit brennenden Kerzen fallen um, Chorknaben werden geohrfeigt, das Publikum johlt. Beethoven zerreißt zu Beginn des Solos im 4. Klavierkonzert einige Seiten seiner Noten. Selbst glühende Anhänger der Musik Beethovens müssen zugeben, dass der Meister vom Guten zu viel wollte.

3. Gioacchino Rossini, *Il Barbiere di Siviglia*, Rom 1816
Auch dieses heute aus dem Repertoire nicht mehr wegzudenkende Stück fiel bei seiner Premiere durch. Das Publikum begreift den Mut Rossinis, dem populären gleichnamigen Werk Paesiellos von 1782 gegenüberzutreten, als Affront. Rossini wird im Theater ausgepfiffen, seine Komödie wird aber bereits

am Folgetag freundlich aufgenommen, schließlich bejubelt (→Doppelt und dreifach vertont).

4. Johannes Brahms, Klavierkonzert Nr. 1 d-Moll op. 15, Leipzig 1859
Das Klavierkonzert fällt bei der zweiten Aufführung in Leipzig am 27. Januar 1859, fünf Tage nach der Uraufführung in Hannover, vollkommen durch. In einem Brief schildert der trotz des Misserfolges anscheinend gefasste Brahms der guten Freundin Clara Schumann die Ereignisse: »Mein Concert ging sehr gut. Du weißt wohl schon, dass es vollständig durchgefallen ist. In den Proben durch tiefstes Schweigen, in der Aufführung (wo sich nicht drei Leute zum Klatschen bemühten) durch ordentliches Zischen. Mir hat das keinen Eindruck gemacht.«

5. Alban Berg, *Altenberglieder* op. 4, Wien 1913
Über das Konzert des »Akademischen Verbandes für Literatur und Musik« in Wien am 31. März 1913, bei dem zwei der Orchesterlieder nach Ansichtskartentexten von Peter Altenberg uraufgeführt werden, schreibt ein Beobachter: »es ist nur der Gutmütigkeit der Wiener zuzuschreiben, dass sie sich bei ihrem Anhören mit herzlichem Lachen begnügen wollten. Dadurch aber, dass Schönberg (er dirigierte das Konzert, HA) inmitten des Liedes abklopfte und in das Publikum die Worte schrie, dass er jeden Ruhestörer mit Anwendung der öffentlichen Gewalt abführen lassen werde, kam es neuerlich zu aufregenden und wüsten Schimpfereien, Abohrfeigungen und Forderungen.« Das Publikum ist gleichermaßen durch die moderne Musiksprache Bergs wie auch durch den vermeintlich banalen Text aufgebracht.
(→Gebrauchstexte, vertonte)

6. Igor Strawinsky, *Le Sacre du Printemps*, Paris 1913
Im gleichen Jahr wie Bergs Fiasko mit den Ansichtskartentexten findet der wahrscheinlich größte Skandal der klassischen Moderne statt. Die Uraufführung des Balletts *Le Sacre du Printemps* im Mai in Paris rührt mit seinem archaischen Sujet des »Frühlingsopfers« so sehr an unterbewusste Regungen der Zuschauer und Zuhörer, dass manche Zeitgenossen, die dem Abend beigewohnt haben, die Veranstaltung als *Massacre du Printemps* erleben. Das Orchester ist kaum zu hören, der in der

Kulisse stehende Choreograph Waclav Nijinsky schreit den Tänzern die Zählzeiten zu. Zuhörer prügeln sich oder stampften die Takte mit. Es werden sogar als Folge von Beleidigungen Visitenkarten für ein späterers Duell getauscht. Die Agressivität bei der Uraufführung überrascht und ist wohl weniger der Musik als der erotisch aufgeladenen Choreographie geschuldet. Zudem wird die Vorführung eines Rituals mit seiner antiindividualistischen Haltung von vielen im Publikum als persönlicher Angriff gewertet. Es ist allerdings nicht ausgeschlossen, dass einige Besucher sich regelrecht auf einen Skandal gefreut haben. Denn die Generalprobe für Kritiker und Musikexperten zuvor ist ohne Zwischenfälle absolut gesittet verlaufen. Und die dritte Aufführung ruft bereits kräftigen Beifall hervor. Als im April 1914 eine konzertante Aufführung in Paris folgt, wird Igor Strawinsky im völlig überfüllten Konzertsaal gefeiert.

Durchgezählt

So kennen wir sie, die vermeintlichen Experten der klassischen Musik. Wenn sie von ihren Konzerterfahrungen sprechen, teilen sie uns nicht nur ungefragt die Tonart der gehörten Sinfonie mit, nein, sie werfen auch mit den Opuszahlen um sich. »Alfred Brendel spielt schon lange kein op. 111 mehr« lautet so ein Satz aus dieser verkürzten und dadurch exklusiven Redeweise. Das hat die Opuszahlen ein wenig in Verruf gebracht als nutzloses Wissen, als Beiwerk, das von Musik eher ablenkt, als dass es zur Erkenntnis etwas beiträgt. Nun sind die Opusnummern ursprünglich aber aus ganz pragmatischen Gründen entstanden. In den Katalogen der Musikverleger ordnen sie die gedruckten Werke der Komponisten, die ja nicht immer beim gleichen Verlag erscheinen. Mit Beginn des europaweit vertriebenen Notendrucks im 18. Jahrhundert verschwinden immer weniger Musikstücke in den Privatbibliotheken adliger Gönner, die für die Honorierung der Werke das exklusive Nutzungsrecht verlangen. Auch wenn diese Exklusivität bedeutet, dass niemand mehr so schnell die Musik zu Gesicht bekommt. Jene Werke, die den Sprung in die Öffentlichkeit durch den Notendruck schaffen, werden zu diesem Zeitpunkt meist in Gruppen zusammengefasst, sechs Triosonaten oder 12 Concerti Grossi beispielsweise. Von Arcangelo Corelli erscheinen so nach und nach insgesamt sechs Opera, von Tommaso Albinoni zu Lebzeiten zwölf.

Johann Sebastian Bach war außerhalb seiner Wirkungsstätten in Mitteldeutschland hauptsächlich durch die geringe Anzahl seiner Drucke bekannt. Und die enthielten, von wenigen Ausnahmen abgesehen, zunächst nur Musik für Tasteninstrumente. Der erste Teil der *Clavier-Übung* wurde auf diese Weise Bachs Opus 1. Späteren Fortsetzungen fügten allerdings weder der Komponist noch die Verleger eine Zahl hinzu.

Mit erwachendem Selbstbewusstsein des bürgerlichen Künstlers verändert sich die Rolle der Opuszählung. Ludwig van Beethoven nimmt die Nummerierung selbst in die Hand, zählt aber nicht mehr jede Veröffentlichung durch, sondern nur die von ihm als gültig anerkannten Werke. Zu Beginn seiner Komponistenlaufbahn ist er noch bereit, der Tradition entsprechend, mehrere Streichtrios, Klaviersonaten, Streichquartette unter einer Nummer zusammenzufassen, später betont er die Singularität des jeweiligen Werkes durch eineindeutige Zuordnung.

Beethoven verzählt sich und überspringt einige Opusnummern

Allerdings kam Beethoven bei der Nummerierung durcheinander, weil er gleichzeitig bei verschiedenen Musikverlagen publizierte. So entstand aus seiner Vergesslichkeit das Nummernwirrwar um die Sonaten op. 31, die über Europa verstreut mal einzeln, mal gemeinsam als op. 29, op. 13, op. 47, op. 33, op.58 publiziert wurden. Beethoven, aus dem Schaden klug geworden, entschloss sich, einfach einige Opusnummern zu überspringen und sie gegebenenfalls später neuen Stücken zu geben. So waren die Opuszahlen auch kein Garant mehr für ein chronologisches Auffinden im Beethovenschen Werk.

Je nach Selbstbewusstsein begannen in den Folgejahrzehnten die Komponisten mitunter recht früh und unabhängig von tatsächlichen Veröffentlichungen ihre Kompositionen mit Opusnummern zu versehen. So finden sich im Frühwerk von Richard Strauss eine Anzahl von Kompositionen, denen er die gleiche Opuszahl gegeben hat. Auch bei anderen Komponisten signalisiert gleich mehrfach das Opus 1 als emphatisches Zeichen die vermeintliche Reife und das Eintreten in die Welt der unsterblichen Musik. Doch es gibt auch Musiker, die insbesondere bei Stücken für das Musiktheater völlig uneitel gänzlich auf Opuszahlen verzichteten.

Die Musikwissenschaft hat versucht, zumindest in das Werk wichtiger Komponisten nachträglich eine Ordnung einzuführen, wenn Opuszahlen nicht, unvollständig oder irreführend gebraucht wurden. Es entstanden je nach Quellenlage und musikologischen Vorlieben chronologische oder systematische Werkverzeichnisse. (→Köchel, Hoboken und Co.; →Zahlensalat bei Schubert)

E

Eine Sprache, die alle Welt versteht

In immer neuen Fassungen ist dieses Bonmot über Musik verbreitet, obwohl es der empirischen Untersuchung nicht standhält. Verstehen wir auf Anhieb wirklich japanische Tempelmusik oder eine manieristische Mottete der Ars subtilitor des 14. Jahrhunderts, das *Kreuzspiel* von Stockhausen oder, in Zeiten wegbrechender religiöser Bindung und Bildung, das *Credo* aus Bachs *H-Moll-Messe*? Musik als Sprache zu betrachten, ist eine relativ junge Erscheinung. Sie geht einher mit der Emanzipation der Instrumentalmusik im 18. Jahrhundert. Galt bis dahin die Vokalmusik als höherwertig, so wandelte sich allmählich das hierarchische Gefüge. Die Instrumentalmusik musste, wie dies der Berliner Musikwissenschaftler Carl Dahlhaus einmal formulierte, »Sprache werden, um den Anspruch, Kunst im emphatischen Sinne zu sein, bei den Gebildeten unter ihren Verächtern durchsetzen zu können.« 1739 spricht der Musiktheoretiker Johann Mattheson von der »Klangrede«, ein halbes Jahrhundert später führt sein Kollege, der Bachbiograph Johann Nikolaus Forkel, den Begriff »Tonsprache« ein. Als ausübender Musiker vertritt Carl Philipp Emanuel Bach zur gleichen Zeit in seinen Kompositionen ein »redendes Prinzip«. Auch ohne Text kann sich nun Musik behaupten.

Das wirkmächtige Zitat stammt allerdings von einem Dichter, dem Amerikaner Henry Wadsworth Longfellow (1807–1882). Er war im 19. Jahrhundert ein erfolgreicher Schriftsteller. Eingängig waren seine Verse, erfolgreich sein episches Gedicht *The Song of Hiawatha* von 1855, mit dem er die Fiktion einer indianischen Volksüberlieferung nutzte, um am Ende den Häuptling die Empfehlung aussprechen zu lassen, sich der kulturellen Übermacht der Weißen zu beugen. Samuel Coleridge-Taylor machte daraus später eine Kantate und ein Ballett. Er war musikalisch maßgeblich von Antonín Dvořák beeinflusst, der seinerseits in einem Zeitungsartikel auf *Hiawatha* als Inspiration seiner neunten Symphonie Bezug nahm (→ Programme, geheime).

Unmittelbar nach seiner großen Europareise veröffentlichte Longfellow 1835 *Outre-Mer: A Pilgrimage Beyond the Sea*. Und darin findet sich der berühmte Satz, der im Deutschen gerne wiedergegeben wird mit: »Die Musik ist eine Sprache, die alle Welt versteht«. Im Original lautet er »Musik is the universal language of mankind«. So wird aus einer recht freien Übersetzung doch eine andere Bedeutung. Und dann wird meist noch der zweite Teil des Zitates unterschlagen. Jener beschreibt Longfellows eigene Aufgabe als Dichter: »... poetry their universal pastime and delight.« Aus der trivialisierten Formel »Musik – Sprache der Welt« schält sich also die künstlerische Aufgabenverteilung heraus, die den Wandel der ästhetischen Auffassungen im 18. und 19. Jahrhundert beschreibt. Da die Musik, vornehmlich die Instrumentalmusik, zur Sprache wurde (Klangrede, Tonsprache), kann die Literatur den spielerischen Part übernehmen: »Musik ist die universelle Sprache der Menschheit – Poesie ihr universeller Zeitvertreib und ihr Vergnügen.«

Vielleicht ist es aber doch Joseph Haydn, der urheberrechtliche Ansprüche auf »Musik als Sprache der Welt« geltend machen kann. Die ersten Biographen überliefern die Abschiedsszene zwischen ihm und Mozart vor seiner ersten Reise nach London. Beide werden sich nicht wieder sehen, da Haydn erst wieder nach Wien zurückkehrt, als der Jüngere bereits tot ist. Mozart: »Papa, Sie haben keine Erziehung für die große Welt gehabt und reden zu wenige Sprachen.« Haydn: »Meine Sprache versteht man durch die ganze Welt!«

Einzelstücke, musikalische

Nicht viele Komponisten haben sich skrupulös auf das Komponieren weniger oder kurzer Werke beschränkt (→ Œuvres, schmale). Doch bevor der Compact-Disc-Boom der späten 1980er und frühen 1990er Jahre den Bedarf an Ersteinspielungen explosionsartig vermehrte, waren eine Reihe von Tonschöpfern oft nur mit einzelnen Stücken in der Öffentlichkeit, also dem Konzertsaal oder den Schallplattenkatalogen, präsent.

Tomaso Albinoni

Tomaso Albinoni (1671–1751) war vor den intensiven Entdeckungsreisen der historischen Aufführungspraxis lange Zeit nur mit einem Werk präsent, das zudem überhaupt nicht von ihm stammt: dem *Adagio in sol minore per archi e organo*, einer Melodie, die ein Wissenschaftler 1958 dem Venezianer zugeschrieben und anschließend aufführungspraktisch bearbeitet hatte. Ansonsten galt Albinoni schon bald nach seinem Tod bis in die Gegenwart hinein als konservativ und wenig einfallsreich. Vielleicht hat er das geahnt, denn bei der Erstveröffentlichung seines op.1, den 12 *Suonate a tre*, die übrigens zweimal in der für den europäischen Musikmarkt wichtigen Stadt Amsterdam nachgedruckt wurden, sagte er von sich selbst, er sei ein »dilettante«, also ein Liebhaber. Erst später bekam diese Bezeichnung, die seinen Träger vom professionellen Musiker unterschied, jene pejorative Bedeutung, die noch heute dem Dilettanten anhängt.

Gregorio Allegri

Gregorio Allegri (1582–1652) hat zeit seines Lebens für die katholische Kirche gearbeitet. Er stand an der Wende zwischen altem und neuem Stil und beherrschte beide. Bis heute aufgeführt wird allerdings nur das *Miserere* für neun Stimmen, das er für die päpstliche Kapelle schrieb. Eigentlich ist dies musikalisch nichts Ungewöhnliches, eine Komposition für zwei einander abwechselnde Chöre, mit nicht allzu großer harmonischer Raffinesse. Der Erfolg des *Miserere* bei Allegris Zeitgenossen ist hauptsächlich der Tatsache zu verdanken, dass man im Vatikan zuvor jahrzehntelang an den neuen Kompositionen etwas auszusetzen hatte. Allegri konnte also mit seinem klug gesetzten, nicht aneckenden Werk auf Beifall hoffen. Die zweite Karriere des *Miserere* begann, als europäische Besucher in Rom die altertümliche, unbegleitete Musik mit dem Schauer, den das Fremde, Geheimnisvolle erzeugt, zu hören bekamen. Nun war die in die Karfreitagsliturgie eingebundene Komposition ein »Must« für den nordeuropäischen Bildungsreisenden auf seiner »Grand Tour«. Ganz wesentlich wurde diese Aufführungstradition des A-capella-Gesangs getragen von den Kastraten der päpstlichen Kapelle.

Max Bruch

Max Bruch (1838–1920) pflegte einen akademischen Stil, den man in seinen Sinfonien oder in den großangelegten Chorwerken für das städtische Bürgertum erkennen kann. Seine Musik bekam daher angesichts der weitreichenden musikalischen Neuerungen in der zweiten Hälfte des 19. Jahrhunderts zwischen Wagner und Brahms rasch einen altbackenen Charakter. Bruch wäre heute vergessen, hätte er sich nicht Felix Mendelssohn Bartholdy zum Vorbild genommen. Sein erstes Violinkonzert in g-Moll op. 16 zeugt davon. Es wurde uraufgeführt, als Bruch 30 Jahre alt war. Die zweite Karriere des Max Bruch hatte nicht zuletzt pragmatische Gründe. Die internationalen Schallplattenfirmen waren mit der Einführung der Langspielplatte auf der

Suche nach einem passenden Gegenstück zu Mendelssohns ebenfalls nicht allzu langem Violinkonzert. So kam seit den 1950er Jahren Bruch immer häufiger auf die B-Seite. Interessanterweise ist diese Kombination auch nach Einführung der Compact Disc noch häufig beibehalten worden. Erst in den letzten Jahren werden andere Stückkombinationen gewagt und die Musik Bruchs mit ihrer heiteren Arglosigkeit gerät ins Hintertreffen. Übrigens führte die musikalische Nähe zu Mendelssohn nach dem Tode Bruchs zu einer bitteren Posse, die ein bezeichnendes Licht auf die Kunstpolitik des nationalsozialistischen Regimes wirft. Übereifrige Propagandisten, die zeitgleich junge Komponisten aufforderten, eine alternative Musik zu Shakespeares *Sommernachtstraum* zu schreiben, behaupteten, Max Bruch sei Jude gewesen. Als Indizien sahen sie in seinem Œuvre beispielsweise das Oratorium *Moses*, die *Hebräischen Gesänge* nach Byron oder das Konzertstück *Kol Nidrei* für Violoncello und Orchester. Um dem drohenden Aufführungsverbot zu entgehen, konterte Bruchs Schwester mit dem Ariernachweis, dreizehn Jahre nach dem Tod des Komponisten.

Paul Dukas

Zwar stand die Oper *Ariane et Barbe-Bleue* von Paul Dukas immer wieder mal auf den Spielplänen vornehmlich frankophoner Opernhäuser, dennoch ist der Komponist (→ Œuvres, schmale) vor allem durch sein Orchesterscherzo *Der Zauberlehrling* nach dem Gedicht von Johann Wolfgang von Goethe bekannt geworden. Darin zeigt er seine Meisterschaft im Umgang mit der Leitmotivtechnik eines Richard Wagner, dem die jüngeren französischen Komponisten zugleich fasziniert und in nationaler Abgrenzungsbereitschaft gegenüberstanden. Wozu Wagner allerdings in seinen Musikdramen geraume Zeit braucht, das zeigt uns Dukas verknappt auf engstem Raum. Aus einer heiteren Melodie wird durch stetige Wiederholung in immer neuen Klangfarben jene bedrohliche Stimmung erzeugt, die eintritt, wenn in Goethes Text der unentwegt Wasser herbeischleppende Zauberbesen sein Unwesen treibt.

Erfundene Musikgeschichte

Unmögliche Begegnung!

In seinem 1985 uraufgeführten Stück *Mögliche Begegnung* lässt der Theater-, Roman- und Sachbuchautor Paul Barz im Jahr 1747 die beiden Giganten der Barockmusik Johann Sebastian Bach und Georg Friedrich Händel aufeinandertreffen. Anlass ist die

Aufnahme Bachs in die »Societät der musikalischen Wissenschaften«, der Händel seit 1745 angehört. Die Zusammenkunft wird bei Barz zu einer turbulenten Auseinandersetzung zwischen dem in London zu Weltruhm aufgestiegenen Großverdiener Händel und dem überregional nur durch wenige Drucke von Klavierwerken bekannten Thomaskantor Bach. Der Streit spiegelt manches, was die Musikgeschichtsschreibung in den letzten 200 Jahren umgetrieben hat. Da ging es um die Unerbittlichkeit künstlerischer Maßstäbe und die Bereitschaft, auf die Bedürfnisse des Publikums einzugehen. Da ging es um Originalität der Erfindung und um geschickte Verarbeitungstechniken. Da ging es um nationale Eigenheiten und internationale Tonsprache. Da ging es schließlich um bürgerliche Behaglichkeit und weltmännisches Auftreten. Das alles wird im Bühnenstück fast beiläufig gestreift. Der Erfolg der inzwischen recht häufig gespielten Stückes von Paul Barz liegt aber nicht zuletzt in den beiden Paraderollen für Schauspieler im gesetzten Alter.

Bach und Händel sind sich in Wirklichkeit nie begegnet. Ein tatsächlich geplantes, aber nicht zustande gekommenes Treffen der beiden Komponisten nimmt die Forschung für das Jahr 1719 an, als Händel aus London nach Halle kam, um seine Mutter zu besuchen. Zu dem Zeitpunkt, da Bach aus Köthen eintraf, war Händel allerdings schon nach Dresden weitergereist.

Eine »tatsächliche Begegnung« fand 1747 zwischen Johann Sebastian Bach und Friedrich II. von Preußen am Hof von Sanssouci statt. Dabei ging es durchaus um kompositorische Fragen, aber nicht mehr um einen Wechsel des greisen Thomaskantors nach Berlin. Der war Jahre zuvor erwogen worden und hätte durchaus zu einer öffentlichen Wahrnehmung Bachs führen können, die der Händels ebenbürtig gewesen wäre. (→ Herrscher, musikalische; → Flötenkonzert in Sanssouci)

Mozart als Brite

Die Lebensgeschichten von Musikern werden oft durch Zufälle geprägt. Was wäre gewesen, wenn die Bemühungen, die Leopold Mozart unternahm, um seinem Wunderkind Wolfgang frühzeitig eine sichere Stellung zu verschaffen, erfolgreich gewesen wären? Mit dieser Frage spielt der Kriminalroman *Zu viele Noten, Mr. Mozart* von Bernard Bastable, alias Robert Barnard, erschienen 1995 (dt. 1997). Zitiert wird im Titel jener Ausspruch Kaiser Josephs II. nach der Uraufführung der *Entführung aus dem*

Serail. Geistesgegenwärtig soll Mozart damals geantwortet haben: »Gerade so viele, wie nötig sind.«

Der Roman hält sich in weiten Teilen an die historischen Fakten, ändert aber eine Kleinigkeit – mit weitreichenden Folgen. Wolfgang Amadeus Mozart reiste, wie die Musikgeschichtsschreibung bestätigt, als Wunderkind mit seinem Vater Leopold dreieinhalb Jahre lang zu den großen Musikzentren und wichtigen Residenzen in Europa, nach München, Paris, London. Vom 23. April 1764 bis zum 1. August 1765 blieben sie in der britischen Hauptstadt. Der junge Mozart veröffentlichte sechs Sonaten für Klavier und Violine (wahlweise auch mit Flöte zu spielen) als op.3, die später im Köchelverzeichnis die Nummern KV 10–15 erhalten werden. Er widmete sie in kindlichem Überschwang der britischen Königin. Finanzieren mußte den Druck die Familie Mozart selbst, die Verleger blieben gegenüber dem Achtjährigen zurückhaltend. Aber Mozart lernte, nicht zuletzt in der Begegnung mit Johann Christian Bach, dem jüngsten Sohn des Thomaskantors, Entscheidendes für sein weiteres musikalisches Verständnis.

Doch der weitere Verlauf des Englandaufenthaltes wurde angesichts der starken Konkurrenz mehr und mehr zum Misserfolg. Die Aufführungsorte wurden schlichter, das Interesse ließ spürbar nach. Die Mozarts reisten ab. Und genau an dieser Stelle beginnt in Bastables Buch *Zu viele Noten, Mr. Mozart* die Abweichung der Literatur vom realen Leben: Wolfgang Amadeus Mozart bleibt dauerhaft in England. Wir lernen in diesem Roman also einen desillusionierten alten Mann kennen, der 1830 als Klavierlehrer der Kronprinzessin Victoria engagiert wird. Und der in dieser Funktion einen Mordanschlag aufklärt. Mozart wird so zu einem gealterten Komponist, über den die Zeit hinweggegangen ist. »Sie sind ein wunderbarer Musiker,« sagt die ihm durchaus wohlgesonnene und kluge Prinzessin Victoria, »genauso gut wie Mr. Mendelssohn«. Dazu muss man wissen, dass Felix Mendelssohn Bartholdy seinen Zeitgenossen als »Mozart des 19. Jahrhunderts« galt. (→Kollegenlob und Kollegenschelte). Darüber hinaus muss Mozart sich gefallen lassen, dass Rossinis Musik die Bühnen beherrscht. Analog zu seinem frühen Bühnenstückchen *Bastien und Bastienne* vertont er im Roman nun Teile der Komödie *Victor und Victoria,* die im 20. Jahrhundert als Film und als Musical berühmt werden sollte.

Auf die Aufforderung, ein Oratorium zu verfassen, reagiert Mozart laut Bastable mit folgender Überlegung: »Haydn hat die Schöpfung abgehandelt, Händel hat Jesus Christus verarbeitet – mir scheint, da ist nicht mehr viel übrig, was meinen Gaben angemessen wäre. Die zehn Gebote sind so negativ.« Man sieht, es handelt sich nicht um den uns bekannten humorvollen, über die Stränge schlagenden Mozart, der uns vor allem aus seinen Briefen und den Zeugnissen seiner Freunde entgegentritt. Wir lernen vielmehr einen leicht verbitterten Herrn mit britischen Manieren und englischem Sarkasmus kennen.

Im Vergleich zu Bastables fiktiver Alternative führte das erlahmende Interesse der Londoner Musikwelt an dem achtjährigen Wunderkind und die Abneigung Leopold Mozarts gegen die späteren Pläne seines Sohnes, wieder nach England zu fahren und dort sein Glück zu machen, am Ende für Wolfgang Amadeus zu einem größeren künstlerischen Gewinn.

Der letzte Bach-Sohn

Sogar zu einem Artikel im renommierten Lexikon *Musik in Geschichte und Gegenwart* hat er es gebracht: P. D. Q. Bach. Dabei ist er nichts weiter als eine Erfindung des Musikwissenschaftsprofessors und Bachforschers Peter Schickele. Der allerletzte Sohn des Thomaskantors Johann Sebastian Bach (→Bache; →Thomaskantoren), sein 21. Kind, wird uns vorgestellt als ein unglücklicher Komponist, der bis zu seinem fünften Lebensjahr keinen eigenen Namen gehabt hat, weil er im kinderreichen Haushalt des Thomaskantors nicht weiter auffiel. Schließlich gab dieser ihm das zunächst unverständliche Kürzel. Im Englischen bedeute pdq »pretty damn quick«. Diesen P. D. Q. Bach lässt Schickele nun seltsame Werke für ungewöhnliche Instrumente schreiben, die ein wenig an Marcel Duchamps Ready Mades erinnern. Es finden sich etwa Duschkopf in D, Nebelhorn, Weinflaschen und Trompetenmundstück. Schickele hat nicht nur die Titel erfunden, in denen sich Anspielungen auf bekannte Werke finden, er komponierte auch die dazugehörigen Stücke. Das Oratorium *The Seasonings* weist auf Haydns *Seasons*, die *Fanfare for the Common Cold* (Fanfare für die gemeine Grippe) auf Aaron Coplands allzu häufig aufgeführte *Fanfare for the Common Man* für Blechbläser und Schlagzeug. In *den Erotica Variations for banned instruments and piano* (Erotikavariationen für geächtete Instrumente und Klavier) schließt sich Schickele an den berühmten Versprecher an, mit dem Thomas Mann in seinem

Roman *Der Zauberberg* die Pseudobildung einer Dame charakterisiert. Sie wünscht sich in einer erhabenen Stimmung die *Erotica* statt korrekt die *Eroica* von Ludwig van Beethoven zu hören.

Nachdem Schickele Leben und Werk des P. D. Q. Bach 1975 im Buch *The Definitive Biography of P. D. Q. Bach. A Life Against Music*, öffentlich gemacht hat (es kam 1998 überarbeitet und ergänzt auf Deutsch heraus), haben durchaus namhafte Ensembles der klassischen Musik Beispiele dieser unerhörten Musik aufgeführt.

Es ist zu laut!

Das ausführlichste Musiklexikon der Welt, *Musik in Geschichte und Gegenwart*, herausgegeben von Ludwig Finscher, umfasst neun Bände in seinem Sachteil und siebzehn Bände in seinem Personenteil. Dennoch kennt es das Stichwort »Lärm« nicht. Auch »Geräusch« fehlt, weil es unter Akustikern kein Fachbegriff ist, sondern als umgangssprachlich gilt. Und nicht nur bei ihnen. Der zeitgenössische Komponist Helmut Lachenmann zum Beispiel zuckt zusammen, wenn man bei den besonderen Spielweisen, die er den Instrumenten abverlangt, das Wort »Geräusch« ins Spiel bringt: »Ich weiß, was sie meinen« lautet seine karge Antwort.

Ob etwas als Lärm wahrgenommen wird, so die allgemeine Meinung, hänge von der Haltung ab. Für die Experten der Europäischen Union stellt sich die Lage einfacher dar. Im Februar 2003 erließen sie eine Lärm- und Vibrationsschutzrichtlinie, deren Vorschriften für den Musik- und Unterhaltungssektor gelten. In Umsetzung der Richtlinie hat das zuständige Bundesministerium für Arbeit und Soziales eine LärmVibrationsArbSchV in Kraft gesetzt (Verordnung zum Schutz der Beschäftigten vor Gefährdungen durch Lärm und Vibration). Danach liegen die Auslösewerte für Lärmschutzmaßnahmen bei Durchschnittsbelastung über 80–85 Dezibel, als Spitzenbelastungsgrenzwert sind 135–137 Dezibel angegeben.

Das sind Werte, die bei musikalischen Aufführungen durchaus erreicht werden. Als besonders lärmintensiv gilt dabei erstens die Musik Wagners (die Flöten erreichen schon mal 118 dB), zweitens Mussorgskys *Bilder einer Ausstellung* (wegen der Glocken der Kathedrale von Kiew), drittens Richard Strauss (*Salome* und *Elektra*) und schließlich Dmitrij Schostakowitsch. In Internetforen, in denen die lärmgeplagten Musiker miteinander diskutieren, wird der nachgemessene Fall von Schostakowitschs Oper *Lady Macbeth von Mzensk* erwähnt. Bei einer Aufführung Mitte der 1990er Jahre sollen im Orchestergraben des Theaters in Münster 163 dB gemessen worden sein. Aussagen wie »Bei den *Notations* von Boulez dachte ich daran, die Posaunen zum Mond zu schießen«, sind unter Musikern keine Seltenheit.

Die Bundesanstalt für Arbeitsschutz und Arbeitsmedizin verweist übrigens darauf, dass von Musikern eher die Lautstärke der anderen Orchestermusiker als Bedrohung wahrgenommen wird, obwohl die asymmetrische Belastung durch die Spielweise des eigenen Instruments, etwa bei einer Geige oder einer Harfe, bereits eine Differenz von 3 – 8 dB am Ohr erzeugt.

Lösung: Ohrstöpsel

Die Anstalt empfiehlt daher bauliche Maßnahmen, wie die Anhebung der hinteren Bühne, und – Ohrstöpsel. Letztere können die Lärmbelastung um etwa neun Dezibel verringern, ohne die Kommunikation der Musiker untereinander zu behindern. Inzwischen schotten sich die einzelnen Instrumentengruppen auch mit Plexiglasscheiben gegeneinander ab.

Wenn alles nicht hilft, dann artet die Frage der zulässigen Lautstärke in eine Kraftprobe aus. Wie bei der Premiere der Oper *Wozzeck* von Alban Berg im März 2008 am Berner Stadttheater. Bereits nach der zweiten Szene wurde die Aufführung unterbrochen. Der Intendant gab dem Publikum bekannt, dass der Dirigent den Orchestergraben verlassen habe. Der Grund: die Musiker spielten zu leise. Die so Kritisierten verwiesen auf die zulässigen Obergrenzen zum Lärmschutz. Die Schweiz übernimmt nämlich die EU-Richtlinien im Regelfall automatisch für ihr eigenes Staatsgebiet, so auch hier. Nach einer internen Debatte wurde die Veranstaltung fortgesetzt. Das Orchester folgte im weiteren Verlauf der Opernaufführung den Vorgaben des Gastdirigenten und spielte deutlich lauter.

In München weigerten sich im Frühjahr 2008 Mitglieder des Symphonieorchesters des Bayerischen Rundfunks, das Orchesterstück *Halat Hisar* (Belagerungszustand) des schwedischen Komponisten Dror Feiler aufzuführen. Wieder ging es nach Angaben der Musiker um unzumutbare Lautstärken. Spontan signalisierten die Musiker des Berliner Konzerthausorchesters die Bereitschaft, anstelle der Münchner Kollegen die Uraufführung zu übernehmen. Es folgte unter den Betroffenen ein klärendes Gespräch. Dror Feiler erklärte sich bereit, das zwanzigminütige Werk an den »empfindlichen Stellen« zu überarbeiten. Daraufhin erklärte sich das Symphonieorchester des Bayerischen Rundfunks bereit, *Halat Hisar* zu einem späteren Zeitpunkt aus der Taufe zu heben.

Besonders lärmempfindlich

Dem von Musik gestörten Isaac von Antiochien verdanken wir den Hinweis auf die wohl ersten Balgorgeln in der antiken Welt. Um 450 nach Christus polemisierte er in einem Gedicht gegen diese hydraulischen Orgeln, die in den Gassen der antiken Metropole nachts tönten, so dass der Gelehrte nicht schlafen konnte.

Auch einige Dirigenten des 20. Jahrhunderts konnten sehr sensibel reagieren. Dabei ging es ihnen natürlich um die Reinheit des ästhetischen Genusses. Lärm entsteht ja nicht durch intensive Lautstärke allein, sondern oft durch penetrant störende Nebengeräusche. So sorgte Gustav Mahler dafür, dass bei der Uraufführung seiner achten Symphonie in München 1910 die Straßenbahnen während des Konzertes nur »langsam und ohne Glockenzeichen« an der Musikhalle auf dem Ausstellungsgelände vorbeifuhren. Und Herbert von Karajan schaffte es bei seinem Konzert 1969 in der Heidelberger Stadthalle, die Vollsperrung des Verkehrs auf der Uferstraße zu erwirken.

Europa nach Noten

Europahymne

»Seid umschlungen, Millionen«, diese Aufforderung aus Schillers *Ode an die Freude* in der Vertonung von Ludwig van Beethoven sollte zur Hymne einer europäischen Idee werden. Meinte Richard Coudenhove-Kalergi, der bereits 1923 die Paneuropa-Bewegung gegründet hatte. Sechs Jahre später schlug er Beethoven erstmals als musikalisches Symbol für ein gegen nationalistische Engstirnigkeit kämpfendes geeintes Europas vor. Er wiederholte nach dem Zweiten Weltkrieg dieses Ansinnen gegenüber dem Europarat. In Konkurrenz und Ergänzung zur wirtschaftlich ausgerichteten EWG wollte diese 1949 gegründete Institution vor allem politisch-kulturell wirken. Coudenhove-Kalergi sah in *Freude schöner Götterfunken* eine Melodie, die international genügend bekannt war, um Sinn stiftend zu wirken. Immerhin hatte die NATO die Musik zur Eröffnung ihres Hauptquartiers in Brüssel gespielt. Um den Anspruch auf Beethoven war inzwischen längst ein Wettrennen der Systeme entbrannt. Denn auch auf der anderen Seite des Eisernen Vorhangs, in der DDR, stand Beethoven im Zeichen des »Aneignens progressiven Erbes« bei offiziellen Verlautbarungen an vorderster Stelle.

Der zu diesem Zeitpunkt noch auf westliche Staaten beschränkte Europarat hatte sich bereits 1959 der Komposition Beethovens bei einem hochoffiziösen Anlass zur Zehnjahresfeier der Institution bedient. Aber es dauerte bis zu einer definitiven Entscheidung des Europarates noch anderthalb Jahrzehnte. Vielleicht lag der Beweggrund, sich endgültig eine eigene Hymne zuzulegen, nur in dem Versuch, jenen Fluten von Einsendungen zu begegnen, die von achtbaren Bürgern voller Enthusiasmus unentwegt nach Straßburg zum Sitz des Europarates geschickt wurden. Hymnen zu erfinden, scheint nämlich bis heute ein Volkssport zu sein, wie die permanenten privaten Initiativen zur Etablierung eines Liedes für das hymnenlose Rheinland-Pfalz oder jüngst der Wettbewerb um die Nationalhymne des für unabhängig erklärten Staates Kosova zeigen. Auch dort hat man sich inzwischen vorsichtshalber auf eine textlose Version geeinigt.

Die *Ode an die Freude* hatte gute Karten als Europahymne. Sie diente bereits in den Jahren, in denen die beiden deutschen Staaten BRD und DDR eine gemeinsame gesamtdeutsche Mannschaft zu den Olympischen Spielen schickten, als neutrale Musik, die bei der Siegerehrung eines deutschen Sportlers erklingen durfte. 1970 fand aus Anlass seines 200sten Geburtstages ein großangelegtes Beethovenjubiläum statt. Erstmals wurde das komplette Gesamtwerk des Komponisten auf Schallplatte veröffentlicht. Mauricio Kagel machte sich mit seiner Collage *Ludwig van* über die Vereinnahmung durch den Kulturbetrieb lustig und schlug ein einjähriges Moratorium vor, innerhalb dessen keine einzige Note Beethovens gespielt werden dürfte. Und schließlich tauchte mit einer verkitschten Popversion von Waldo de los Ríos, dem *Song of Joy*, die *Ode an die Freude* auch in den Popcharts auf. In diesem Umfeld schlug endgültig die Stunde für die Europahymne.

1971 traf sich die Beratende Versammlung des Europarates in West-Berlin und beschloss in der 23. Ordentlichen Sitzung unter Nummer 492 die Einführung der Hymne. Der Publizist Esteban Buch, der sich intensiv mit der Vereinnahmung von Beethovens

Neunter durch die Jahrhunderte befasst hat, ist überrascht, wie wenig die Begründung auf die musikalische und textliche Eigenheit eingeht. Betont wird lediglich: »Es erscheint angemessen, ein Musikwerk zu wählen, das charakteristisch für das europäische Genie ist.« Wohlgemerkt, als Europahymne gilt nur jener Teil des 4. Satzes aus Beethovens neunter Sinfonie, der instrumental das musikalische Thema von *Freude schöner Götterfunken* erstmals einführt. Auf den Schillerschen Text wird verzichtet, um die Frage nach einer Bevorzugung einer Sprache innerhalb Europas zu vermeiden. Als Kompromiss wurde vorgeschlagen, es könne ja zu einem späteren Zeitpunkt über einen neuen Text nachgedacht werden. Der Ministerrat bestätigte die Entscheidung am 19. Januar 1972.

Als Komponist der Hymne im rechtlichen Sinne gilt übrigens nicht Ludwig van Beethoven, sondern – Herbert von Karajan. Ihn nannten scharfzüngige Beobachter bereits in den 1960er Jahren, wegen seiner weitverbreiteten Aufgaben zwischen den Ämtern in Berlin und Wien und den Dirigaten und Schallplatteneinspielungen weltweit, den »Generalmusikdirektor« Europas. In Karajans Version fallen vor allem ein langsameres Tempo und die Eingliederung der Gesangsstimmen aus dem weiteren Verlauf der Originalsatzes in den Orchesterpart auf. Zwei Minuten 15 Sekunden dauert Karajans eigene Einspielung, der Instant-Beethoven zur sofortigen Abrufbarkeit erhabener Gefühle. Das steht durchaus in einer weitverbreiteten europäischen Tradition (→ Verkleinerung eines Titanen).

Eurovisionsfanfare

Ein anderes Musikstück wird meist mit der Europahymne verwechselt, weil es durch seine jahrzehntelange Präsenz im Fernsehen recht populär geworden ist. Begonnen hat alles mit der ersten gemeinsame Liveübertragung westlicher europäischer Fernsehstationen aus Anlass der Krönung der britischen Königin Elizabeth II. Diese fand 1953 statt. Bald darauf beschlossen die Mitgliedsanstalten der Eurovision, ihre im Verbund produzierten Sendungen durch ein akustisches Signet kenntlich zu machen. Sie schrieben einen Wettbewerb aus. Gewonnen hat ein Musikstück, das bereits zweieinhalb Jahrhunderte auf dem Buckel hatte: der Anfang des trompetenbeherrschten Prélude aus dem *Te Deum* D-Dur von Marc-Antoine Charpentier. Charpentier, der sich zu Zeiten des Sonnenkönigs Louis XIV. in Frankreich trotz hoher musikalischer Qualitäten nicht auf

Dauer etablieren konnte und von dem keine zweifelsfreie bildliche Darstellung bekannt ist (→Porträtlos, aber nicht ehrlos), wurde somit nachträglich vor einer europäischen Öffentlichkeit quasi rehabilitiert.

Die erste mit der Eurovisionsfanfare eingeleitete Sendung war die Übertragung des Narzissenfestes von Montreux am 6. Juni 1954. Heutzutage, da übernationale Koproduktionen zum Alltag der Rundfunkanstalten gehören, ist die Musik von Charpentier im deutschen Fernsehen nur noch selten zu hören. Um Weltläufigkeit zu signalisieren, bedarf es des freiwilligen Erkennungszeichens kaum noch.

F

Fälschlich verschickt

Manche Menschen kommen in die Musikgeschichte hauptsächlich durch einen Zufall, sozusagen »wie Pilatus ins Credo«. Franz Schubert gehört dazu. Genauer, jener Franz Schubert, der 1768 in Dresden geboren wird und 1827 dort verstirbt. Er hat zunächst als Kontrabassist, dann als Musikdirektor der italienischen Oper, schließlich als königlicher Kirchenkomponist sein Auskommen. Einsätzige Kirchensinfonien, stets in Dur, werden stilbildend. Als Musikdirektor der Freimaurerloge »Zum Goldenen Apfel« schreibt er Lieder für die Brüder. Sein Sohn, der ebenfalls Franz heißt, wird später mit Clara Schumann bekannt sein und ein beliebtes Violinvirtuosenstückchen namens *Die Biene* verfassen. Ein völlig normales Musikerleben also, wie es Hunderte gibt, mit Kompositionen, die mehr oder minder zu Recht vergessen sind.

Gäbe es da nicht den fatalen Irrtum des Leipziger Verlagshauses Breitkopf & Härtel. Und gäbe es nicht noch einen zweiten Franz Schubert, den wir heute recht gut kennen, der aber zu Lebzeiten in Wien längst nicht so bekannt war. Zum Freundeskreis des Wiener Franz Schubert gehört Josef von Spaun. Der besitzt nicht nur den Mut, 1816 einige Schubertlieder auf Texte Goethes an den Geheimrat nach Weimar zu senden. Er schickt im Jahr darauf auch ein Paket an den Verleger in Leipzig, mit Schuberts Version des *Erlkönigs*. Bei Breitkopf & Härtel ist man merklich irritiert über die ungewohnten Töne. Gottfried Christoph Härtel kennt den Dresdner Schubert, der mit ihm zusammen in einer Freimaurerloge Mitglied ist. Er schickt die Post also nach Dresden an den vermeintlichen Absender zurück. Der Dresdner Franz Schubert ist erbost darüber, dass ihm irgendjemand diese Noten unterschieben will. Er spricht von einem Machwerk und behält sich Schritte gegen den Missbrauch seines Namens vor. Da hat es die Nachwelt mit ihrem »sicheren« Urteil über Meisterwerke leichter. Schubert bleibt bei seiner Absicht, den *Erlkönig* als erstes eigenes Musikstück in den Druck zu geben. Er erscheint vier Jahre später, 1821, als Opus 1 im Selbstverlag, finanziert von Schuberts Freunden. Zwei Wiener Musikverlage haben zuvor Schuberts Lieder als nicht qualitätvoll genug abgelehnt.

Fälschlich zugeschrieben

Obwohl nur 26 Jahre alt geworden, gilt Giovanni Battista Pergolesi (1710–1736) als beeindruckender Könner in verschiedenen Stilen und Genres, von der geistlichen Vokalmusik über die Opera seria bis hin zu den heute noch immer gespielten Intermezzi, lustigen Zwischenspielen in den ernsten Werken, von denen *La serva padrona* (Die Magd als Herrin) Mitte des 18. Jahrhunderts in Paris einen Opernkrieg (→Opernkriege) auslöste. Und wer weiß, was aus Pergolesi noch geworden wäre, wenn er nicht, seit seiner Kindheit schwächlich, früh an Tuberkulose gestorben und in der Kathedrale von Pozzuoli bei Neapel in einem Massengrab beigesetzt worden wäre. Ein solcher Musiker, der zu so vielen Hoffungen Anlass gab, wurde nicht vergessen. In den Jahrzehnten nach seinem Tod verbreiteten sich seine Kantaten durch Drucke in ganz Europa. Johann Sebastian Bach war beeindruckt und lieh sich Teile des *Stabat mater* für eine eigene Komposition aus (→Plagiatsverdächtig). Doch damit nicht genug. Kaum war der Komponist posthum Kronzeuge geworden für die Mitte des 18. Jahrhunderts einsetzende Mode einer neuen »Natürlichkeit« in der Musik, nutzte man seinen Namen als verkaufsfördernde Marke. Allenthalben tauchten Drucke von Werken auf, die sich mit dem Verfassernamen Pergolesi blendend verkauften: zwölf Sonaten für zwei Violinen und Generalbass oder Orchester, acht *Lessons for the Harpsichord*, *Pièces modernes pour le clavecin* und so fort. Auch hinter anonym veröffentlichten Werken vermuteten die Käufer seine Autorschaft. Allmählich wandelte sich sein Bild erneut, vom naiven, natürlichen Musiker zum großen, an der Welt und der Kunst leidenden Komponisten.

Pergolesi verkauft sich blendend

Heute schätzt die Forschung, dass auf ein echtes Werk zehn falsche kommen, das ist Weltrekord.

Im 20. Jahrhundert kam die vermeintliche Musik von Pergolesi zu neuen Ehren, weil sie für eine der großen Balletterfolge genutzt wurde. Mit dem Ballettimpressario Sergei Diaghilev hatte Igor Strawinsky bereits einige Produktionen erarbeitet, die seinen Weltruhm begründeten: *Feuervogel*, *Petruschka*, *Sacre du*

Printemps. Nun, nach Ende des Ersten Weltkrieges, schwebte dem Leiter der Ballets russes ein klein instrumentiertes, luftiges kleines Stück um den italienischen Hanswurst Pulcinella vor. Diaghilev fand dafür bei Pergolesi »wirklich reizvolle Musik«. Was machte nun aber Strawinsky daraus? Er schnitt und klebte neu zusammen, er übermalte einzelne Passagen, füllte Instrumentierungen auf, die wie zu große Kleidungsstücke an den Melodien hingen. Kurz: er fügte den Zeitabstand hinzu, der ihn von Pergolesi trennte, und ließ das Material wie seine eigenen Ideen wirken. Es war ein Verfahren, das im Zitieren und Imitieren, im Einhalten und Beschädigen alter Formen, im Amalgamieren bisweilen heterogener Ausgangsmaterialien zum Arbeitsprinzip Strawinskys für die kommenden Jahre wurde. Für die findigen Hörer wird es zum Ratespiel: Wo steckt Rossini drin, wann hören wir die *Fledermaus* von Johann Strauß? Zurück zur *Pulcinella*: Strawinskys Eingriffe in die Noten, die man als diejenigen des jung verstorbenen, hochgenialen Pergolesi ansah, fand Diaghilev in höchstem Maße degoutant. Er hatte sich eine brave Instrumentation aus theaterpraktischer Notwendigkeit vorgestellt, so wie es etwa zeitgleich Ottorino Respighi mit Rossinis Musik machte. Also lief, nach der Aussage Strawinskys, Diaghilev »für längere Zeit mit einem Gesicht herum, als ob er das beleidigte 18. Jahrhundert selbst wäre.«

Beleidigtes 18. Jahrhundert

Die vermeintliche Pergolesi-Musik stammt übrigens von Fortunato Chelleri, Domenico Gallo und Carlo Monza.

Chelleri, 1690–1757, in Parma geboren, lebte u. a. in Venedig, Würzburg und Kassel, schrieb Opern, die meist verloren sind, und Oratorien, hatte einen durchaus eigenen Stil ausgebildet, der Belcantoelemente ebenso wie kontrapunktische Finesse zulässt. Chelleri musste an den verschiedenen Höfen erleben, wie jeder Regentenwechsel auch mit der Gefahr von Umstrukturierung der Hofmusik einhergehen konnte. So hob 1730 der neue Landgraf von Hessen, der als König in Schweden lebte, einfach die repräsentativen Aufgaben auf.

Von Domenico Gallos Leben weiß man fast nichts. Der Venezianer soll um 1730 geboren sein. Ihm werden mindestens die Hälfte jener 12 Triosonaten zugeschrieben, die 1780 unter Pergolesis Namen in London erschienen. Dabei weisen sie von ihrer Anlage her nicht in die Zeit des 1736 verstorbenen Neapolitaners, sondern eher in die Mitte des 18. Jahrhunderts, als sich der musikalische Geschmack mit der Vorliebe für Einfachheit, Sanglichkeit der Themen und klare Formen bereits auf die Klassik zubewegt. Insgesamt sieben seiner Stücke nutzt Strawinsky in der *Pulcinella*.

Carlo Monza (um 1680–1739), genannt Carlino, schrieb Opern, von denen sich nur die Libretti erhalten haben (weil sie für die Opernbesucher quasi als Eintrittskarte gedruckt worden waren). Seine Oratorien wurden in Bologna, Ancona, Rom und Messina aufgeführt. Die *Pièces modernes pour clavecin* wurden erst 1771 gedruckt und als Kompositionen Pergolesis behandelt. Drei Stücke kamen in der *Pulcinella* zu neuen Ehren.

Feuer in der Oper

Brand im Opernhaus lautet der Titel eines »Nachtstücks in drei Aufzügen« des expressionistischen Dichters Georg Kaiser. Es spielt 1763 in jener Nacht, als die Pariser Oper brennt. Der Brand wird zum Auslöser einer tragischen Eifersuchtsszene. Eine von ihrem Mann streng abgeschieden gehaltene junge Frau hat sich erlaubt, zum Opernball zu gehen. Er kennt sie daraufhin nicht mehr und sucht sich ein Brandopfer, um sich der Illusion hinzugeben, seine Ehefrau sei bei dem Unglück umgekommen. Wie sich später herausstellt, handelt es sich bei der von ihm aus den Flammen konfiszierten Leiche um die Geliebte des Königs.

1930 dreht Carl Fröhlich mit Gustaf Gründgens und Gustav Fröhlich den Film *Brand in der Oper*. Gründgens spielt den Generaldirektor Van Lingen, der als Frauenheld unbedingt die von ihm protegierte Chorsängerin Floriane, dargestellt von Alexa von Engström, erobern will. Die aber hat sich in seinen besten Freund Richard Faber verliebt. Als bei laufendem Betrieb des Opernhauses ein Brand ausbricht, suchen die Rivalen Seite an Seite nach Floriane. Sie wird gerettet. Faber wird ihr Ehemann. Ein Happy End, denn der Generaldirektor verzichtet auf seine Ansprüche.

Schon diese zwei populären Beispiele künstlerischer Thematisierung von Opernhäusern in Flammen weisen darauf hin: Brände in Theatern sind über Jahrhunderte hinweg nichts Ungewöhnliches. Mal war die Ursache ein Feuerwerkskörper, wie 1843 bei der Lindenoper in Berlin. Häufiger führte ein Krieg zur Zerstörung. Oft geschah es aber ganz unspektakulär im Betriebsalltag. Meist war dann die Beleuchtung von Bühne und Zuschauerraum mit Fackeln und später mit Gaslaternen daran schuld. Fast jede Stadt hat eine Geschichte von Brand und Wiederaufbau zu erzählen: in Dresden waren es 1849 die Barrikadenkämpfe, die Richard Wagner sogar einen Haftbefehl als Opernbrandstifter einbrachten. 1869 brannte das Haus erneut und wurde anschließend umso prachtvoller wieder aufgebaut.

In Prag wurde das Nationaltheater gleich zweimal festlich mit Bedřich Smetanas Oper *Libuše* eröffnet. Das Symbol nationaler Eigenständigkeit der Tschechen im Habsburgerreich brannte unmittelbar nach der Eröffnung 1881 nieder und konnte infolge großer Spendenbereitschaft bereits zwei Jahre später wiedereröffnet werden.

In Frankfurt am Main brannte das alte Opernhaus 1878, das neue Operngebäude traf es 1987. Ein offensichtlich verwirrter ehemaliger DDR-Flüchtling war in das Gebäude eingedrungen. Er glaubte, dass es sich um ein Bürogebäude handele, und suchte nach etwas Essbarem. Mit einer Zeitung legte er das Feuer, das den Bühnenturm erfasste und die Stahlstützen des Betonbaus zum Einsturz brachte. Er wollte damit auf seine verzweifelte Situation aufmerksam machen. Der entstandene Schaden betrug rund 100 Millionen DM und führte zu einer heftigen Debatte über die Frage: Wiederaufbau oder Abriss und Neugestaltung. Eine Debatte, die die Geschichte der Opernhausbrände durch die Jahrhunderte immer wieder durchzieht.

Restaurierungsarbeiten sind die häufigste Brandursache

Spektakulär war schließlich am 29. Januar 1996 die Zerstörung des traditionsreichen »La Fenice« in Venedig. Wieder waren es, wie so oft, ausgerechnet Restaurierungsarbeiten, bei denen das Feuer ausbrach. Die Erbauer hatten das Haus sinnigerweise nach dem griechischen Mythenvogel Phoenix benannt, der immer wieder aus der Asche aufsteigt. Genau das geschah am 12. November 2004, als der Spielbetrieb wieder aufgenommen wurde. Die Geschichte von »La Fenice« ist ohnehin untrennbar mit Opernbränden verknüpft. Als 1773 in der Lagunenstadt wieder einmal das Opernhaus den Flammen zum Opfer gefallen war, beschloss die kommerzielle Gesellschaft, die den künstlerischen Betrieb führte, sich selbstständig zu machen. Sie wollte sich nicht mehr von der Patrizierfamilie, die im Besitz der Immobilie war, in ihr Konzept hineinreden lassen und baute ein eigenes Theater, das 1792 eröffent wurde, eben jenes »La Fenice«. Aber bereits 1836 brannte es ab und wurde in Windeseile wieder aufgebaut, was der Reputation des Hauses ebenso zuträglich war wie optimale Aufführungsbedingungen. So wundert es nicht, dass in der Folgezeit die führenden Komponisten Italiens, allen voran Giuseppe Verdi, daran interessiert waren, ihre Opern in »La Fenice« uraufzuführen. Das Haus zählt bis heute neben der Mailänder Scala zu jenen Orten, von denen aus Weltkarrieren starten.

Die Brandbekämpfung am Nationaltheater in München 1823 offenbarte eine spezifisch bajuwarische Form von Bürgersinn. Der Erinnerung nach sollen, als das Löschwasser ausgegangen war, die Bierbrauer der Stadt mit Gerstensaft gegen die Flammen vorgegangen sein. Die Münchner dankten es ihnen, indem sie für den Wiederaufbau des Nationaltheaters eine Sondersteuer in Form eines »Bierpfennigs« zahlten. Und als das im Zweiten Weltkrieg zerstörte Haus mit vielfältiger mäzenatischer Hilfe 1963 wiedereröffnet wurde, bedachten die Verantwortlichen ihr Publikum in Erinnerung an die Tat von einst selbstredend mit Freibier.

Filmmusik, unerhörte

Igor Strawinsky

Igor Strawinsky war ein begeisterter Kinogänger. Das berichtet sein künstlerischer Mitarbeiter Robert Craft. Dabei soll Strawinsky schlechte Filme noch mehr gemocht haben als gute. Immer wieder traten Produzenten an ihn heran, um ihn zu einer Filmmusik zu überreden. Sie waren von seinen wirkungsvollen musikalischen Miniaturen, etwa der *Circus Polka Composed for a Young Elephant* aus dem Jahre 1942, begeistert. Strawinsky begann seine Bearbeitung von Volksliedern, die unter dem Titel *Four Norwegian Moods* erschien, zunächst denn auch als Skizzen für eine Filmmusik. Aber dann, so erinnert sich Craft, entschloss sich der Komponist, das Projekt abzublasen und dem zuständigen Produzenten mitzuteilen, »er solle den Film nicht durch Musik verderben.« Auch andere Pläne, etwa die Verfilmung von Franz Werfels Roman *Das Lied von Bernadette*, regten Strawinsky an. Das bereits komponierte Material findet sich in seiner *Symphony in Three Movements* wieder.

Arnold Schönberg

Arnold Schönberg hatte bereits 1935 den Auftrag bekommen, eine Musik zu *The Good Earth* zu schreiben, der Verfilmung des bekanntesten Romans von Pearl S. Buck. Die Verabredung scheiterte jedoch, weil Schönberg vertraglich abgesichert sehen wollte, dass kein einziger Ton geändert werden dürfe. Eine konsequente Entscheidung in ökonomisch unsicheren Zeiten. Zahlreiche Komponisten, die ins Exil nach Amerika gegangen waren, suchten damals Kontakt zur Filmindustrie, um sich gegen den Absturz in die Armut abzusichern. Schönberg bekam Ende 1935 Probleme mit seiner Aufenthaltsgenehmigung, eine Anstellung bei einer der großen Hollywoodfirmen hätte seine persönliche Lage deutlich verbessert. Doch er stellte künstlerische Ernsthaftigkeit über vordergründigen Erfolg. Ganz dem Film verweigert hat sich Schönberg allerdings nicht. Fünf Jahre zuvor war seine *Begleitungsmusik zu einer Lichtspielszene* op. 34 veröffentlicht worden. Darin hat er ohne konkreten Anlass stilisierte Situationen aus Stummfilmen in Musik gesetzt. Nach dem Zweiten Weltkrieg ließ der Westdeutsche Rundfunk Köln übrigens im Rahmen eines Wettbewerbs verschiedene Regisseure Filme zu Schönbergs Musik drehen. Doch es zeigte sich: Die Orchesterstücke bedurften keiner Visualisierung. Die *Begleitmusik* wird immer wieder ohne Bilder im Konzertsaal aufgefürt.

Maurice Ravel

Auch Maurice Ravel hatte in seiner Liasion mit dem Kino kein Glück. Und das nicht nur, weil sein Bolero für eine Verführungsszene mit Bo Derek herhalten musste (→Kopulationsmusik). Für den Film *Don Quichotte* von Georg Wilhelm Pabst mit Fjodor Schaljapin in der Hauptrolle schrieb Ravel drei Lieder, die unter dem Titel *Don Quichotte à Dulcinée* veröffentlicht wurden. Allerdings hatte ein Autounfall 1932 nicht nur die Motorik des Komponisten, sondern auch sein musikalisches Gedächtnis in Mitleidenschaft gezogen. Vielleicht war der Unfall selbst auch nur Symptom eines allmählichen degenerativen Prozesses, in dessen Verlauf Ravel seine eigene Musik nicht mehr wiedererkennen konnte. Jedenfalls wurden die geplanten Stücke zum Film nicht rechtzeitig fertig. Dieser kam dann 1933 mit der Musik von Jacques Ibert heraus. Die drei Lieder, Ravels letzte Komposition, gingen ihren konzertanten Weg (→Ritter von der traurigen Gestalt, musikalischer).

Hans Werner Henze

Hans Werner Henze hingegen hatte sich gegen die Mehrfachverwertung seiner Töne zu wehren. Er schrieb die Musik zum Film *Der junge Törless* von Volker Schlöndorff nach dem Roman von Robert Musil. 1966 entstanden, existiert sie in verschiedenen Besetzungen auch für den Konzertsaal. Ein Teil der Komposition wurde ohne Wissen Henzes für den Horrorschocker

Der Exorzist aus dem Jahr 1973 verwendet. Henze befindet sich dort in guter Gesellschaft von Krzysztof Penderecki und Anton Webern.

Flötenkonzert in Sanssouci

In den Jahren 1850 bis 1852 arbeitete der Maler Adolph Menzel an seinem wohl berühmtesten Bild. In Auftrag gegeben von einem Potsdamer Zuckerfabrikanten, gehört das *Flötenkonzert Friedrichs des Großen in Sanssouci* heute unter der Bestandsnummer A I 206 zu den Kostbarkeiten der Sammlung in der Berliner Nationalgalerie. Seinen sitzenden Mitspielern, darunter Carl Philipp Emanuel Bach am Cembalo, steht Friedrich gegenüber und spielt die Flöte. Er hat offensichtlich gerade ein Solo, denn die Geiger haben ihre Instrumente vom Kinn genommen. Der Philosoph Voltaire, der 1750 bis 1753 als Gast in Potsdam weilte, steht im Kreis der Zuhörer.

Friedrich war bekannt dafür, sehr eindrucksvolle langsame Sätze zu spielen. Bei den geschwinden Ecksätzen kam er allerdings häufig rhythmisch ins Trudeln, was ihn nicht daran hinderte, den anderen die Schuld für das misslungene Zusammenspiel zu geben.

Überhaupt kümmerte sich der preußische König am liebsten um alles selbst. Da galt für Fragen der Musik ebenso wie bei staatspolitischen Entscheidungen über den Anbau von Kartoffeln oder über die notwendige Kriegsausrüstung. Dem Kastraten Anton Huber aus Verona, Sohn eines deutschen Vaters und einer italienischen Mutter, verpasste Friedrich den klingenden Künstlernamen Porporino. Er ehrte damit Hubers Lehrer, den Komponisten Nicola Porpora. Er machte zugleich deutlich, dass er in Fragen der Kunst das Deutsche wenig schätzte. Andere Kastraten waren übrigens aufgrund des Kontrollwahns Friedrichs II. und seiner Sparsamkeit, die wir ruhig als Geiz bezeichnen können, an kommodere Orte wie Dresden abgewandert.

Dem frisch eingetroffenen Hofkomponisten Johann Friedrich Reichardt erklärte Friedrich ziemlich umständlich und detailversessen, wie er eine Arie nach einem königlichen Libretto zu verfassen habe. Unzufrieden mit dem Ergebnis forderte er am darauf folgenden Tag weitere Änderungen. Als Reichardt bei der dritten Begegung dem König seine ursprüngliche Version wieder vorlegte, war dieser des Lobes voll.

Seinem Lieblingskomponisten Carl Heinrich Graun hielt Friedrich II. auch nach dessen Tod die Treue, als der Stil längst veraltet war. Graun hatte das Königliche Opernhaus Unter den Linden in Berlin am 7. Dezember 1742 mit seinem Dramma per musica *Cleopatra e Cesare* eröffnen dürfen. Dennoch hatte Friedrich auch an seinem Modellkomponisten etwas auszusetzen. Er hasste nämlich Arien in Moll, die seinem aufklärerischen Ideal in der Oper nicht entsprachen, weil sie zu viel Sentiment und emotionale Unruhe mit sich brachten. Also ließ er bei Aufführungen an der Hofoper alle Mollarien durch solche in Dur ersetzen. Da viele Opernstoffe in ihrem Personal von Herrschern und Dienern und in der Abfolge von Intrigen und Verwechslungen recht standardisiert waren, konnte man kurzerhand die benötigte Musik aus anderen Stücken einfügen.

Friedrich konnte sich solche Eingriffe in die künstlerische Selbständigkeit seiner Hofmusiker leisten. Denn der Regent finanzierte die Betriebskosten der Lindenoper aus eigener Schatulle und gestattete es »ehrbaren« Bürgern, kostenlos die Aufführungen zu besuchen.

Friedrich, der Flötenspieler und Schöngeist, war in jüngster Zeit auch ein dankbares Sujet für Opernkomponisten.

Zur Eröffnung des wieder aufgebauten Schlosstheaters von Rheinsberg, der Residenz Friedrichs als Kronprinz und Ort der künstlerischen Zuflucht seines Bruders Heinrich, wurde zum Jahresausklang 1999 die Oper *Kronprinz Friedrich* von Siegfried Matthus uraufgeführt. Matthus hatte 1991 rund um das Schloss das Festival zur Förderung junger Sängerinnen und Sänger »Kammeroper Schloss Rheinsberg« gegründet. In der Oper wird uns der junge Friedrich gezeigt, mit seinen künstlerischen Neigungen, gequält von der Strenge seines königlichen Vaters und getrieben von der unerfüllten Liebe zu seinem Freund, dem Leutnant Katte. Das Orchester besteht aus 14 Flöten in verschiedenen Tonlagen, die den ganzen Tonhöhenbereich eines normalen Orchesters ausfüllen. Die ausschließliche Verwendung der Flöten ist für den Komponisten Matthus auch eine Anerkennung der Leidenschaft, mit der Friedrich bei aller mangelhaften Technik »sein« Instrument spielte. Zugleich entsteht ein merkwürdig irreales Klangbild, das der klaustrophobischen Situation, der der Kronprinz unterworfen ist, Ausdruck verleiht. Es existiert allerdings aus aufführungspraktischen Gründen auch eine »normale« Orchesterbesetzung für *Kronprinz Friedrich*.

Ein gutes Jahr zuvor erlebte als Produktion des Stadttheaters Minden die Kammeroper *Friedrich und Katte* von Wolfgang Knuth ihre Uraufführung. Hier, wie bei Matthus, interessiert die moderne Sichtweise auf eine komplexe Persönlichkeit, nicht das Historiengemälde. (→ Historische Momente auf dem Theater)

Auch Adolph Menzel hatte in seinem Gemälde *Flötenkonzert Friedrichs des Großen in Sanssouci* nicht die Absicht, ein historisch genaues Dokument der Geschehnisse im 18. Jahrhundert vorzulegen. Er malte den Flöte spielenden König aus dem Verständnis seiner Zeit nach der gescheiterten bürgerlichen Revolution von 1848/49 heraus. Friedrich ist hier nicht der unangefochtene Souverän des Staates. Vielmehr geht er ganz auf in einem Musizieren, das nicht durch Repräsentation allein gefordert ist. Menzel reflektiert seine eigene unmittelbare Gegenwart und jüngste Vergangenheit, insbesondere die öffentlichen Auseinandersetzungen um die Rolle des preußischen Königs Friedrich Wilhelm IV. während der Revolutionswochen.

Menzel mochte sein überaus populäres Gemälde übrigens nicht besonders. Das kann daran liegen, dass es in Büchern und als Druck weit verbreitet wurde und so auch für »lebende Bilder« benutzt wurde. Diese waren Ende des 19. Jahrhunderts recht beliebt. Darsteller schlüpften in Originalkostüme und stellten bekannte Schlachtenszenen, historische Momente oder eben berühmte Gemälde nach. Zu hohen Staatsanlässen gelangte so das *Flötenkonzert Friedrichs des Großen in Sanssouci* zu neuen Ehren, mit Darstellern in historischen Kostümen in erstarrter Haltung präsentiert. Menzel war die Indienstnahme seiner Arbeit für die Preußenpropaganda nicht geheuer, er spottete wörtlich über sein eigenes Gemälde: »Der König steht da wie ein Kommis, der sonntags Muttern etwas vorflötet.« Er habe das Ganze nur wegen der Lichtwirkung durch den Kronleuchter gemalt, so Menzels grimmige Zusatzbemerkung. In der Tat: Das im Spiegel und im Fußboden reflektierte Kerzenlicht lässt die Umgebung des schwarz gekleideten Königs in einem überirdischen Glanz erstrahlen, in dem die Zartheit der Flötentöne Gestalt bekommt.

Forte

→ Piano – Forte

G

Gebrauchstexte, vertonte

Die *Fünf Lieder nach Ansichtskarten-Texten von Peter Altenberg* op. 4 von Alban Berg führten bei ihrer Uraufführung 1913 zu einem handfesten Skandal (→Durchgefallen). Das Publikum übersah die tiefenpsychologische Dimension dieser Aphorismen. Es nahm das Exemplarische, das Altenberg herausarbeiten wollte (»Sahst Du nach dem Gewitterregen den Wald?«), für Banalität. Die Verwendung von großem Orchester interpretierte das Publikum als Parodie. Alban Berg hingegen sah in der Textvorlage Altenbergs keineswegs Gebrauchstexte, vielmehr extrem verkürzte Lyrik.

Die musikalische Aufbruchstimmung nach dem Ersten Weltkrieg war für eine jüngere Komponistengeneration verbunden mit einer Abkehr von der Bedeutungsschwere der spätromantischen Musik. Darius Milhaud (1892–1974) vertont in *Machine agricoles* op. 56 und in *Catalogue de fleurs* op. 60 in den Jahren 1919 und 1920 echte Werbetexte für Gesang und Kammerensemble. Die Genrebezeichnung Pastorale, die er bei op.56 verwendet, wirkt fast sarkastisch. Die heiteren Landszenen, die frühere Zeiten mit diesem Begriff umschrieben, sind längst dem industriellen Anbau mit schweren Maschinen zum Opfer gefallen. Statt wie in Beethovens gleichnamiger sechster Symphonie glucksende Bäche und naturgegebene Gewitter, ist in Milhauds Pastorale menschengemachter Lärm zu vernehmen. Und doch ist dies folgerichtig: Denn auch das 18. und frühe 19. Jahrhundert suchte nicht die unberührte Natur, sondern die vom Menschen bereits geordnete und gezähmte Landschaft.

1924 komponiert Artur Lourié *For Pipe Smokers*. Das Stück für Stimme und Klavier, auch in einer Version für Orchester vorhanden, nimmt Johann Sebastian Bachs Aria *Erbauliche Gedanken eines Tabakrauchers* BWV 515 wörtlich auf und verbindet sie mit einer englischen Gebrauchsanweisung. Es entsteht dadurch eine Suite von unterschiedlichen tanzartigen Stücken, die er beispielsweise *Pipe Valse* oder *Pipetrot* nennt.

Gefährliche Musik

Tod am Pult

Am 20. April 2001 brach Giuseppe Sinopoli im Orchestergraben der Deutschen Oper Berlin zusammen. Kaum hatte der dritte Akt von Verdis Nildrama *Aida* begonnen, erlitt der Dirigent eine Herzattacke. Es ist keine besonders dramatische Stelle, vielmehr gestaltet Verdi mit Geigen und Oboen die Anmut einer Mondnacht. Eigentlich sollte das Dirigat eine Versöhnungsgeste gegenüber dem wenige Monate zuvor verstorbenen Intendanten Götz Friedrich sein. Sinopoli hatte im Haus an der Bismarckstraße seinen internationalen Durchbruch mit Verdis *Macbeth* erzielt und sich kurz vor der Übernahme des Postens als Generalmusikdirektor 1990 mit Friedrich über künstlerische Fragen entzweit. Nun wurde die Gedenkaufführung zum eigenen Requiem. Sinopoli starb noch am Abend unmittelbar nach der Herzattacke.

Tristan und Isolde erhöht das Herzinfarktrisiko

Berühmt-berüchtigt ist die so genannte »Keilberth-Stelle« im zweiten Aufzug von Wagners *Tristan und Isolde*. Benannt ist sie nach Joseph Keilberth, der, in der deutschen Kapellmeistertradition wurzelnd, vor allem durch seine Interpretationen von Beethoven, Bruckner und Wagner hervorgetreten war. 1968 brach der Dirigent in München während einer Aufführung des *Tristan* in jenem Moment, in dem Wagners Musik rabenschwarz und todesgesättigt vergrübelt klingt, am Pult tot zusammen. Ebenfalls in München und an exakt der gleichen musikalischen Stelle erlitt 1911 bereits der Dirgent Felix Mottl einen Herzanfall, an dem er zwölf Tage später verstarb.

Doch nicht nur Wagners hochdramatische Musik erhöht das Herzinfarktrisiko unter Dirigenten, auch heitere Töne können massiven Stress verursachen. Ein Beispiel dafür ist die Musik Gioacchino Rossinis, die mit ihren rasenden Tonwiederholungen, den atemberaubenden melodischen Auf- und Abwärtsbewegungen, plötzlichen Pausen und wie Sturzbächen gestalteten Crescendi höchste Konzentration bei den Ausführenden verlangt. Giuseppe Patanè dirigerte an der Bayerischen Staatsoper München im Mai 1989 eine Aufführung von Rossinis *Il barbiere di Siviglia*, als er im ersten Akt einen Herzinfarkt erlitt, an deren Folgen er wenig später verstarb.

Verzögert trat der Tod bei Jean Baptiste Lully ein. Drei Monate nach dem Unglück am Pult. Ausgerechnet bei einem Dankgottesdienst in der Eglise des Pères Feuillants für die Genesung des Sonnenkönigs Louis XIV. verletzte sich der Hofkomponist schwer. Obwohl in allen Kirchen von Paris festliche Messen stattfanden, war es Lullys *Te Deum*, das besonders großen Eindruck machte, nicht zuletzt wegen der umfangreichen Besetzung mit rund 150 Musikern. Lully genoss den Erfolg. Denn es war noch nicht lange her, dass er aufgrund einer sexuellen Affäre mit einem königlichen Pagen der Huld des Sonnenkönigs verlustig gegangen war. Als er einen Moment nicht aufpasste, bohrte sich der reich verzierte Dirgentenstab, im Grunde eine Art Zepter, mit dem er den Takt auf den Boden schlug, in seinen Fuß. Nach dreimonatiger Qual starb Lully an den Folgen der Infektion.

Handverletzungen bei Pianisten

Robert Schumann wollte eigentlich Klaviervirtuose werden. Seine ersten 23 Opusnummern verzeichnen denn auch ausschließlich Kompositionen für das eigene Instrument. Doch der Traum zerplatzte früh. 1832 zog er sich infolge exzessiven Übens eine Handverletzung zu. Im aufkommenden Industriezeitalter suchte Schumann nämlich sein Heil vor menschlicher Schwäche in einer selbstgebauten Maschine. Mit ihr wollte er eine größtmögliche Dehnung der Finger erreichen. Die fatale Folge: Der Mittelfinger der rechten Hand blieb steif. Schumann musste erkennen, dass er niemals ein professioneller Konzertpianist werden würde. Dies stürzte ihn in eine Depression. Er überlegte, seine Violoncellostudien zu vertiefen, weil er mit der rechten Hand dann nur den Bogen halten müsste und die Töne auf den Seiten mit seiner gesunden linken Hand greifen konnte. Und er verlegte sich aufs Komponieren, schrieb seine erste, fragmentarisch gebliebene Sinfonie, die so genannte *Zwickauer*. Der dreizehnjährigen Clara Wieck, die später seine Frau werden sollte, sagte er bereits 1832: »Nun habe ich ja meine rechte Hand an dir!« Sie spielte bis ins hohe Alter seine Kompositionen und dominierte mit ihren Interpretationsvorgaben die Rezeption des Schumannschen Œuvres (→ Lustige Witwenpest).

Leon Fleisher zählte zu den amerikanischen Pianisten, die mit ihrer Präzision und Brillanz in den 1950er Jahren während des Kalten Krieges zum westlichen Gegenentwurf der sowjetischen Schule avancierten. Für geraume Zeit seiner Karriere wurde er zum einhändigen Klaviervirtuosen. 1964 musste er aufgrund einer Lähmung der rechten Hand seine internationale Karriere unterbrechen. Nachdem er jahrelang das Klavierrepertoire für die linke Hand öffentlich gespielt hatte, kehrte er 1982 mit Aufführungen von Werken für beide Hände wieder auf die Konzertpodien zurück.

(→ Das spiel ich mit links)

Der 1947 in New York City geborene Murray Perahia schnitt sich 1991 an Papier so unglücklich den Daumen, dass dieser sich entzündete und der Künstler fünf Jahre vom Konzertpodium pausieren musste. Erst ein chirurgischer Eingriff machte professionelle Auftritte wieder möglich. Doch noch immer leidet Perahia an den Folgen und musste aufgrund einer erneuten Entzündung seine Konzerte im Mai 2008 absagen.

Antike Warnung

Die Gefahr, die von der Musik ausgeht, hatten schon die alten Griechen im Blick. Der Philosoph Platon, ein Gegner von musikalischen Neuerungen, wollte in seinem Idealstaat nur zwei Tonarten (dorisch und phrygisch) zulassen, da alle anderen unmännlich oder zügellos seien. Und da es durch diese administrative Einschränkung nur einen geringen Tonvorrat gebe, bedürfe es, so Platon, auch nur zweier Musikinstrumente. Der Philosoph wollte die Lyra für den Städter gestatten und, zur sozialen Differenzierung, die Panflöte für die Landbewohner.

Ausgangspunkt der abendländischen Furcht vor den gewaltigen Wirkungen der Musik war der Ahnvater der europäischen Literatur, der blinde Sänger Homer. In seiner *Odyssee* XII, 39–54 läßt er die Zauberin Kirke zu Odysseus sprechen:

»Erstlich erreichet dein Schiff die Sirenen; diese bezaubern
Alle sterblichen Menschen, wer ihre Wohnung berühret.
Welcher mit törichtem Herzen hinanfährt und der Sirenen
Stimme lauscht, dem wird zu Hause nimmer die Gattin
Und unmündige Kinder mit freudigem Gruße begegnen;
Denn es bezaubert ihn der helle Gesang der Sirenen,
Die auf der Wiese sitzen, von aufgehäuftem Gebeine
Modernder Menschen umringt und ausgetrockneten Häuten.
Aber du steure vorbei und verklebe die Ohren der Freunde
Mit dem geschmolzenen Wachse der Honigscheiben, dass niemand
Von den andern sie höre. Doch willst du selber sie hören,
Siehe, dann binde man dich an Händen und Füßen im Schiffe
Aufrecht stehend am Maste, mit fest umschlungenen Seilen,
Daß du den holden Gesang der zwo Sirenen vernehmest.

Flehst du die Freunde nun an und befiehlst die Seile zu lösen:
Eilend fessle man dich mit mehreren Banden noch stärker.«

Odysseus tut, wie ihm geheißen, und so locken die Sirenen vergebens (XII, 186):

»Denn hier steurte noch keiner im schwarzen Schiffe vorüber,
Eh er dem süßen Gesang aus unserem Munde gelauschet.«

Übersetzung: Johann Heinrich Voß 1781

(→ Sirenen)

Gegenentwurf: Musiktherapie

Wie tröstlich ist es da, dass Johann Wolfgang von Goethe ausgerechnet in jenem Bestseller, der eine Selbstmordwelle auslöste, zugleich von den therapeutischen Eigenschaften der Musik zu berichten wusste.

In *Die Leiden des jungen Werthers* (1774) haben Lottes Klavierspiel und ihre Stimme eine unmittelbar heilende Wirkung auf Werther:

»Sie hat eine Melodie, die sie auf dem Klaviere spielet mit der Kraft eines Engels, so simpel und so geistvoll! Es ist ihr Leiblied, und mich stellt es von aller Pein, Verwirrung und Grillen her, wenn sie nur die erste Note davon greift.

Kein Wort von der Zauberkraft der alten Musik ist mir unwahrscheinlich. Wie mich der einfache Gesang angreift! Und wie sie ihn anzubringen weiß, oft zur Zeit, wo ich mir eine Kugel vor den Kopf schießen möchte! Die Irrung und Finsternis meiner Seele zerstreut sich, und ich atme wieder freier.«

Erstes Buch. Am 16. Julius.

Geigen ohne Bauch

Der Resonanzkasten einer Violine überträgt den auf der Saite gestrichenen Ton an die Außenwelt und ist maßgeblich für den Klang eines Instrumentes verantwortlich. Dennoch haben sich Geigenbauer in den vergangenen Jahrhunderten aus unterschiedlichen Gründen entschlossen, auf das wiedererkennbare Äußere einer Violine zu verzichten, also Geigen »ohne Bauch« herzustellen. Die so genannte Tanzmeistergeige, die Pochette, hatte noch eine mehr oder minder an Geigen erinnernde Form. Sie wurde vom 16. Jahrhundert an bis ins Rokoko gebaut und diente den Tanzlehrern zum Vorspielen der Melodie bei gleichzeitiger Bewegungsfreiheit zum Vorführen der Schrittfolgen. Pochette hieß das manchmal ausgesprochen schmal daherkommende Instrument, weil es sich einfach in die Tasche stecken ließ. Eine Spielerei hingegen muss die ausgangs des 18. Jahrhunderts auftretende Stockgeige gewesen sein, die im Innern eines Spazierstocks Platz hatte und wohl der Begleitung der Sänger beim Wandern gedient haben könnte.

Diskreter Üben mit der stummen Brettgeige

Die Tugend des intensiven Übens, die im 19. Jahrhundert parallel zur Kultur der Industrialisierung in der Gesellschaft gepflegt wurde, brachte unfreiwillige Hörer virtuoser, aber immer gleicher Fingerübungen in Rage. Um die Ohren zu entlasten, wurde die stumme Violine entwickelt. Prosaischer hat man sie auch als Brettgeige bezeichnet. Sie besaß keinen Resonanzkorpus mehr, nur der bei einer normalen Violine Boden und Decke verbindende Zargenkranz in Form einer Acht sorgte für eine ganz leichte Verstärkung des Tons. Denn der Übende wollte ja nicht nur mechanisch die Finger bewegen, sondern auch die Treffsicherheit der Töne und die Bogenführung kontrollieren.

Ging es bei der stummen Geige um die Reduzierung der Lautstärke, so sollten die Stroh-Geigen die vorhandenen Töne verstärken. Denn die ersten Tonaufnahmen auf Wachswalzen brachten es an den Tag: Die im Raum verteilten Streicher hatten einfach nicht genügend Volumen, um den Stachel ausreichend in Schwingung zu bringen, der ja ohne einen weiteren Zwischenschritt die Walze beschrieb. Für eine Produktion in den damals noch technisch unterentwickelten Tonstudios mussten die Instrumente verstärkt werden. Die Aufnahmen mit Sängern vor einem Trichter hatten zudem eine Klangvorstellung vorgegeben, die kraftvoll und rund zu sein hatte. Wie also mit Orchesterwerken umgehen? So experimentierte man beispielsweise im Hause Grammophon mit der Neuinstrumentierung: tiefe Streicher wie Cello oder Kontrabass wurden durch Fagott oder Tuba ersetzt. Bei den Geigen kam eine Erfindung des aus Deutschland stammenden Amerikaners John Matthias August Stroh zum Einsatz. Die Tonschwingungen werden nicht durch einen Resonanzkörper nach draußen geleitet, sondern mittels einer Membran, meist aus Pergament, in zwei Schalltrichter hinein. Die kleinere ist auf den Spieler gerichtet, übernimmt also jene Funktion, die später bei elektronisch verstärkten Konzerten der Abhörmonitor für die Musiker auf der Bühne hat. Der größere Trichter zeigt vom Spieler weg in Richtung Aufnahmegerät.

Mitte der 1920er Jahre war die Aufnahmetechnik in den Schallplattenstudios durch die Entwicklung der Mikrophone so weit verbessert worden, dass klassische Violinen zum Einsatz kommen konnten. Die Stroh-Geige fristete von da ab eine Existenz als Kuriosum, beispielsweise bei Freiluftaufführungen, wo sie wegen ihrer größeren Lautstärke eingesetzt wurde. Doch wie schon beim Saxophon, mit dem im Freien die klassischen Instrumente ersetzt werden sollten (→ Klarinettenersatz, wetterfester), setzte sie sich gegenüber der Originalbesetzung nicht durch. In jüngster Zeit hat der in Berlin lebende Geiger Aleksander Kolkowski Aufnahmen mit der Stroh-Geige gemacht. Er nutzt den sehr speziellen, für heutige Ohren leicht kreischenden Sound des Instrumentes um in einen musikalischen Dialog mit gleichzeitig eingespielten alten Schellackaufnahmen zu treten. Die Kratzer und Eigengeräusche der alten Platten werden als strukturelles Element für seine neu komponierte Musik genutzt. Es ist nicht zu weit interpretiert, wenn man darin auch eine Relativierung des Hi-Fi-Fetischismus oder der cleanen Klangwelt der Compact Disc vermutet.

Innovationen verschwanden sang- und klanglos

Die Verbindung von Membranvioline ohne Korpus mit Schalltrichter findet sich auch bei zwei anderen Modellen: 1920 erfand Hans Rölz das Violinophon. Seine Klangfarbe muss sich, will man zeitgenössischen Berichten glauben, vom Streicherklang weg, zum Bläserklang hin bewegt haben und sollte für die allmählich saxophondominierte Unterhaltungsmusik zum Einsatz kommen. Willy Tiebel meldete 1925 ein Patent für die Tiebel-Violine an, die ähnliche Klangeigenschaften besaß. Auch sie gehörte zu den vielen Instrumenteninnovationen, die sang- und klanglos wieder verschwanden.

Geld

→ X-er (Kreuzer)

Goldbergs Variationen

Die Musikgeschichte ist nicht immer gerecht. Manche Künstler leben quasi anonym neben ihren bekannten Schöpfungen (→ Kaffee-Kanon & Tonleiter-Blues). Andere sind weniger durch ihre eigene Arbeit, als durch die Nähe zu anderen Berühmtheiten in der Erinnerung geblieben.

Wir kennen die Goldberg-Variationen. Aber kennen wir auch Goldberg? Johann Gottlieb Goldberg erstaunte seine Umwelt schon als Kind. Er galt früh als hervorragender Tastenvirtuose. Von ihm wird kolportiert, dass er ein unbekanntes Stück mit den Noten verkehrt herum auf Anhieb spielen konnte. Zirzensische Nummern waren ja beim Publikum von jeher beliebt. 1727 in Danzig geboren, mit nur 29 Jahren in Dresden gestorben, geriet Goldberg als ästhetischer Spätling in Konflikt mit seiner Zeit. Er nahm Unterricht bei Johann Sebastian Bach, der zu einem seiner Hausgötter wurde. Aber auch zu einer Art Übervater, denn Goldberg zerriss viele eigene Kompositionen, weil sie vor seinen strengen Qualitätskriterien keinen Bestand zu haben schienen. Der junge Goldberg traf auf eine musikalische Welt im Umbruch. Neuere, einfachere Stile brachen sich Bahn, vertreten von Musikern, die so alt waren wie er selbst. Doch er wetterte gegen die neue »empfindsame« Stilrichtung und schrieb seine Noten so sehr gegen den Zeitgeist, dass man sie in einem Fall, der Triosonate in C-Dur für zwei Violinen und Basso continuo, für ein Werk des Leipziger Thomaskantors hielt und sogar mit einer Nummer des Bach-Werke-Verzeichnisses adelte (BWV 1037).

Die Goldbergvariationen als Schlaflied

Was wir mit dem Namen Goldberg verbinden, sind die Goldberg-Variationen, eigentlich heißen sie *Aria mit verschiedenen Veränderungen* (BWV 988). Bach hatte dem russischen Gesandten Reichsgraf Hermann Carl Keyserlingk wahrscheinlich 1741 ein druckfrisches Exemplar mit einer Widmung überreicht. Keyserlingk gab die Noten seinem damals 14-jährigen persönlichen Cembalisten Goldberg und ließ sich von ihm die Variationen häufig vorspielen. Und zwar immer dann, so überliefert es die Anekdote, wenn er nachts nicht schlafen konnte. »Spiele er mir meine(!) Variationen«, sagte er dann. Mit der Widmung, so scheint es, sind auch die Eigentumsrechte an den Gönner übergegangen. Keyserlingk wurde 1746 von der russischen Regierung als Gesandter nach Berlin an den preußischen Hof geschickt und verließ damit nach einer kurzen Stippvisite die Musikgeschichte. Goldberg hingegen konzertierte weiter mit den Variationen, die im Laufe der Zeit mit seinem Namen verbunden wurden. Seine Karriere dauerte jedoch nur kurz: Mit nur 29 Jahren starb er an der Schwindsucht. Der Ruhm Johann Sebastian Bachs jedoch wuchs mit den Goldberg-Variationen. Denn der Leipziger Thomaskantor hatte zwar viele

Werke komponiert, im Druck erschienen aber nur wenige und so war die überregionale Aufmerksamkeit recht beschränkt. Heute wetteifern Cembalisten und Pianisten um die eindrücklichste Interpretation jener Musik, die einst einem russischen Gesandten die Langeweile in schlaflosen Nächte vertreiben half.

Johann Gottlieb Goldberg hatte übrigens zwei Schwestern. Die ältere sollte nach seinem Willen ebenfalls Virtuosin werden. Er traktierte sie mit Übungen und wollte ihr fehlendes Talent nicht anerkennen. Die gleiche Sturheit und Unerbittlichkeit, die sich in manchen seiner Kompositionen findet, war ihm auch als Mensch eigen. Förderte er die eine, vernachlässigte er die andere Schwester. Die jüngere, Constantia Renate, die sich später nach Danzig verheiratete und den Namen Peterssohn annahm, war von ihrem Bruder nicht zum Instrumentalunterricht zugelassen worden. Doch sie blieb hartnäckig. Sie erlernte, so zumindest erzählte sie es Jahre später, ihre erstaunlichen Fähigkeiten auf dem Klavier durch genaues Abhorchen der Studien ihrer Geschwister hinter der verschlossenen Tür. Nach dem Urteil des späteren Berliner Hofkapellmeisters Johann Friedrich Reichardt, der die Gelegenheit hatte, sie spielen zu hören, stand Constantia Renate ihren öffentlich konzertierenden Berufsmusikerkollegen in nichts nach. Wie bei vielen weiblichen Talenten ihrer Zeit, blühte auch ihre Kunst im Verborgenen.

Grenzerfahrung

Bereits hochberühmt in der musikalischen Welt in ganz Europa trat Joseph Haydn im Januar 1794 seine zweite England-Reise an. In London wurde er stürmisch gefeiert, als er unter anderem seine Sinfonie Nr. 100 G-Dur erstmals aufführte. In der so genannten *Militärsinfonie* schildert er im zweiten Satz den Verlauf einer Schlacht mit Aufmarsch, Angriff, Klirren der Waffen und Stöhnen der Verwundeten, allerdings in klassisch gemessener Form. Dies war für sein Publikum nicht nur ein klangmalerisches Phänomen. England stand mit dem revolutionären Frankreich im Krieg, der französische König war enthauptet worden und Nachrichten vom Terrorregime unter Robespierre schockierten die Zeitungsleser. Der Kritiker des *Morning Cronicle* berichtet vom starken Beifall nach dem ersten Satz und den

Rufen »noch einmal, noch einmal«, ausgesprochen selbst von distinguierten Damen. Dabei hatte Haydn, der unter Zeitdruck stand, noch nicht einmal etwas wirklich Neues vorgelegt. Er bearbeitete einfach einen eigenen Variationssatz aus einem Concerto für zwei Orgelleiern, das er zwei Jahre zuvor für den König von Neapel geschrieben hatte. In diesem Concerto wirkten die Pausen des Satzes höfisch-geziert. Nun, in der Sinfonie, werden sie durch die in langsamen Sätzen seltene Verwendung von Pauken und Trompeten sowie durch Triangel, Becken und große Trommel spannungsreich aufgeladen.

In London wurde Joseph Haydn auf seiner Reise als internationale Berühmtheit gefeiert. Auf dem Weg dahin erlebte er aber eine Episode, die seine Prominenz relativiert. Sie wirft ein bezeichnendes Licht auf die politische Situation in Europa am Ausgang des 18. Jahrhunderts, auf Kleinstaaterei und behördliche Ignoranz. Haydns erster Biograph, Georg August Griesinger, überliefert: »Als er durch Scharding an die österreichische Grenze kam, erkundigten sich die Mautbeamten nach seinem Charakter. Haydn antwortete, er wäre ein Tonkünstler. Was ist das? fragte der Eine. Ein Hafner! (Ton-Künstler, Töpfer) antwortete der Andere. Allerdings, fügte Haydn hinzu, und dieser, der neben mir im Wagen sitzt (sein Bedienter), ist mein Geselle.«

Guidonische Hand

In einer Handschrift des 13. Jahrhunderts aus der Zisterzienserabtei Aldersbach in Niederbayern ist die Zeichnung einer linken Hand zu sehen, in deren Mitte das Bild einer Frau in königlichem Ornat zu finden ist: Es ist Frau Musica. Die Fingerkuppen und Fingergelenke dieser Hand sind mit Tonnamen beschriftet: **ut re mi fa sol la si ut re mi ...**, insgesamt 19 Silben. Diese Darstellung diente dazu, ein Musikstück zu memorieren oder andere danach singen zu lassen. Mit der rechten Hand wurden dabei zu den einzelnen Tönen die jeweiligen Fingerstellen angetippt. Diese pädagogische Erfindung schrieb man dem Benediktinermönch Guido von Arezzo zu und nannte das Verfahren die »Guidonische Hand«. Der Theoretiker ist zwischen 1020 und 1035 in den schriftlichen Quellen nachweisbar, seine genauen Lebensdaten sind aber nicht bekannt. Obwohl man also nicht viel vom Menschen Guido weiß, sind seine musikologischen Schriften über Jahrhunderte rezipiert worden und in ihrer Wirkung nicht zu unterschätzen. Er ging sehr pragmatisch vor, erfand die Notenlinien (ihm reichten vier, nicht wie heute üblich fünf) und er gab den einzelnen Tönen Namen. Als Merkhilfe schlug er einen Johannes-Hymnus vor, der Halbvers für Halbvers einen Ton nach oben wandert. Die Bitte um Befreiung von Heiserkeit beginnt: »Ut queant laxis / resonare fibris / mira gestorum/ famuli tuorum / solve polluti / labii reatum« (Auf dass mit befreiter Zunge deine Diener die Wunder deiner Geschichte besingen, erlöse ihre besudelten Lippen von der Schuld). So entstanden die bis heute im Französischen gebräuchlichen Tonbezeichnungen **ut-re-mi-fa-sol-la**. Das fehlende h, der siebente Ton, wurde aus dem Titel gebenden hl. Johannes genommen. In Italien ersetzte man später das wenig sangliche **ut** mit der Zeit durch **do**.

Die weitere Entwicklung der Tonnamen folgte der Musiktheorie, wie sie aus der griechischen Antike überliefert worden war. Dort war das A der Zentralton, von dem aus das Tonsystem berechnet wurde. Den weiteren Noten wurden dann einfach die folgenden Buchstaben des Alphabets gegeben. Die noch immer existierende Vorrangstellung des →Kammertons a beim Stimmen erinnert an dieses griechische Erbe. Weil aber die Verteilung von Ganz- und Halbtönen die gleiche war wie heute, beginnt die vorzeichenlose C-Dur-Tonleiter nicht mit A, sondern mit C.

b und h, oder wie der neunte Buchstabe des Alphabets in die Musik kam

Nun gibt es aber ein Identitätsproblem unter den Tönen. Im Deutschen wird in der C-Dur-Tonleiter der Ton zwischen der sechsten Stufe a und der Oktave c mit dem Buchstaben h benannt, im angelsächsischen Sprachraum ist dies ein b. Das »deutsche« b, das sich einen Halbton unter dem h befindet, heißt anderswo b minor. Wie kommt es zu dieser Unregelmäßigkeit? Wieder ist Guido von Arezzo beteiligt. In den damaligen Tonsystemen waren nur sieben Tonstufen in einer Oktave vorgesehen, denn Guido sah darin ein Abbild der kosmischen Ordnung: »Wie es sieben Tage in der Woche gibt, so gibt es sieben Stimmen in der Musik«. Diese sieben Stimmen bedeuten bei Guido sieben Stufen einer Tonleiter. Dennoch brauchte die mittelalterliche Musiktheorie deren acht. Beide Noten, unser b und unser h, sind im Halbtonabstand vorhanden, weil man sie benötigt, um sieben Sechstonreihen von jeder Tonhöhe aus bilden zu können, mit der Abfolge von zwei Ganz-, einem Halb- und wiederum zwei Ganztönen. B und h fanden sich also, obwohl die Harmonie des musikalischen Kosmos störend, einträchtig beieinander, wenn auch selten im gleichen Musikstück. Das b wurde gebraucht, um bei Akkorden mit f keine übermäßige Quarte, bzw. verminderte Quinte hervorzurufen, jenen Tritonus, den man »diabolus in musica«, den »Teufel in der Musik« nannte. Guido von Arezzo unterschied in der Schreibweise das regelkonforme viereckige b (quadratum) vom hinzugefügten runden b (rotundum), in der musikalischen Praxis das b durum vom b mollum. Zu Deutsch: hart und weich oder besser straff und schlaff. Man bezog sich auf den Spannungsgrad der Saiten bei den für die Musiktheorie verwendeten Instrumenten. Da bei einer G-Saite das b durum (unser h) und das b mollum als große und kleine Terz die Tonart bestimmen, wurden später daraus die Namen für Dur und Moll. Das b quadratum sah nun aber dem Buchstaben h recht ähnlich und so kam der neunte Buchstabe des Alphabetes in die Musik und durchkreuzte die vorherige Reihenfolge.

Tonnamen neu vermittelt

Was Guido konnte, das kann ich auch, dachte sich ein Volksschullehrer und machte sich an eine Reform der Tonbezeichnungen, die sich allerdings nicht durchsetzen konnte. Ausgangspunkt war die dramatisch schlechte Schulbildung auf dem Lande im 19. Jahrhundert. Der Musikunterricht an den Volksschulen sah in der Regel so aus: Der Lehrer spielte die Geige und die Schüler sangen volkstümliche Lieder und geistliche Choräle dazu. Notenkenntnisse wurden nicht vermittelt. Auch nicht bei Carl Eitz, Jahrgang 1848. Als Kind kränkelte er und nahm nur unregelmäßig am Schulunterricht teil. Eitz hatte aber den Wunsch, selber Volksschullehrer zu werden, und schaffte dies auch durch intensives Selbststudium. Dennoch stieß er ständig auf die Schwierigkeit, nicht vom Blatt, also ohne Vorbereitung, nach Noten singen zu können. Die Schuld gab er u. a. dem unlogischen System der Notenbenennung. Da zudem die gebräuchlichen Bezeichnungen schwer zu singen seien, glaubte er, es sei hilfreicher, für jeden Ton eine eigene Silbe zu erfinden. Das tat er auch: aus c-d-e-f-g-a-h-c entstand das unbestreitbar sangbarere **Bi-To-Gu-Su-la-fe-ni-bi**. Und da er alle anderen Tonleitern mit ihren bisweilen schwer zu lesenden Kreuzen und B-Vorzeichen ebenfalls mit Tonsilben versorgte, sprach sich die Cis-Dur-Tonleiter auch nicht komplizierter: **Ro-**

Mu-Sa-Pa-de-ki-bo-ro (→X = Doppelkreuz). Dabei setzte er auf den Wechsel von Lippen-, Zungen- und Gaumenlauten und behielt bei einem Halbtonschritt den vorherigen Vokal bei, der in der alphabetischen Abfolge vorkam.

Dass es sich dabei nicht nur um die Freizeitbeschäftigung eines Pädagogen handelt, zeigt die weitere Entwicklung. Es findet geradezu ein publizistischer Krieg zwischen den Verfechtern der Solmisation und dem Tonwort statt. Es geht um Einflussspähren und den nicht unlukrativen Druck von Schulbüchern. Mitstreiter von Carl Eitz werfen eigene »Verbesserungen« auf den Markt und werden vom Meister verstoßen. Im Lande Preußen wird das Tonwort 1914 per Erlass im Schulunterricht verboten, zehn Jahre später wieder zugelassen. In Hessen ist es nach dem Ersten Weltkrieg verbindlich eingeführt, in Bayern fakultativ. Eitz verteidigt »das Tonwort als Denkmittel gegenüber dem logisch wertlosen musikalischen ABC«, das er für eine Art Stenographieschrift hält. Es ist auch ein Kampf der wissenschaftlichen Welt gegen einen Außenseiter. Eine Auseinandersetzung um die Frage, wie intellektuell oder wie bodenständig-pragmatisch der Unterricht in den Schulen angelegt werden soll. Da raunt es doch gewaltig im Urgrund der musikpädagogischen Prinzipien. Kein Wunder, dass einige Verfechter des Tonworts später während des Nationalsozialismus stramme Karrieren machen. Durchgesetzt hat sich das Tonnamensystem von Carl Eitz letztlich nicht. Eitz starb 1924 nach langen, harten Jahren als Volksschullehrer in Eisleben im Mansfelder Land. Im Schleswig-Holsteinischen Pinneberg ist eine Schule nach ihm benannt. Tonwortanhänger propagieren im Internet weiter ihre Ansichten. Doch spielt das Singen, zumal von Volksliedern, ohnehin keine große Rolle mehr im heutigen Musikunterricht. Weshalb auch kaum jemand *Alle Vögel sind schon da* auf folgende Weise memorieren muss: **Mo-ola ke mo bi mobi ke-e da-ake la Mo.**

H

Haarige Geheimnisse

Es waren genau 582. So viele Haare wurden 1995 bei Sotheby's in London versteigert. Unter den Hammer kam eine Locke aus dänischem Besitz, die einst Ludwig van Beethoven gehört hatte. Dessen Haarschopf war von den Verehrern als besondere Reliquie angesehen worden und so entspannte sich nach dem Tode des Titanen ein schwunghafter Haarhandel. Zum Glück für die Wissenschaft sind einige Büschel durch die Zeiten hinweg sorgfältig aufbewahrt worden. Wie jene dänischen 582 Haare. Bei 6458 Dollar erfolgte der Zuschlag des Auktionators, das sind gut 11 Dollar pro Haar. Ersteigert hat die Reliquie ein Urologe aus Arizona zusammen mit der amerikanischen Beethoven-Gesellschaft. Allerdings nicht aus reiner Verehrung für den Komponisten. Man will mit modernsten analytischen Methoden der Frage nachgehen, welche Todesursache bei Beethoven festgestellt werden kann. Immer wieder stand nämlich die Behauptung im Raum, der eher menschenscheue, im persönlichen Umgang oft abweisend und verletzend agierende Komponist habe sich mit der im 18. und 19. Jahrhundert grassierenden so genannten Lustseuche Syphilis (→Syphilitiker) angesteckt. Man nahm seine allmähliche Ertaubung als Indiz dafür. Zu seiner Zeit wurde diese Krankheit mit Quecksilber behandelt, eine erhöhte Konzentration des Schwermetalls in den Haaren könnte also ein Hinweis sein, der diese These stützt. Das Ergebnis der chemischen Analyse bestätigte dies nicht. Allerdings fand man Hinweise auf eine hohe Bleikonzentration im Körper Beethovens. Diese empirische Tatsache gab Anlass zu weit auseinanderliegenden Deutungen. Beethoven habe zu viel Fisch aus verseuchten Flüssen und Seen gegessen. Nein, er trank zu viel billigen Weißwein, der künstlich mit Bleizucker geschmacklich attraktiver gemacht worden war. Irrtum, kontert ein Wiener Gerichtsmediziner, es waren die Ärzte. Die verschrieben gegen Lungenentzündung Bleisalz und ordneten gegen die Wassersucht Punktierung und anschließende Wundbehandlung mit Bleiseife an. Beethoven, das zumindest verraten die Untersuchungen auch, ist bei vollem Bewusstsein gestorben.

6458 $ für Beethovens Locke

Denn Spuren von Opium haben sich in den Haaren nicht nachweisen lassen.

William J. Walsh, Präsident des Health Research Institute, Naperville, Illinois, hatte allerdings mit den Haaren noch mehr vor. Er trat in den 1990er Jahren mit der These hervor, dass »Genie« eine chemische Grundlage habe. Viel Kupfer und Sodium, wenig Zink, das seien die Ursachen für Intelligenz und exzentrisches Verhalten, so erklärte er der *Chicago Tribune*. Derjenige, der die 582 Haare ersteigert hat, der Urologe Alfredo Guevara aus Arizona, deutete der *New York Times* gegenüber das erstaunliche Projekt an, den genetischen Fingerabdruck Beethovens zu rekonstruieren. Vielleicht ein erster Schritt auf dem Weg zum Klonen des Genies? Auf diese Art und Weise könnte Beethovens zehnte Symphonie doch noch von ihm selbst geschrieben werden.

(→ Beethovens Zehnte, wer schrieb)

Herrscher, musikalische

Zugegeben, es gab höchst unmusikalische Staatenlenker. Vom österreichisch-ungarischen Kaiser Franz Joseph wird zum Beispiel die Anekdote übermittelt, er habe die Kaiserhymne nur daran erkannt, dass sich während der ersten Takte alle Anwesenden von den Sitzen erhoben (→ Nationalhymnen). Sein Vorfahre Joseph II. hingegen verstand seine beiläufige Bemerkung nach der Uraufführung der *Entführung aus dem Serail*: »Zu schön für unsere Ohren und gewaltig viele Noten, lieber Mozart« wahrscheinlich nicht als Kritik, sondern als Ausdruck der Überwältigung.

Kaiser Franz: »viele Noten lieber Mozart«

Nun war im Hause Habsburg die Kenntnis von Musik recht weit verbreitet. Der produktivste Vertreter dieser Dynastie war sicherlich Leopold I. (1640–1705). Der Kaiser des Heiligen Römischen Reiches Deutscher Nation veranstaltete prunkvolle Opernaufführungen als wichtigen Teil seiner Herrschaftspropaganda und der Legitimierung eines Kaisertums »von Gottes Gnaden«. Dabei war ihm nichts zu teuer. Die Festoper *Il pomo d'oro* von Antonio Cesti kostete alles in allem rund 300 000 Gulden. Leopold komponierte eine große Zahl von Musikstücken für höfische Feste selbst, so etwa die groß besetzte Oper *Il lutto dell'universo*. Und er war sich auch nicht zu fein, Werke von Berufskomponisten durch eigene Arien zu »verschönern«. Auf gleiche Weise agierte der komponierende Monarch Friedrich II. von Preußen (→ Flötenkonzert in Sanssouci). Der diktierte seinen Hauskomponisten Melodien und achtete penibel darauf, dass sie diese auch in ihre Werke einbauten. Bei einem Besuch von Johann Sebastian Bach erhielt dieser von Friedrich ein so genanntes »königliches Thema«, auf dem er dann die Komposition seines Werks *Musikalisches Opfer* BWV 1079 aufbaute.

Friedrichs Schwester, Wilhelmine von Bayreuth, komponierte die Barockoper *Argenore* zum Geburtstag ihres Gatten. Ihr Werk hat bei einigen Neuproduktionen in jüngster Zeit zumindest freundlichen Beifall gefunden. In Weimar versuchte sich Herzogin Anna Amalia an der Vertonung eines Singspieltextes aus der Feder von Johann Wolfgang von Goethe, *Erwin und Elmire*. Heraus kam eine heitere Verwechslungskomödie mit einer durchaus einfallsreichen Musik, die allerdings wohl nicht ausschließlich von der Mutter des damals regierenden Herzogs stammt.

Der preußische König Friedrich Wilhelm II. schließlich, Neffe und Nachfolger Friedrichs II., lernte Gambe und Cello spielen und ließ sich von Ludwig van Beethoven und Luigi Boccherini Stücke schreiben (→ Spanisches Preußen: ein musikalischer Gastarbeiter).

Andere »Künstler auf dem Thron« sind etwa der römische Kaiser Nero (→ Brennendes Rom) und der englische König Heinrich VIII., der ein begeisterter Lautenspieler war und dem zeitweilig die Komposition des volkstümlichen Liedes *Greensleaves* zugeschrieben wurde.

In der modernen Demokratie werden musisch veranlagte Führungspersönlichkeiten mit ganz anderen Augen gesehen. Schon Bundespräsident Walter Scheel musste sich manchen Spott gefallen lassen, nachdem er Anfang 1974 noch als Außenminister in einer Sendung der ZDF-Lotterie *Drei nach Neun* zugunsten der *Aktion Sorgenkind* das Lied *Hoch auf dem gelben Wagen* angestimmt hatte. Der spätere Bundeskanzler Helmut Schmidt trat ebenfalls in dieser Show mit Wim Thoelke auf. Da war er noch Wirtschafts- und Finanzminister unter Willy Brandt. Zu hören war eine Klavierversion von George Gershwins Hit *I got Rhythm* aus dem Musical *Girl Crazy*. Bei den großen Schallplattenlabels Deutsche Grammophon und EMI sind hingegen das Tripel-Klavierkonzert von Mozart und Klavierkonzerte von Johann Sebastian Bach erschienen, die Schmidt mit Christoph

Helmut Schmidt: »I got Rhythm«

Eschenbach, Justus Frantz und Gerhard Oppitz einspielte. Wirklich ernst genommen wurden diese Liebhaberaufnahmen in der professionellen Musikszene allerdings nicht. Mozart hatte im Konzert für drei Klaviere den Part des dritten Klavieres übrigens für eine Anfängerin konzipiert, so dass er auch von einem Amateurmusiker leicht realisiert werden kann. Auch in jüngerer Zeit waren Pianisten in der Bundesregierung vertreten. Bundesinnenminster Otto Schily wurde 2002 von einer Fachjury der Instrumentenbranche zum Klavierspieler des Jahres gewählt.

Otto Schily: Klavierspieler des Jahres

Himmel voller Geigen, der

Dass der Himmel voller Geigen hänge, ist weder eine theologische Aussage, noch hat dieser stehende Ausdruck eine tiefere philosophische Bedeutung. Die Formulierung stammt vielmehr von Ernst Welisch und Rudolf Bernbauer, den Librettisten der Operette *Der liebe Augustin*. Leo Fall brachte sie 1912 in Berlin im Neuen Theater am Zoo als Überarbeitung seines Operettenerstlings *Die Rebellen* zur Uraufführung. In einem Duett wird die behagliche Situation eines Liebespärchens am Abend in einem kleinen Wirtshaus vor der Stadt beschrieben:

»Und der Himmel hängt voller Geigen,
wenn der Flieder blüht in den Zweigen
und ein blonder Schatz liegt an deinem Platz.«

Wie sehr in den Folgejahren daraus ein stehender Ausdruck geworden ist, zeigt beispielhaft das Libretto von *Die gelbe Jacke*, jener nicht ganz so erfolgreichen Operette von Franz Lehár, die später umgearbeitet als *Das Land des Lächelns* weltberühmt geworden ist. In der *Gelben Jacke* von 1923 lässt der Autor Victor Léon in einem Frauenduett singen: *'s hängt der Himmel voller Geigen*. Vielleicht fürchteten die Autoren einen Plagiatsvorwurf. In der späteren Fassung des *Land des Lächelns* heißt es zur gleichen Melodie nämlich *Bei einem Tee en deux*.

Das Wien-Gefühl

Wahrscheinlich stammt die erste Erwähnung des »Himmels voller Geigen« aber, wie so oft in Wien, von einem Zugereisten. Heinrich Laube aus Schlesien, der als Burgtheaterdirektor Erfolg hat, beschreibt Mitte des 19. Jahrhunderts die besondere Atmosphäre Wiens, »als ob der Himmel voller Geigen hänge«. Mit den Jahren wurde das spezifische Wien-Gefühl allmählich zu einer abrufbaren Wunderdroge für kleinbürgerliche Feierstunden. Und schließlich zu einer Formulierung, mit der man die sentimentale Blindheit vor der Wirklichkeit beschreiben konnte: Bei denen hängt der Himmel voller Geigen!

Und welche echten Geigen hängen nun am Himmel der Virtuosen von heute?

Es muss nicht immer Stradivari sein (→ Stradivari, der Rolls Royce unter den Geigen). Obwohl die Geigen des Cremoneser Geigenbaumeisters wie die der beiden anderen großen norditalienischen Familien Amati und Guaneri in ihrem Klang nicht übertroffen werden. Bis ins 19. Jahrhundert hinein waren in Europa andere Geigenbauer bevorzugt worden. Der satte Klang der Norditaliener setzte sich erst allmählich durch. Heute ist Stradivari in Italien ein Name geworden, mit dem man jeden bezeichnet, der auf seinem Gebiet Außerordentliches leistet. Und die rund 650 Instrumente, die angeblich von Antonio Stradivari gebaut worden sind, erzielen auf dem Auktionsmarkt höchste Preise. Die einzelnen Instrumente werden zur Identifizierung mit Namen geführt, die an ihre Geschichte und frühere Besitzer erinnern.

Hier einige führende Geigenvirtuosen und ihre Instrumente:

Salvatore Accardo (1941)	– Stradivari »Uccello di fuoco ex Saint-Exupery« 1718 und Stradivari »Hart ex Francescatti« 1727 (die Geige gehörte zuvor dem Virtuosen Zino Francescatti (1902–1991), der sie Accardo verkaufte, um vom Erlös einen Violinwettbewerb für Nachwuchskünstler veranstalten zu können.
Felix Ayo (1933)	– Giovanni Battista Guadagnini 1748
Joshua Bell (1967)	– Stradivari »Gibson ex Huberman« 1713 (→ Stradivari, der Rolls Royce unter den Geigen)
Nigel Kennedy (1958)	– Guarneri 1735
Shlomo Mintz (1957)	– Guarneri del Gèsu 1719
Viktoria Mullova (1959)	– Stradivari Jules Falk 1722
Anne Sophie Mutter (1963)	– Stradivari »Emiliani« 1703 (auf frühen Aufnahmen), jetzt Stradivari Lord Dunn Raven 1710
Itzhak Perlman (1945)	– Stradivari Soil 1714
Vadim Repin	– vor seinem Weggang aus der Sowjetunion Stradivari »ex-Wieniawski«, jetzt Stradivari »Ruby« 1708
Gil Shaham (1971)	– Stradivari »Countess Polinac« 1699 (gehörte einst der aus Frankreich stammenden Geliebten von Benjamin Franklin)

Vladimir Spivakov (1944) – Francesco Gobetti 1716
Christian Tetzlaff (1966) – Stefan Peter Geiger 1999 nach einem Modell von Guarneri del Gèsu. Geiger gehört zu den hervorragendsten Geigenbauern der jüngeren Generation, der sich auf die klanggetreuen Nachbauten großer Vorbilder aus Norditalien spezialisiert hat.
Maxim Vengerov (1974) – spielte im Laufe seiner Karriere mehrere Geigen von Stradivari: »Reynier« von 1727, »Ex-Kiesewetter« 1723, »Ex-Kreutzer« 1727
Frank Peter Zimmermann (1965) – Stradivari »ex Dragonetti« 1706 und Stradivari »Lady Inchiquin« 1711 (sie wurde früher von Fritz Kreisler, dem Erfinder des durchgehend eingesetzten Vibratos gespielt)

Auch die Celli von Stradivari sind nicht zu verachten, Yo-Yo Ma spielt die »Davidow« von 1712, die früher Jacqueline du Pré gehörte, und Heinrich Schiff die »Mara« von 1711, Steven Isserlis die Stradivari »de Munck ex Feuermann« von 1730.

His Master's Voice

→ Plattenindustrie, auf den Hund gekommen

Historische Momente auf dem Theater

Geschichte ist ein unerschöpflicher Fundus für die Oper. Die Librettisten und Komponisten des Musiktheaters haben sich immer wieder historischer Fakten bedient. Manchmal wurden sie entsprechend der Überlieferung fast eins zu eins auf der Bühne wiedergegeben, mal wurde frei fabuliert. Je nach den Bedürfnissen der szenischen oder musikalischen Anlage wurden die tatsächlichen Begebenheiten umgedichtet, Details weggelassen oder Personen hinzuerfunden.

Einige Beispiele opernhafter Geschichtsschreibung in chronologischer Reihenfolge der historischen Ereignisse:

Philip Glass, *Akhnaten*
UA Stuttgart 1984

Der Pharao Echnaton und seine Gattin Nofretete singen Minimal Music. Mitten hinein in die 18. Dynastie Ägyptens führt uns dieses Stück, das uns einen radikal die religiösen Traditionen umstürzenden Herrscher zeigt. Jenseits eines vordergründigen Realismus werden auch Originaltexte, Dekrete, Briefe, Gedichte verwendet, die auf Altägyptisch gesungen werden. Philip Glass nutzt die archaisierende Wirkung der fortgesetzten Wiederholung von Tonfolgen als Reminiszenz an eine vergangene Welt, deren Musikinstrumente wir durch Funde und Abbildungen kennen. Welche Musik allerdings darauf gemacht wurde, lässt sich kaum rekonstruieren.

Johann Christian Bach,
Alessandro nell'Indie
UA Neapel 1762

Der aus der makedonischen Provinz heraus ein Weltreich erobernde Alexander der Große ist in der Barockoper, aber auch danach, als Ausgangspunkt für szenische Verwicklungen sehr beliebt. Auch der jüngste Sohn des Thomaskantors erzielt damit an einem der führenden Opernhäuser Europas, in Neapel, einen überragenden Erfolg. Dank des überragenden Sängers der Titelrolle Anton Raeff mit seinem überaus großen Tonumfang werden einige Nummern so populär, dass Johann Christian sie später wieder verwendet. Sie tragen ihm seinen Ruhm voraus nach London, wohin Bach anschließend verpflichtet wird. Alexander ist in dieser wie in vielen anderen Opern der Zeit der Prototyp des erfolgreichen Herrschers, weswegen man die Handlung am Ort der weitesten Ausdehnung seines Reiches, der Grenze zum eher sagenhaften Indien, ansiedelt.

Georg Friedrich Händel,
Giulio Cesare in Egitto
UA London 1724

Dass die Begegnung zwischen Cäsar und Kleopatra VII. nicht erst seit Elizabeth Taylor einen Kreuzungspunkt zwischen Geschichte und Populärmythen darstellt, beweist Händels Oper, für die dieser sich besondere Mühe gab, eine Vielfalt von Affekten und musikalischen Formen bereitzustellen. Insbesondere die Instrumentierung der Arien ist recht abwechslungsreich. Händel und sein Librettist Nicola Francesco Haym zeigen den Konflikt zwischen Kleopatra und ihrem Bruder Ptolomaios um die Herrschaft Ägyptens und das Eingreifen der römischen Supermacht. Und ganz nebenbei wird in dieser Barockoper deutlich gemacht, dass Herrscher unantastbar sein sollen. Denn Ptolemaios bietet Cäsar den abgeschlagenen Kopf von dessen Widersacher Pompeius an, ein Affront gegen die Weltmacht, den kein Römer einem Ausländer durchgehen lassen konnte. Der dramatische Höhepunkt ist jener, von den antiken Historikern verbürgte, Sprung ins Wasser, mit dem der militärisch bedrängte Cäsar sein Leben rettet. Für tot gehalten, kann er im entscheidenden Moment der Oper als ordnender Herrscher die Machtverhältnisse zugunsten von Kleopatra wieder herstellen. Giulio Cesare wurde auf Anhieb ein Erfolg und immer wieder von Händel in London aufgenommen, wenn andere Opern floppten. Rasch verbreitete sich das Stück auch im Ausland.

Claudio Monteverdi,
L'incoronazione di Poppea
UA Venedig 1642/43

Die Herrschaft des Nero wird hier nicht bis zum Ende, dem Brand Roms und der Entmachtung, gezeigt, sondern schließt mit der feierlichen Krönung der Geliebten Poppaea. Ohne sich um die moralischen Implikationen zu kümmern, endet die Oper nach Intrige und Mord mit einem der rührendsten Liebesduette der Musikgeschichte. Dieses stammt allerdings höchstwahrscheinlich nicht von Monteverdi selbst, sondern vermutlich von Francesco Cavalli, der an der Produktion mitwirkte.

Wolfgang Amadeus Mozart,
La clemenza di Tito
UA Prag 1791

Wie so viele andere Opern gleichen Namens auf den (allerdings bearbeiteten) Text von Metastasio (→ Libretto-Kaiser) geschrieben, führt sie in das Jahr 79 nach Christus. Doch nicht der historische Titus steht im Zentrum, sondern ein exemplarisches Ideal des Herrschers allgemein, seine Clementia, seine Milde. Titus verzeiht denen, die ihm nach dem Leben trachten. Mozart sah sich mitten in der Arbeit für die *Zauberflöte* unter Zeitdruck der Pflichtaufgabe gegenübergestellt, eine Krönungsoper im Auftrag der böhmischen Stände zu Ehren Kaiser Leopolds II. zu schreiben.

Georg Friedrich Händel,
Ottone, *Re di Germania*
UA London 1723

Mit dieser Oper etablierte sich eine der großen Primadonnen Händels, Francesca Cuzzoni (→ Primadonnengezeter). Über die machtpolitisch brisante Heirat zwischen dem deutschen Kaiser Otto II. und Theophano, der Tochter des byzantinischen Kaisers Romanos II., waren zu Händels Zeiten bereits eine Reihe von Opern geschrieben worden. Die Italienpolitik des Heiligen Römischen Reiches im 10. Jahrhundert spielt darin allerdings eine geringere Rolle als Intrigen und der (unbegründete) Verdacht der kaiserlichen Untreue.

Werner Egk,
Columbus
Ursendung im Rundfunk 1933,
szenische UA 1942

Alberto Franchetti,
Christoforo Colombo
UA Genua 1892

Darius Milhaud,
Christophe Colombe
UA Berlin 1930

Nur drei Opern aus einer Fülle von Bühnenwerken, die sich mit dem (Wieder-)Entdecker Amerikas befassen, daneben findet das Thema der Entdeckung und Eroberung des Kontinents auch in Opern über historische Figuren wie Montezuma Raum. Eine stammt von C. H. Graun auf eine Vorlage von König Friedrich II., aber auch Antonio Vivaldi hat den Atzteken veropert, schließlich hat auch Wolfgang Rihm in *Die Eroberung von Mexiko* (UA Hamburg 1992) sich mit Hilfe einer Textcollage mit Passagen von Antonin Artaud und Octavio Paz dem Thema genähert. Insbesondere im Umfeld runder Jubiläen boomte die Auseinandersetzung mit der Entdeckung und Eroberung Amerikas. Je nach Interesse wurden der Abenteueraspekt, die missverständliche Begegnung mit dem Fremden oder die Knechtung der Ureinwohner hervorgehoben.

Gaetano Donizetti,
Anna Bolena
UA Mailand 1830

Zunächst war sie der Grund für die Gründung der Kirche von England. Wegen Anne Boleyn ließ sich der König Heinrich VIII. scheiden. Und da der Papst den Dispens verweigerte, entstand die Anglikanische Kirche. Wegen ihrer Nachfolgerin im Herzen des Königs landete Anne schließlich auf dem Schafott.

Der vielverheiratete Heinrich VIII. tritt uns bei Donizetti nicht als strahlender Held, sondern als Basspartie entgegen.

Giuseppe Verdi,
Don Carlos
UA Paris 1867

In der Nachfolge von Friedrich Schiller wird auch bei Verdi aus dem eher kränkelnden Sohn König Philipps II. von Spanien, dem manche Historiker Anzeichen von Schwachsinn attestieren, eine ernstzunehmende Figur. Als Freiheitsheld greift er 1560 in die Weltpolitik ein, als in den Niederlanden Aufstände gegen die spanische Herrschaft stattfinden. Verdi interessiert neben diesem für den italienischen Einigungsprozess seiner Zeit wichtigen Thema auch das Verhältnis von weltlicher Macht und Kirche.

Giacomo Meyerbeer,
Les Huguenots
UA Paris 1836

Diese höchst erfolgreiche Grand opéra, die im 19. Jahrhundert zu den meistgespielten Opern überhaupt zählte, behandelt die so genannte Bartholomäusnacht im August 1572, in der die protestantischen Hugenotten in Frankreich niedergemetzelt wurden. Die Oper schildert das Unvermögen einzelner Personen, in stürmischen Zeiten selbstbestimmt zu handeln. Als Charakterisierung der Protestanten wählte Meyerbeer Luthers Choral *Ein feste Burg ist unser Gott*. Die Oper hatte schon während ihrer Entstehung wegen des heiklen Themas Schwierigkeiten mit der Zensur. In katholischen Ländern folgten Entschärfungen, auch Friedrich Wilhelm III. von Preußen untersagte eine Aufführung des Werkes. Dies konnte den Siegeszug der *Hugenotten* allerdings nicht bremsen.

Modest Mussorgsky,
Boris Godunow
UA St. Petersburg 1874

Geschildert wird die Zeit der Wirren in Russland zwischen 1598 und 1605 vor der Übernahme der Macht durch die Dynastie der Romanows. Schon die Vorlage, Alexander Puschkins Schauspiel, hatte 1831 Schwierigkeiten mit der Zensur und durfte nicht aufgeführt werden. Auch Mussorgsky erlebte mit diesem Werk eine »Zeit der Wirren«. Die Erstfassung wird abgelehnt, angeblich wegen des Fehlens einer weiblichen Hauptrolle. Zwar wird die überarbeitete Version, die die polnisch-litauische Gegenseite der russischen Politik im zweiten Akt in den Blick nimmt, ein Erfolg. Doch erlangt das Werk im Ausland erst durch die glättende Version von Nikolai Rimski-Korsakow seine Stellung als russisches Meisterwerk.

Albert Lortzing,
Zar und Zimmermann
UA Leipzig 1837

Der Reformzar Peter I., der wegen der durchgesetzten Öffnung Russlands nach Westen eher erinnert wird als wegen seines despotischen Regimes im Innern, taucht häufiger auf den Opernbühnen auf. Lortzing schildert die Episode im holländischen Saardam 1698, wohin sich Peter incognito begeben hat, um westliche Fähigkeiten zu erwerben. Lortzing macht daraus ein Stück über das Verhältnis von Obrigkeit und Volk und spiegelt darin die problematische gesellschaftliche Situation des Bürgertums im Vormärz.

Giacomo Meyerbeer,
Ein Feldlager in Schlesien
UA Berlin 1844

Zur Wiedereinweihung der abgebrannten Lindenoper wurde eine Episode aus dem Siebenjährigen Krieg 1756–1763 um die Errettung Friedrichs II. von Preußen gewählt. Mit der Prophezeiung einer großen Zukunft für das Haus Hohenzollern wird daraus die ideale Festoper für Friedrich Wilhelm IV., den Romantiker auf dem Preußenthron. Meyerbeer, der in Paris gefeierte Star der Grand opéra, war bereit zwei Jahre zuvor vom König als neuer Generalmusikdirektor und Leiter der Hofmusik bestimmt worden. Er ließ Eugène Scribe incognito das Libretto schreiben und arbeitete das in seiner Wirkung auf Preußen begrenzte Stück für Wien und Paris radikal um.

Daniel François Esprit Auber,
Gustave III. ou Le Bal Masqué
UA Paris 1833

Wie in seinem berühmteren Pendant, in Verdis *Un Ballo in Maschera*, wird auch bei Auber die Ermordung des schwedischen Königs 1792 geschildert, die während eines Maskenballes geschah. Beide Opern fußen auf einem Theaterstück von Eugène Scribe. Verdi musste allerdings aufgrund der italienischen Zensur die Handlung in ein imaginäres Boston zu Beginn des 17. Jahrhunderts verlegen.

Darius Milhaud,
Maximilien
UA Paris 1932

Nach einem Drama von Franz Werfel wird hier die Geschichte des gescheiterten Kaisers Maximilian von Mexiko aus dem Hause Habsburg (→ Yradier) erzählt. Aus innereuropäischem Machtkalkül auf einen neugeschaffenen Thron in Mittelamerika gesetzt, kämpft Maximilian einen aussichtslosen Kampf gegen republikanische Kräfte und wird 1867 hingerichtet. *Maximilien* ist der mittlere Teil von Milhauds Lateinamerikanischer Trilogie, die mit *Christophe Colomb* beginnt und mit *Bolivar* (UA Paris 1950) abgeschlossen wird.

Georges Dreyfus,
Rathenau
UA Kassel 1993

Die Oper behandelt die Ermordung des Reichskanzlers in der Weimarer Republik 1922. Dreyfus, als Kind aus Deutschland nach Australien emigriert, bezeichnet das Werk auf einen Text von Volker Elis Pilgrim als »Männer-Oper« und lässt die Frauenfiguren durch hohe Männerstimmen darstellen.

Marc Neikrug,
Los Alamos
UA Berlin 1988

In der nicht sehr erfolgreichen Oper spielt der erste Akt in einer intakten mythischen Welt der amerikanischen Indianer, der zweite Akt hingegen während der Atombombenversuche in der Wüste Nevada in den 1940er Jahren. Bei der Uraufführung wurden vom Publikum vor allem Textpassagen wie »Lasst uns die Schutzschilde aktivieren« ausgelacht. Denn der dritte Akt spielt in einer imaginären Zukunft, in der das Leben grundsätzlich bedroht ist.

Udo Zimmermann,
Die weiße Rose
UA Dresden 1967 (1. Fassung),
Hamburg 1986 (2.Fassung)

In dieser Kammeroper werden die letzten Stunden der Geschwister Scholl geschildert, deren Widerstand gegen den Nationalsozialismus an der Münchner Universität von den Machthabern mit einem Todesurteil beantwortet wurde.

Gerhard Rosenfeld,
Kniefall in Warschau
UA Dortmund 1998

Willy Brandts Besuch im Warschauer Ghetto 1970 endete mit einer besonderen Geste, er kniete spontan am Mahnmal für die Opfer nieder. Dieses Zeichen der Versöhnung war zuhause sehr umstritten. Bei Rosenfeld treten auch andere Politiker, wie etwa Brandts Berater Egon Bahr, singend auf.

John Adams,
Nixon in China
UA Houston 1987

Der Besuch des US-amerikanischen Präsidenten in Peking im Februar 1972 änderte radikal die Politik zwischen den beiden Nationen. John Adams, unter den Komponisten der Minimal Music ein Vertreter des softerern Sounds, nutzt dieses Ereignis zu einer »journalistischen« Oper, in der er die mediale Inszenierung eines historischen Ereignisses selber zum Gegenstand macht. Allerdings betont Adams auch das mythische Potenzial der Geschichte und baut in der Personenkonstellation Bezüge auf die Tradition von Mozart und Wagner ein.

Franz Hummel,
Gorbatschow
UA Bonn 1994

Der Erfinder von Glasnost und Perestroika tritt selbst nicht auf. Vielmehr geht es um die Probleme einer Theatergruppe, die eine feierliche Oper zu Ehren des Staatsmannes einstudieren soll. Elemente der Opernparodie früherer Epochen werden verknüpft mit einer aktuellen Herrschergestalt. In der Reduzierung auf eine Klavierprobe wird hier das denkbare Pathos eines Weltgeschichte schreibenden Mächtigen und sein Scheitern modern gebrochen. Hummel hat eine Reihe von historischen Gestalten zum Anlass von Bühnenwerken genommen: Gesualdo (→Komponist als Mörder), Beuys, Händel, Fouché und schließlich als Musical Ludwig II. von Bayern.

Hitparade der Opern

Bei den Top Ten der am häufigsten an deutschen Bühnen aufgeführten Werke des Musiktheaters gibt es über die Jahre hinweg recht wenig Veränderungen. Der deutsche Bühnenverein rechnet Spielzeit für Spielzeit aus, welche und wie viele Aufführungen seine Mitgliedstheater realisiert haben, und veröffentlicht jeweils ungefähr ein Jahr später die Ergebnisse. Selten gibt es dabei Überraschungen, die Schwankungen bei den Zahlen für die Opern des Kernrepertoires sind gering. Mal rutscht eine beliebte Oper ein wenig nach unten, mal klettert sie wieder aufwärts. Verfolgt man die Entwicklung über das letzte Jahrzehnt hinweg, so ergibt sich bei den populärsten Stücken eine erstaunliche Kontinuität.

Die Liste für die Spielzeit 1999/2000 sieht so aus:

1. Mozart, Die Zauberflöte. Den ewigen Spitzenreiter sahen in 573 Aufführungen und 42 verschiedenen Inszenierungen insgesamt 345 859 Besucher.
2. Humperdinck, Hänsel und Gretel: 434 A., 33 I., 192 787 B.
3. Weber, Der Freischütz: 249 A., 12 I., 120 592 B.
4. Mozart, Don Giovanni: 224 A., 17 I., 100 640 B.
5. Mozart, Figaros Hochzeit: 221 A., 26 I., 167 836 B.
6. Puccini, La Bohème: 209 A., 25 I., 153 187 B.
7. Mozart, Entführung aus dem Serail: 184 A., 15 I., 100 431 B.
8. Bizet, Carmen: 180 A., 17 I., 143 306 B.
9. Mozart, Così fan tutte: 171 A., 17 I., 107 215 B.
10. Verdi, La Traviata: 161 A., 16 I., 159 315 B.

Bei dieser Aufstellung muss man bedenken, dass manche Inszenierung aufgrund von Sparüberlegungen, praktikabler technischer Realisierbarkeit, nicht zuletzt auch aufgrund ihrer Qualität über Jahre hinweg im Repertoire eines großen Opernhauses behalten wird. So steht in der Spielzeit 2008/09 an der Deutschen Oper Berlin noch immer eine *Tosca* auf dem Spielplan, die der Regisseur Boleslaw Barlog am 13. April 1969 zur Premiere brachte. Der Rekord in Deutschland dürfte allerdings vom *Parsifal* des Nationaltheaters Mannheim gehalten werden, der 1957 herauskam.

Im Jahr 2004 zeigt die Statistik des Deutschen Bühnenvereins unter den Top Ten nicht viel Neues, im Vergleich zur Liste fünf Jahre zuvor hat es Beethovens *Fidelio* nach vorn geschafft und Mozarts *Don Giovanni* vorübergehend verdrängt. Veränderungen gab es lediglich bei den Kriterien für die Reihenfolge der Top Ten: nicht mehr die Anzahl der Aufführungen, sondern die Anzahl der Inszenierungen wird für die Platzierung entscheidend:

1. Mozart, Die Zauberflöte: 45 I., 541 A., 324 564 B.
2. Humperdinck, Hänsel und Gretel: 25 I., 262 A., 152 859 B.
3. Mozart, Figaros Hochzeit: 22 I., 210 A., 100 457 B.
4. Bizet, Carmen: 22 I., 184 A., 149 491 B.
5. Mozart, Entführung: 19 I., 182 A., 128 442 B.
6. Puccini, La Bohème: 18 I., 117 A., 84 729 B.
7. Verdi, La Traviata: 17 I., 182 A., 125 578 B.
8. Beethoven, Fidelio: 16 I., 125 A., 83 266 B.
9. Weber, der Freischütz: 16 I., 121 A., 79 254 B.
10. Mozart, Così fan tutte: 15 I., 118 A., 70 346 B.

Musikerjubiläen bringen manchmal Bewegung in diese Liste, oft befördern sie aber auch einfach nur die Popularität des bereits Bekannten. Der ewige Spitzenreiter *Zauberflöte* konnte in der Spielzeit 2005/06 aufgrund des 250. Geburtstags von Wolfgang Amadeus Mozart am 27. Januar 2006 sogar noch weiter zulegen. In 56 Inszenierungen und 756 Aufführungen fanden Tamino und Pamina, Papageno und Papagena zueinander. Weil aber auch viele kleinere Theater mit geringerer Anzahl von Sitzplätzen das Stück spielten und in großen Häusern Raritäten wie Mozarts *Gans von Kairo* herauskamen, sank die Besucherzahl leicht auf 320 474.

Diese Zahlen mögen auf den ersten Blick beeindrucken. Dennoch spiegeln sie eine Krise der Opernlandschaft wider. Das Kernrepertoire schrumpft trotz einiger demonstrativ angesetzter Wiederentdeckungen selten gespielter Opern vergangener Jahrhunderte. Und neue Stücke werden, wenn der Glanz einer Weltpremiere verflogen ist, allzu selten wieder aufgenommen oder an anderen Häusern nachgespielt. Zwar waren 2005/06 insgesamt 48 Uraufführungen neuer Stücke an den deutschen Bühnen realisiert worden. Doch die Erfahrung der letzten Jahrzehnte zeigt: Nur ganz wenig Neues schafft es, regelmäßig auf den Spielplänen der Theater zu erscheinen. Auch spektakuläre Wiederentdeckungen bleiben in ihrer Wirkung auf ein Fachpublikum oder auf Festivals beschränkt. Mit zwei Ausnahmen: die Opern Georg Friedrich Händels, die seit ihrer Renaissance Anfang der 1920er Jahre kontinuierlich rezipiert werden, einerseits und andererseits jene Werke, die durch Verdrängung, Vertreibung und Vernichtung während der Zeit des Nationalsozialismus eine Rezeptionslücke erlitten haben. Schreker, Zemlinsky, Weill, Krenek und andere haben, wenn auch auf bescheidenem Niveau, eine kontinuierliche Präsenz.

Hohes C

»Einem C kann man nicht widerstehen«, sagt der Sänger Saint-Phar in Adolphe Adams Oper *Der Postillon von Lonjumeau*. Zuvor, im ersten Akt, als der nachmalige Star der Pariser Musikwelt noch ein einfacher Postillon ist und auf den Namen Chapelou hört, schafft er es sogar bis zum zweigestrichenen d. Sopranistinnen kommen weiter hinauf, Bässe tiefer hinunter, aber für den Tenor gilt das zweigestrichene c, eine Terz über der normalen Obergrenze des Stimmumfangs, als Ausweis von Qualität. Und als Schreckmoment. So räsonierten Feuilleton und Öffentlichkeit über den Niedergang von Luciano Pavarotti, als der Tenor am Ende seiner Karriere klammheimlich Transpositionen nach unten vornahm. Dabei war gerade das hohe C sein Paradeton, spätestens seit er in der Schallplatteneinspielung der *Regimentstochter* von Gaetano Donizetti die Rolle des Tonio interpretierte. Das war 1968. Gegen Ende des ersten Aktes hofft Tonio, seiner Geliebten, eben der Regimentstochter, nahe sein zu können, weil er sich endlich freiwillig zur Armee gemeldet hat. Tonio singt voller Glück, dass er nun beides sein kann: Soldat und Ehemann. Und in dieser Arie ertönt neun Mal das hohe C, viermal als auftaktiges Doppel. Pavarotti nutzt diesen Auftakt jedes Mal wie ein Sprungbrett, um den Spitzenton wie einen Gewehrschuss abzufeuern.

Die *Regimentstochter*, für das Opernhaus in Paris geschrieben, kam 1840 heraus, der *Postillon von Lonjumeau* vier Jahre früher. Das hohe C ist genau genommen erst seit dieser Zeit zur wirklichen Herausforderung für die Tenöre geworden. Und das hat mit dem Wechsel in der Art zu singen zu tun. Hohe Töne hat es schon vorher gegeben. Der italienische Sänger Giovanni Battista Rubini (1794–1854) war dabei einer der großen Stars, dem scheinbar keine Begrenzungen nach oben gesetzt waren. Der Komponist Vincenzo Bellini schrieb ihm Rollen auf den Leib, deren Gesangslinien bis zum zweigestrichenen f, ja bis zum g reichten. Rubini konnte dies singen, weil er, ohne dass dies bemerkbar war, aus der Bruststimme in die so genannte Kopfstimme wechselte. Dieses Falsettieren war schon lange eine gängige Praxis in der Welt des Gesangs gewesen. Auf diese Weise konnten etwa in der päpstlichen Kapelle, in der keine Frauen singen durften, die hohen Stimmen besetzt werden, lange vor der Zulassung der Kastraten im Vatikan im Jahre 1652. Die sogenannten Tenorini, später »Alti naturali« genannt, sangen damals die Altpartien, Knaben vor dem Stimmbruch wurden als Soprane eingesetzt.

Die Attraktivität der Stimmlagen wechselte über die Jahrhunderte. Auch der Tenor musste immer wieder einen Bedeutungsverlust hinnehmen. Das zeigt schon die Wortgeschichte des Begriffs »Tenor«. Am lateinischen Wort »tenere« wird sichtbar, was seine Aufgabe ursprünglich war, nämlich in mehrstimmigen Kompositionen die Basisstimme zu »halten«. Die beiden höheren Stimmlagen sind hingegen für das Umspielen dieser »Cantus firmus« genannten Melodie zuständig. Beim Übergang von der Drei- zur Vierstimmigkeit im 15. Jahrhundert behält der Tenor seinen Namen bei, er verliert aber die Basisfunktion. Nun tauchen für tiefere Stimmen erstmals die Namen Bariton und Bass auf. Im Jahrhundert darauf streiten kompositorische Konzepte, die die Musik um die beiden Stimmlagen Sopran und Tenor gruppieren, mit den neuen, vornehmlich in Italien verbreiteten Tendenzen, die auf dem Fundament des Basses aufbauen. Letztere setzen sich durch, auch wegen der allmählichen Wandlung von der Polyphonie zu einer akkordgestützten

Musik mit Solostimme und Begleitung. Damit ist die Grundlage gelegt für die Stimmlagen, wie sie bis heute Gültigkeit haben.

Allerdings war es ein weiter Weg, bis der Tenor den Kastraten verdrängt hatte. Denn die Bedeutung einer Figur auf der Opernbühne wurde nicht zuletzt durch die Stimmlage ausgedrückt: je höher, desto vornehmer; je tiefer, desto böser oder unbedeutender. Erst als der Musikgeschmack sich änderte und sich die Natürlichkeit als ästhetische Kategorie durchsetzte, wurden die abfällig »Kapaune« genannten Kastraten von den virilen Helden in Tenorlage verdrängt. Ein Zeichen für den mühsamen Aufstieg des Tenors zur wichtigsten Männerfigur auf der Bühne ist die Rollenverteilung in Wolfgang Amadeus Mozarts *Don Giovanni*. Die Titelfigur des rastlosen Verführers lässt er von einem Bariton singen und zeichnet den Tenor Don Ottavio als schwächlichen Zauderer.

Mit der Entwicklung der romantischen Oper und ihrem Anspruch, jenseits des flexiblen Gesangs eine dramatische Wahrhaftigkeit anzustreben, änderte sich der Gesangsstil in Europa grundlegend. Virtuose Koloraturen wurden gegen tieferen Ausdruck getauscht. Die meisten männlichen Sänger höherer Stimmlagen bewegten sich zu diesem Zeitpunkt noch zwischen Bariton und Tenor. Jetzt versuchte man, die tenorale Höhe auch ohne Wechsel des Registers, also mit der Bruststimme zu erreichen. Gleichzeitig stieg die allgemeine Tonhöhe in der orchesterbegleiteten Musik durch höhere Stimmungen der Instrumente an (→Kammerton a). Und da die Zuschauerräume in den Opernhäusern größer wurden, war auch mehr stimmliches Volumen gefragt. Parallel dazu änderte sich der Charakter der dargestellten Figuren, so dass der Tenor als Liebhaber und Held allmählich die attraktiven Rollen abbekam.

Unter den bedeutenden Komponisten gibt es übrigens einen erklärten Verächter der Tenöre, Richard Strauss. In seiner Oper *Der Rosenkavalier* wird die ritualisierte Langeweile des täglich wiederkehrenden Morgenempfangs gezeigt, den die Marschallin über sich ergehen lassen muss. Strauss lässt mitten im aufgeregten Trubel der Szene eine italienische Arie von einem eitlen, ganz auf seine Kunst ausgerichteten Tenor singen. Kaum einer der Anwesenden hört zu, und die Hausherrin zeigt ihm, dass er nur ein lästiger Bittsteller ist, wie die anderen auch.

Auch wenn sich inzwischen die Countertenöre nicht nur im Bereich der Barockmusik als echte Konkurrenz etabliert haben und man mitunter den Eindruck bekommt, dass sich hohe Männerstimmen nach dem Erfolg der »heiligen drei Tenöre« nur noch zu mehreren auf die Bühne trauen (»Ten Tenors«, »Baltic Tenors«, »Die Jungen Tenöre«, »German Tenors« etc.) – noch immer gilt der Satz aus dem *Postillon von Lonjumeau*: »Einem C kann man nicht widerstehen!«

I

In kriegerischen Zeiten

Auf dem Rückweg von den Feiern zum einhundertsten Geburtstag Ludwig van Beethovens macht im Juli 1870 eine Gruppe französischer Musikfreunde Station in der Schweiz. Sie besucht Richard Wagner und drückt ihm ihre Verehrung aus. Das bringt den Komponisten in eine Zwickmühle. Denn so sehr Wagner jeder Huldigung entgegenlechzt, so sind doch er und seine Frau Cosima zu diesem Zeitpunkt bereits gegen alles Französische voreingenommen. Der Reinfall mit *Tannhäuser* an der Pariser Oper hat in den Wagners ihre Vorurteile gegenüber der Nachbarkultur verstärkt. Dennoch wird an diesem Abend musiziert, selbstredend nur Musik von Wagner. Mit Camille Saint-Saens am Klavier hören sie ihn aus der Götterdämmerung, an der er gerade arbeitet, singen: »Weißt Du, wie das wird?«

Ein prophetischer Text für alle Beteiligten. Saint-Saens wird nach der Niederlage Frankreichs die wiedererweckte nationale Stimmung nutzen, um mit der Gründung der Societé nationale de musique die junge französische Instrumentalmusik voranzubringen. Sie stand im 19. Jahrhundert lange im Schatten der Oper.

In der Schweiz freut sich das Ehepaar Wagner über die französische Niederlage und die deutsche Kaiserproklamation im Spiegelsaal des Schlosses von Versailles. In ihr Tagebuch schreibt Cosima: »Jetzt bekommen die Franzosen für jeden Takt des Tannhäuser, den sie ausgezischt haben, die gehörigen Schläge.« Und auch musikalisch suchen die Wagners von der patriotischen Stimmung zu profitieren. Richard schreibt nach der französischen Kapitulation einen Kaisermarsch, mit dem der ständig klamme Komponist hofft, aus den Siegesfeiern Kapital zu schlagen. Interessant dabei, dass er selbst bei solch vordergründiger Gebrauchsmusik an den szenischen Effekt denkt. Er platziert in der Version mit Chor diesen inmitten des Publikums, das ebenfalls einige Stellen mit patriotischem Text mitsingen darf. Die Ablehnung offizieller Stellen, den Marsch bei der Heimkehr der siegreichen Truppen zu spielen, erbost Wagner, er arbeitet das Stück für den Konzertsaal um, wo es im April

1871 uraufgeführt wird. Auffällig ist die ständige Verwendung des Lutherchorals *Ein feste Burg ist unser Gott*, mit dem das Protestantisch-Preußische betont wird. Allerdings ist sich Wagner nicht zu schade, aus finanziellen Überlegungen heraus eine Ersetzung des Chorals durch *God save the King* in Betracht zu ziehen, um den Marsch leicht umgearbeitet der britischen Krone anbieten zu können. Aber ist dies überhaupt Wagners eigene Idee oder hat er sie geklaut? Die Spur führt zu Friedrich Nietzsche, dem befreundeten Philosophen, der zu diesem Zeitpunkt sich noch nicht von Wagner abgewandt hat.

Als Nietzsche 1874 bei einem Besuch ausgerechnet die Noten des *Triumphlieds* von Johannes Brahms mitbringt, reagieren Richard und Cosima auf das Heftigste verärgert. Ist doch Brahms in Musikpublizistik gerade zum großen Antipoden des Musikdramatikers aufgebaut worden. Nietzsche lobt das *Triumphlied*, genauso wie der *Kaisermarsch* reine Gebrauchsmusik, in höchsten Tönen. Brahms hat während des Krieges Texte aus dem 19. Kapitel der Apokalypse des Johannes ausgewählt, die man in Luthers Übersetzung durchaus auf das neu gegründete Deutsche Reich beziehen kann. Er komponiert einen feierlichen Jubel für Bariton, Chor und Orchester und widmet ihn Kaiser Wilhelm I. Pikanterweise hatte Brahms in diesen Jubel die britische Hymne *God save the King* eingefügt und ist damit Wagners Plänen zuvorgekommen.

J

Jung verstorben

20: Juan Chrisóstomo Arriaga (1806–1826), Lungenerkrankung
26: Norbert Burgmüller (1810–1836), beim Baden ertrunken
26: Giovanni Battista Pergolesi (1710–1736), Tuberkulose
28: Rudi Stephan (1887–1915), im Ersten Weltkrieg als Soldat getötet
31: Franz Schubert (1797–1828), Folgen der Syphilis
33: Vincenzo Bellini (1801–1835), Folgen einer Amöbeninfektion
34: Hugo Distler (1908–1942), Selbstmord
35: Wolfgang Amadeus Mozart (1756–1791), laut Totenschein »hitziges Frieselfiber«
35: Claude Vivier (1948–1983), ermordet
36: Georges Bizet (1838–1875), Herzanfall nach einem Bad in der kalten Seine
36: Henry Purcell (1659–1695), Todesursache unklar
38: Felix Mendelssohn Bartholdy (1809–1847), über die Todesursache sind sich die Experten nicht einig, es wird aber von einer Anfälligkeit der Familie für Schlaganfälle ausgegangen
38: George Gershwin (1898–1937), Gehirntumor
39: Frédéric Chopin (1810–1849), nach neuesten Theorien polnischer Ärzte möglicherweise an Mukoviszidose erkrankt
39: Otto Nicolai (1810–1849), Schlaganfall

K

Kaffee-Kanon & Tonleiter-Blues

Sie sind die stillen Stars der Kulturgeschichte. Sie sind die Hassobjekte ganzer Generationen, die ihnen die Erziehung zum Untertanen verdanken. Die deutschen Schulmeister der letzten drei Jahrhunderte konnten beides sein, Ermutiger zu eigener Kreativität oder Niederdrücker jedweden Eigensinns. Carl Gottlieb Hering gehörte zu den Ermutigern. Geboren wurde er 1766 im kursächsischen Schandau, gestorben ist er 1853 in Zittau. Er galt zu seiner Zeit als fortschrittlicher Musikpädagoge. Sein Wirken ist heute noch greifbar, auch wenn kaum einer den Namen erinnert. Hering schrieb beispielsweise das Weihnachtslied *Morgen Kinder wird's was geben* und den Kaffee-Kanon, der mit den entsprechenden Noten von oben abwärts beginnt: »C-A-F-F-E-E, trink nicht so viel Kaffee«. Von ihm stammen Kinderlieder, an denen sich einfache musikalische Dinge lernen lassen. Noch heute wird etwa *Hopp, hopp, hopp, Pferdchen, lauf Galopp* gesungen, hier werden der Dur-Dreiklang und die Tonleiter abwärts thematisiert. *Erwacht, ihr Schläfer drinnen, der Kuckuck hat geschrieen* memoriert die kleine Terz abwärts beim Wort »Kuckuck«. Eingang in die hohe Kunst fand sein so genanntes Großvaterlied *Und als der Großvater die Großmutter nahm*. Robert Schumann zitierte es in seinen Klavierwerken *Papillons* op.2 und *Carnaval* op. 9. Carl Gottlieb Herings Sohn Karl Eduard trat als Komponist u. a. mit geistlicher Musik hervor und zählte zeitweise zum engen Freundeskreis Schumanns.

Kaffeewasserfuge

Unter Organisten gilt Bachs freies Orgelstück Praeludium und Fuge g-Moll BWV 542 als eines ihrer virtuosen Glanzstücke. Die Fuge ist gemeinhin unter dem Namen »Kaffeewasserfuge« bekannt. Nun hat Bach ja in seiner *Kaffeekantate* mit Sätzen wie »Ey, wie schmeckt der Coffee süße, süßer noch als tausend Küsse« die Popularität des die bürgerlichen Tugenden fördernden Kaffees im 18. Jahrhundert ironisiert und zugleich verstärkt. Wie so oft im Falle von einprägsamen Beinamen von

Musikstücken gilt aber auch bei der *Kaffeewasserfuge*: der Komponist ist an der Namensgebung ganz unschuldig.

Die Spur führt vielmehr an das Ende des 19. Jahrhunderts.

Ein heute vergessener Kritiker in der Musikmetropole Wien leidet darunter, dass er sich keine Melodien merken kann. Weil er weiß, dass es anderen auch so geht und dass Lieder mit Worten leichter behalten werden, macht er sich ans Textieren. Bei Bach versucht er zudem, die musikalische Struktur in Worte zu übersetzen. In der Fuge wird das erste Motiv mit seiner Abwärtsbewegung eine Sekunde höher wiederholt, es folgt eine auch rhythmisch veränderte Passage, ehe das Eingangsmotiv erneut kommt: AABA. Entsprechend dieser formalen Anlage lautet der Textvorschlag des vergesslichen Kritikers:

»Das Kaffeewasser kocht, das Kaffeewasser kocht.
Nimm den Deckel ab, das Kaffeewasser kocht.«

Wie sehr das Motiv B ins Hintertreffen geraten ist, erkennt man daran, dass in der Überlieferung die dazugehörige vorletzte Textzeile variiert wird. Mal wird sie als »dreh den Gashahn ab« erinnert, in jüngerer Zeit elektrischer Wasserkocher gerne auch als »zieh den Stecker raus«.

Von unserem Kritiker, dessen Name mir partout nicht einfallen will, gibt es noch einen zweiten Text zu einem bekannten Musikstück, der nicht ganz so populär geworden ist. Er bezieht sich auf den Schlusssatz der vorletzten Sinfonie von Wolfgang Amadeus Mozart in g-Moll KV 550. Für die energische Dreiklangsaufwärtsbewegung, die dann in eine wellenförmige Achtelbewegung übergeht und in abgeschwächter Form wiederholt wird, denkt er sich folgenden Text aus:

»Es warn drei kleine Teufel, einer rot und einer grün und einer blau. Doch die drei kleinen Teufel sind Engel im Vergleich zu meiner Frau.«

Das Thema, wie Melodien durch Text besser memoriert werden können, beschäftigte auch die Reformer der Tonnamen (→ Guidonische Hand).

Kammerton a

Der Stimmton der Instrumente werde immer höher geschraubt, klagen Kritiker seit Jahrzehnten. Aber auch Sänger, die die hohen Lagen wegen des befürchteten Stimmverschleißes fürchten und die wegen fehlender Spitzentöne von der Musikkritik angegriffen werden (→ Hohes C), wünschen sich niedrigere Normzahlen. Wenn heute das eingestrichene a der Klarinette als Normton im Orchester vor Beginn eines Konzertes erklingt, dann lautet die internationale Richtlinie: 440 Hz. Das hat die Londoner Konferenz der International Federation of the National Standardizing Associations 1939 so festgelegt. Ein halbes Jahrhundert zuvor hatte die Stimmtonkonferenz von Wien noch 435 Hz beschlossen. Doch der Schein trügt. Es ist nicht so, dass der Stimmton in den letzten 100 Jahren kontinuierlich erhöht wurde. Vielmehr war diese Tendenz gerade im 19. Jahrhundert besonders spürbar.

Die neu konstruierten brillanten Flügel der Klavierfabrik Steinway & Sons in den USA stimmten damals nämlich das a' bereits auf 458 Hz und folgten damit dem Wettlauf der großen Orchester in den Musikmetropolen Europas, deren Stimmungen um 1850 deutlich über dem heutigen Schnitt lagen.

Auch an den Stimmgabeln, die Anfang des 18. Jahrhunderts in England weite Verbreitung fanden, lassen sich die Schwankungen der Stimmtonhöhe über die Jahre hinweg ablesen. Die Stimmgabel Händels brachte es auf 422,5 Hz, das Hilfswerkzeug, das Mozart benutzte, ordnete a' bei 421,6 Hz ein.

Der Ausdruck Kammerton macht deutlich, dass die Stimmtöne früher je nach Anlass unterschiedlich festgelegt wurden: So diente der Kammerton im Unterschied zum Chorton als Maßgabe für private Aufführungen »bey der Tafel in Zimmern zur Fröhlichkeit«, wie der Musikforscher Jakob Philipp Adlung im 18. Jahrhundert formulierte. Die Sänger in der Oper besaßen einen eigenen Stimmton, der auch häufig nach oben korrigiert wurde. Aufgrund der vielen Einsprüche seitens der Musiker sind wir recht gut über die Entwicklung informiert. Auch in der Oper liegt man Mitte des 19. Jahrhunderts mit 455–460 Hz ca. 10 bis 15 Hz über der heutigen Norm. Gegenwärtig scheint der Stimmton allen Unkenrufen zum Trotz relativ stabil zu sein und sich für moderne Instrumente bei etwa 445 Hz einzupendeln. Ensembles, die sich der historischen Aufführungspraxis verpflichtet fühlen, experimentieren zum Teil mit deutlich niedrigeren Werten, etwa 415 Hz, dies entspricht dem Wert der Dresdner Sophienorgel, die als Richtlinie in der Bachzeit bedeutsam war.

Kanonkommunikation

Ich bitt dich, schreib mir die Es-Skala auf

Unter der Numerierung WoO (Werk ohne Opusnummer) 162 findet sich bei Ludwig van Beethoven ein Kanon: »ta ta ta … lieber Mälzel … leben Sie wohl … Banner der Zeit … großer Metronom … ta ta ta«. (→ Chronometer) Überliefert ist das Musikstückchen, das in der Melodie das Thema aus dem zweiten Satz der achten Symphonie zitiert, von Beethovens Adlatus und frühem Biographen Anton Schindler. Neuere Forschungen halten es allerdings für eine Fälschung. Nun gibt es von Beethoven eine ganze Reihe von kurzen Kanons, mit denen er Freunde und Fremde beschenkte. Schindler, der in den späten Jahren dem tauben Komponisten zur Seite stand und maßgeblich auf dessen Ansichten über die Musikwelt Einfluss nahm, hatte sich wohl dieses beliebten Zeitvertreibs erinnert. Beethoven garnierte Briefe mit melodischen Grüßen und mit Rätselkanons oder verschickte in Töne gesetzte Aufforderungen. So schrieb er Silvester 1819 einen Kanon *Glück zum neuen Jahr* und sandte ihn Baron von Pasqualati, seinem früheren Vermieter und Gönner. Bekam er Besuch von jüngeren Komponisten, gab Beethoven ihnen einen Kanon quasi als Autogramm mit. Der Sängerin Anna Milder-Hauptmann bekannte er *Ich küsse sie,* wobei er mit ihrem Namen spielte (»Ich, der Hauptmann!«). E. T. A. Hoffmann (→ Amadeus, Amadeus), der eine hochliterarische Interpretation von Beethovens fünfter Symphonie vorgelegt hatte, bedeutete er *Hoffmann, sei ja kein Hofmann.* Auch innermusikalische Spiele finden sich, wie *Ich bitt dich, schreib mir die Es-Skala auf,* die daraufhin gleich mitkomponiert wird. An seinen säumigen Verleger erging im August 1826 die klare Aufforderung zu vier Stimmen *Es muss sein* mit der unzweifelhaften Textzeile »Heraus mit dem Beutel«. »Muss es sein? Es muss sein!« steht auch über den Noten des vierten Satzes in Beethovens letztem Streichquartett op. 135. Das Werk wurde im Oktober 1826 fertig gestellt und arbeitet mit dem musikalischen Motiv des Kanons. Der Vermerk »Der schwer gefasste Entschluss« hebt die Leichtigfüßigkeit eines Scherzes allerdings auf die Ebene der Erforschung von Grundbedingungenen der menschlichen Existenz.

Kastagnetten und andere Geräuschemacher

Die Kastagnette, die meist nur im Plural erwähnt wird, ist nicht nur ein der spanischen Musik zugeordnetes Instrument (→ Bolero). Sie gehört auch zur uralten Familie der Klappern, deren Exemplare weltweit zu finden sind. Die Fachwelt nennt sie auch »Idiophone, die unmittelbar geschlagen werden«. Dabei ist der Name des Instruments irreführend. Das Holz, aus dem Kastagnetten gefertigt werden, ist gerade kein Kastanienholz, sondern meist Nussbaum, Rosen- oder Ebenholz. Bereits im alten Ägypten und in der griechischen Antike wird von der großen Lautstärke der Klappern gesprochen (→ Es ist zu laut!). In Europa tauchen sie in Totentanzdarstellungen auf, weil zu Zeiten der Pest und anderer großer Epidemien die Betroffenen mit einem Geräusch ihre Umwelt vor der Ansteckungsgefahr warnen mussten. Einzig die in ihrer Form an Muschelschalen erinnernde so genannte echte Kastagnette hat es schließlich in der europäischen Kunstmusik geschafft, eine musikalische Chiffre für eine ganze Region zu werden. Merkwürdigerweise unterscheiden dabei die Spanier »männliche« von »weiblichen« Kastagnetten. Der »kleine Unterschied ohne große Folgen«: Die einen sind für die linke, die anderen für die rechte Hand. Manche Komponisten wie Richard Strauss interessierten sich weniger für Spanien als für den rein musikalischen Effekt. Dies kann man beispielsweise beim Einsatz der Kastagnetten im *Tanz der sieben Schleier* seiner im Orient spielenden Oper *Salome* erkennen.

Schlagzeugs

Exotismus ist überhaupt ein Grund für die Zunahme von Schlaginstrumenten im Orchester. Angefangen hat es mit einem unscheinbaren Instrument, das kinderleicht spielbar zu sein scheint, dem Triangel. Der Chansonnier Georg Kreisler hat in einem galligen Lied das Bild gezeichnet, das viele von dem auf seinen Einsatz wartenden, vereinsamten Triangelspielers im modernen Orchester haben. Die Herkunft des circa ein Zentimeter dicken, als gleichschenkliges Dreieck gestalteten Schlaginstruments führt in das Osmanische Reich. Nachdem die Türken 1683 vor Wien gestanden hatten und in der Folgezeit eine permanente kriegerische Auseinandersetzung der europäischen Staaten mit dem auf den Balkan vorgedrungenen Gegner begonnen hatte, waren Instrumente aus der Janitscharenmusik in den Westen gelangt. Und als Star unter ihnen machte sich der/die/das Triangel breit. Ein Instrument, das so einfach zu spielen wie es schwer grammatikalisch in den Griff zu bekommen ist. Der Duden gestattet alle drei grammatischen Geschlechter, obwohl er in der Ableitung von italienisch »il triangolo« die männliche, wenn er auf das lateinische »triangulum« zurückgeht die sächliche Version bevorzugen müsste.

Im Laufe des 19. Jahrhunderts finden immer wieder spezielle Effektinstrumente Eingang ins Orchester. Der Amboss als lautes Metallschlaginstrument erreicht einen ersten Höhepunkt seiner Karriere in den Opern bei Guiseppe Verdi (*Il Trovatore*) und Richard Wagner (*Das Rheingold*).

Herdenglocken und eiserne Ketten

Herdenglocken finden sich bei Gustav Mahler in seiner sechsten und seiner siebten Symphonie. Erstere macht auch die Peitsche musikalisch satisfaktionsfähig. Große eiserne Ketten werden für Arnold Schönbergs *Gurrelieder* von 1911 gefordert. Im Laufe der Jahrzehnte erwarten die Komponisten von den Schlagzeugern eines Orchesters immer neue Fähigkeiten.

Ein Blick in die Besetzungsliste von Karlheinz Stockhausens *Gruppen für drei Orchester*, uraufgeführt 1958, zeigt dies. Es werden 12 Schlagzeuger verlangt, die folgende Instrumente beherrschen müssen: Almglocken, baskische Trommel, Becken, Holztrommeln, Kastenglockenspiel, Marimbaphon, Ratsche, Röhrenglocken, Tamtam, Triangel, Trommeln, Vibraphon und Xylorimba (ein Xylophon mit erweitertem Tonraum nach unten).

Noch weiter geht der Berliner Komponist Dieter Schnebel mit seiner *Sinfonie X*, die als offenes Projekt, als »unvollendetes Werk«, wie es im Vorwort der Partitur heißt, konzipiert ist. Schon der Name X deutet den Schritt ins Unbekannte hinein an. In den verwendeten Formen und Zitaten ist das inzwischen rund zweieinhalbstündige Werk die Reflexion eines heute lebenden Musikers auf die Musik der Vergangenheit. Die ist heute nämlich im allgemeinen Bewusstsein mindestens ebenso präsent wie die aktuell komponierte. Neben dem Hauptorchester, das dem Publikum frontal gegenüber sitzt, hat Schnebel vier seitwärts angeordnete, kleinere Orchestergruppen vorgesehen, die den ganzen Raum als Klangort einbeziehen. Daher auch der enorme Aufwand an vorgeschriebenen Instrumentarium. Das frontal sitzende Orchester benötigt drei Schlagzeuger, die vier Gruppen jeweils zwei. Es werden gespielt:

Triangel, Tamtam mittel und tief, Becken hoch, mittel, tief, ein Beckenpaar, Crotales (sehr kleine Becken), Tomtoms hoch, mittelhoch, mittel, tief, Bongos hoch, mittel, tief, Conga, Taiko (japanische Trommel), Schellenreif, kleine Trommel, große Trommel, Handtrommel, Handtrommel umgedreht – darin kleine Hartgummibälle, Steeldrum, Glockenspiel, Marimbaphon, Xylophon, Vibraphon, Flexaton, Röhrenglocken, Plattenglocken, Messglocke, Schiffsglocke, Metallchimes, Glaschimes (Glasglocken), Herdenglocken, Rainmaker, Holzblocktrommel tief, Matraca (Riesenrätsche), Cow Bell, Donnerbleche, Gong, Kette, Schwirrholz, Sistrum (Metallrassel), Rute, Kastagnetten, Claves (Klanghölzer), Maracas (Flaschenkürbisrassel), Guiros (Samba-Ratsche), Waldteufel (Schwungreibtrommel), Ratsche, Gerte, Hyoshigi, Woodblock tief, Tempelblock, Sandblock, Amboss, Windmaschine, Peitschenknall, Wildlocker – Ente oder Möwe und Rehfiepe, Trillerpfeife, Zweige, Luftballon, Steine oder Steinspiel, Schotterkasten – Blechkasten mit großen Steinen, Sense mit Schleifstein, Messer mit Wetzstahl, Holz mit Messer, verschiedene Papiere – auch Plastikmaterial, Folien, Wasser, Wassergong, Flasche, hohe Sirene, tiefe Sirene, Autohupe, Metallstücke, Porzellanstücke, Vogelpfeife, Löwengebrüll, Tamburino.

Sechzehn Pauker für die *Grande Messe des morts*

Bei einer solchen Besetzung muss daran erinnert werden, dass schon Hector Berlioz Mitte des 19. Jahrhunderts wenig Skrupel kannte, wenn er die nötige orchestrale Wucht anstrebte. Mit ihm begann die zunehmende Aufrüstung auf dem Podium, so verlangte er 1837 für seine *Grande Messe des morts*, das Requiem, 16 Pauken!

Kehlkopf, präparierter

Lange bevor mit Thomas Alva Edison die Aufzeichnung der menschlichen Stimme gelang, suchten findige Tüftler mit Apparaturen Sprechen und Singen nachzuahmen. Eine »sprechende Türkin« erregte um 1835 das Interesse der Jahrmärkte. Ein Mechaniker namens Faber hatte die Maschine gebaut, bei der Lippen und Kehlkopf naturgetreu nachgebildet waren. Mittels einer Tastatur wurde die Bewegung der Muskeln imitiert, ganze Sätze sollen zur hören gewesen sein.

Noch weiter ging der Rheinländer Johannes Müller. Von ihm stammte der Versuch, einen von einem Menschen stammenden präparierten Kehlkopf mit an Fäden befestigten Gewichten so zu bewegen, dass es sich nach Gesang anhörte. Seine Erfindung wollte Müller dadurch kommerzialisieren, dass er vorschlug, mit den Kehlköpfen großer Sänger nach deren Tod zu experimentieren. Wenn man mit diesen Kehlköpfen dann die großen Opernpartien nachsingen lasse, ließe sich vor allem das Geld für lebende Sänger sparen. Eine Idee, die glücklicherweise ebenso schnell verschwand, wie sie aufgekommen war.

Klarinettenersatz, wetterfester

Es war im Jahre 1846. Da meldete ein Instrumentenbauer namens Adolphe Sax aus dem belgischen Dinant eine Erfindung als Patent an, die die Musiklandschaft gründlich verändern sollte. Wenige Jahre zuvor war er ohne Vermögen nach Paris gekommen und hatte gehofft, den Weg seines Vaters zu wiederholen. Der fing auch als kleiner Handwerker an und war schließlich für den niederländischen Hof tätig. Nach einer Reihe von Experimenten schien Adolphe Sax ein ausgereiftes Instrument vorlegen zu können. Stolz gab er seinen eigenen Namen dafür her und nannte es – das Saxophon.

Das 19. Jahrhundert war eine Zeit ständig neuer Erfindungen und Verbesserungen von Instrumenten. Ein regelrechtes Wettrennen um optimale Lösungen begann, bei dem manchmal der Zufall entschied. Die Veränderungen waren gewaltig. Die Räume, in denen Musik aufgeführt wurde, veränderten sich, wurden größer. Das Publikum nahm nicht nur an Zahl, sondern auch an sozialer und kultureller Ausdifferenzierung zu. Und die Produktionsbedingungen verlagerten sich auch im Musikbereich weg vom Handwerklichen hin zur industriellen Fertigung. Betriebe sprossen aus dem Boden und vergingen wieder. Sich hier durchzusetzen, hieß vor allem einen ökonomischen Sachverstand haben und das Gespür für die schmale Lücke des Neuen inmitten des Vertrauten.

Das Saxophon wird patentiert

Ein solches Gespür hatte Adolphe Sax. Er zeigte seine Instrumente dort, wo auch neue Maschinen, Haushaltsgeräte und alle neuen technologischen Verfahren zu sehen waren: auf den Industrieausstellungen. Auf einer solchen in Brüssel hatte die Öffentlichkeit erstmals Gelegenheit, das Saxophon zu sehen. Hier und nicht in den Pariser Salons wurde über die Zukunft des Instrumentenbaus entschieden. Und so sicherte sich Sax im Laufe seines Lebens insgesamt sechs belgische und 21 französischen Patente.

Der Zeitgeist arbeitete für den Instrumentenbauer. Nicht nur die Komponisten wollten neue klangintensive, brillante Instrumente. Im europäischen Kontext suchte das französische Militär nach Anerkennung und setzte, spätestens im Zweiten Kaiserreich, vermehrt auf Repräsentation. Man wollte vermeiden, im akustischen Wettstreit mit preußischen und österreichischen Militärkapellen ins Hintertreffen zu geraten. Und so entwickelte sich aus dem ursprünglich von seinem Erfinder für den Konzertsaal und die Oper vorgesehenen Saxophon rasch ein Militärinstrument. Sax erkannte die Vorteile öffentlicher Aufträge. Was er anzubieten hatte, fürs Militär wie für andere Blaskapellen, war ein wetterunabhängiger Klarinettenersatz.

Um auf dem Markt bestehen zu können, war es notwendig, die Instrumente in ganzen Stimmfamilien anzubieten. Also den ganzen Tonraum von tief bis hoch mit verschiedenen Versionen abzudecken. Das hatte bereits bei der Flötenfamilie funktioniert, von den Streichern ganz zu schweigen. Adolphe Sax suchte seine Konkurrenz, die ihn mit Urheberrechtsprozessen und Plagiatsstreitigkeiten überhäufte, mit einer lückenlosen Saxophonfamilie auszustechen. Und er tat dies ebenso bei seinen weiteren Erfindungen, den Saxhörnern, Saxtrombas und Saxtubas. Die allerdings konnten sich nicht in gleichem Maße durchsetzen. Bei der Patenterstanmeldung des Saxophons unterschied Sax noch die Instrumente für die Militärmusik, die in B/Es-Stimmung gebaut wurden, von den Konzertsaalinstrumenten in C/F-Stimmung. Doch sind bis auf wenige Ausnahmen letztere im musikalischen Alltag wieder verschwunden.

Und bekommt Zuwachs: Saxhörner, Saxtrombas, Saxtubas

Schon früh begeisterten sich die Pariser Komponisten für die neue Erfindung. Hector Berlioz widmete 1856 im Nachtrag *Les noveaux instruments* zu seiner europaweit rezipierten Instrumentationskunde *Grand Traité d'instrumentation et d'orchestration modernes* dem Saxophon eine regelrechte Eloge. Der Klang sei in der Höhe »sanft und durchdringend«, in der Tiefe »kräftig«. Die hohen Töne der tiefen Instrumente hätten etwas »Klagendes«, die tieferen dagegen »eine hohepriesterliche Ruhe«.

Das Saxophon hatte sich rasch im Pariser Opernorchester etabliert, der unangefochtene Star der Grand opéra, der Komponist Giacomo Meyerbeer, nutzte seine Klangwirkungen ebenso wie Georges Bizet in seiner Bühnenmusik zum Schauspiel *L'Arlésienne*.

Anders sah es bei der Instrumentalmusik aus. Die wurde im 19. Jahrhundert in Frankreich nicht in gleichem Maße gepflegt wie beispielsweise im deutschsprachigen Raum. Es bedurfte schon der Niederlage im Krieg 1870/71, bis sich die Franzosen besannen, eine eigenständige Orchesterkultur verstärkt zu fördern. Und da Alphonse Sax mit seinen Patenten vor allem auf den frankophonen Markt zielte, war sein ursprüngliches Ziel, mit dem Saxophon ins Symphonieorchester zu gelangen, nicht so einfach zu erreichen. Es dauerte letztlich bis zur Verwendung bei Maurice Ravel (in der Orchesterfassung von Mussorgskys *Bilder einer Ausstellung* 1922 und im *Bolero* 1928) und bei Alexander Glasunow, bis das Instrument international seriös wurde. Glasunow schrieb 1934 ein Saxophonkonzert, zwei Jahre zuvor ein Saxophonquartett.

Vom Jazz entdeckt

Zu diesem Zeitpunkt war das Instrument, was seinen Sound betrifft, allerdings schon neu konnotiert. Denn nun bedienten sich Jazzmusiker ab den 1920er Jahren vermehrt des Saxophons, auch weil sein Klang gegenüber dem der Klarinette lasziver wirkte. Mehr noch: Das Instrument wurde zum Liebling jüngerer Komponisten. Die wollten sich in ihrer Musikauffassung von der tradierten hohen Kunstmusik absetzen, sprachen von einer Art »mittlerer Musik« und nutzten das Saxophon für die Verarbeitung von Einflüssen aus dem Jazz, so Kurt Weill oder Darius Milhaud.

Bei den Nationalsozialisten verpönt

Wie sehr das Saxophon zum Symbol geworden war, lässt sich an einem Plakat und seiner Metamorphose erkennen. Für die erfolgreiche Oper *Jonny spielt auf* von Ernst Krenek warb ein gezeichneter Saxophonspieler. Die Veranstalter der nationalsozialistischen Hetzschau »Entartete Musik« 1938 in Düsseldorf übernahmen dieses Motiv und verfremdeten es rassistisch, der Spieler mit schwarzer Hautfarbe wurde mit tierischen Gesichtszügen ausgestattet und trug einen Judenstern am Revers. Das Saxophon war für die Propagandisten einer deutschen Musik zu einem Sinnbild alles Kosmopolitischen und damit in ihren Augen Artfremden geworden.

Der internationalen Erfolgsgeschichte des Instrumentes konnte dies nichts anhaben. Immer wieder gab es Versuche, an seiner Bauart etwas zu verändern. Neben der Metallvariante entstand so das Saxophon aus Holz. Die Hersteller suchten nämlich nach einer etwas veränderten Klangfarbe, die nicht so durchdringend war. Dem Saxophon stand beim Einsatz in Instrumentalensembles vor allem seine die übrigen Mitspieler zudeckende Dominanz im Wege. Und es meldeten sich Konkurrenten mit eigenen Produkten. In Ungarn wurde das »Tárogató« entwickelt und auf der Pariser Weltausstellung 1900 als Fortentwicklung eines traditionellen Volksinstrumentes vorgestellt. Das löste sofort einen Streit über die Frage aus, inwieweit Sax eigentlich bei seiner Erfindung etwas genuin Eigenes geschaffen hatte oder doch Vorläufer unter den Instrumenten nutzte. Aus der Instrumentenbauerfamilie Heckel stammte Wilhelm Heckel, dem bereits Verbesserungen an anderen Blasinstrumenten gelungen waren. Er entwickelte als Alternativen eine metallene »Heckel-Clarina« und eine hölzerne »Heckelphon-Klarinette« als instrumententechnische Antwort auf die höheren Saxophone. Während das von Richard Wagner angeregte Heckelphon, eine Art tiefer klingende Oboe mit einem Schuss Alphornklang, gerade in jüngerer Zeit von Komponisten wieder für bestimmte Werke eingesetzt wurde, fielen die Instrumente, die unmittelbar mit dem Saxophon konkurrierten, bald dem Vergessen anheim. Schuld waren mangelnde Nachfrage und die Konzentration des Herstellers auf sein Kerngeschäft.

International erfolgreich

Adolphe Sax ruinierte seine Gesundheit im beständigen Streit mit den Konkurrenten. Und die große Hoffnung des aus Dinant im belgischen Maas-Tal stammenden Mannes erfüllte sich schließlich auch nicht. Er glaubte, mit der Saxophonfamilie Instrumente entwickelt zu haben, die bei Freiluftkonzerten die Streicher im Orchester restlos ersetzen könnten.

Bleibt die Frage, die selbst kundige Musikhörer bisweilen stellen: Warum zählt das Saxophon trotz seiner Hülle aus Metall zu den Holzblasinstrumenten? Die Antwort ist ein wenig vertrackt. Entscheidend für die Zuordnung ist nicht das Material, sondern die Art des Spielens. Anders als bei Trompete, Posaune und Tuba, wird beim Saxophon der Ton wie bei der Klarinette mittels eines schwingenden Rohrblattes erzeugt. Schon allein deshalb werden in vielen Orchestern die Saxophonpartien auch von den Klarinettisten übernommen. »Vereinfacht ausgedrückt«, formuliert es der Instrumentenkenner Ermanno Briner, »ist das Saxophon eine Oboe mit Klarinettenmundstück«.

Eine Oboe mit Klarinettenmundstück

Köchel, Hoboken und Co.

Spätestens mit dem bürgerlichen Selbstbewusstsein der Komponisten ab dem beginnenden 19. Jahrhundert wurden Werkverzeichnisse geführt, die anhand der Opusnummern die als gültig erkannten Musikstücke zusammenfassen (→Durchgezählt). Konzertbesucher wie Wissenschaft konnten so schnell eine Einordnung eines Stückes in das jeweilige Gesamtwerk vornehmen. Bei den zum Teil recht umfangreichen Sammlungen früherer Komponisten war dies nicht ganz so einfach: Mozart, Haydn und viele andere hatten in den verschiedenen Gattungen Stücke gleicher Tonart verfasst, von Schubert gab es allein 600 verschiedene Lieder, die Nummerierungen schwankten (→Zahlensalat bei Schubert), und im Zuge der Arbeit an einer Gesamtausgabe kamen neue Werke ans Licht. Um hier Ordnung zu schaffen, boten sich in mühsamer Kleinarbeit erstellte Werkverzeichnisse an, wahlweise chronologisch oder systematisch geordnet.

Ludwig Ritter von Köchel

Der berühmteste dieser fleißigen Kärrner ist zweifelsohne Ludwig Ritter von Köchel (1800–1877). Am Gymnasium in Krems mit einer umfänglichen naturwissenschaftlichen Ausbildung versehen, studierte er Rechtswissenschaft, unterrichtete die Kinder des Erzherzogs Karl und lebte als so genannter Privatgelehrter, also ohne bestimmten Auftrag, in Wien, später in Salzburg. Ein wenig komponierte er auch, dichtete Kanzonen auf den 100sten Geburtstag Mozarts und publizierte botanische und mineralogische Schriften. Als er starb, hatte er nicht wenig Geld seines Vermögens dafür bestimmt, die im Entstehen begriffene Gesamtausgabe der Werke Mozarts zu finanzieren. Die ohne seine eigene Arbeit wahrscheinlich nicht so rasch vorangekommen wäre. Denn bereits 1862 legte Köchel ein *Chronologisch-thematisches Verzeichnis sämmtlicher Tonwerke Wolfgang Amade Mozarts* vor, jenes berühmte Köchelverzeichnis, nach dessen Ordnung noch heute die Musikstücke des Komponisten mit Nummern versehen sind. Nun hat die Forschung in den letzten fast 150 Jahren weitere vollständige Sinfonien, Fragmente von Musikstücken oder Fehlzuschreibungen entdeckt. Sie hat manche chronologische Frage anders beantwortet als der Einzelkämpfer des 19. Jahrhunderts. Dadurch entstanden in der sechsten Auflage, Wiesbaden 1964, solche Klassifizierungsungetüme wie KV 373d A und KV 373d B, die sich gegenüber den ursprünglichen Nummern der beiden Sinfonien KV 182 und KV 183 im öffentlichen Gebrauch nicht durchsetzen konnten. Auch für zweifelhafte Zuschreibungen musste Platz im Köchelverzeichnis gefunden werden, so für die Musikalischen Würfelspiele (→Würfelkomponisten), die nur unter Mozarts Namen nach seinem Tod veröffentlicht wurden, aber wahrscheinlich nicht von ihm stammen. Sie wurden als Anh. C 30.01 registriert. An der Nummerierung berühmter Werke wurde jedoch nicht gerüttelt, weshalb das Requiem mit seiner Nummer KV 626 nach wie vor den Schluss des Köchelverzeichnisses bildet.

Anthony van Hoboken

Köchels systematische Arbeit wirkte sich auch auf die Erfassung der Musik anderer Komponisten aus. Auch hier waren es bestimmte Persönlichkeiten, die mit ihrer Hartnäckigkeit aufgefallen sind. Der 1887 geborene Niederländer Antony van Hoboken etwa interessierte sich schon früh für die Originalgestalt der Meisterwerke der Vergangenheit. So sammelte er Handschriften und Erstdrucke. 1938, nach dem Einmarsch der Nazis nach Österreich, flüchtete er aus Wien ins Tessin, wo er in mühseliger Kleinarbeit über mehrere Jahrzehnte hinweg das *Thematisch-bibliographische Verzeichnis der Werke Joseph Haydns* Schuf. Hoboken strukturierte nicht chronologisch, sondern nach Werkgruppen geordnet. Die Sinfonien, Streichquartette, Opern werden aber jeweils nach Möglichkeit in der Reihenfolge der Entstehung aufgelistet. Jener Gattung, der Haydn maßgeblich zur Weltgeltung verholfen hatte, der Sinfonie, gab Hoboken die römische Ziffer I, so dass etwa die *Sinfonie mit dem Paukenschlag* als Hob. I: 94 verzeichnet ist. Die *Missa in tempore belli*, die so genannte *Paukenmesse*, die die Kriegssituation in Europa reflektiert, trägt die Nummer Hob. XXII: 9.

Otto Erich Deutsch

Otto Erich Deutsch, der Schubertforscher, traf als Bibliothekar auf Hoboken und seine Musikaliensammlung. Auch er verließ Wien rechtzeitig von dem Zweiten Weltkrieg und emigrierte nach England, wo er an der Universität von Cambridge tätig war. Das nach ihm benannte Schubertsche Werkverzeichnis erschien erstmals 1951 als eines seiner vielen systematischen Forschungen über den Komponisten, von denen vor allem *Schubert – Die Dokumente seines Lebens* zu nennen ist.

Wolfgang Schmieder

Der Bibliothekar und Musikhistoriker Wolfgang Schmieder veröffentlichte 1950 das *Thematisch-systematische Verzeichnis der musikalischen Werke von Johann Sebastian Bach*. Auch dieses Verzeichnis geht nach Werkgruppen vor, beginnt mit den geistlichen Kantaten, lässt die weltlichen folgen, die großen Chorwerke, dann ordnet es die Choräle und die Orgelmusik ein, schließlich die erhalten gebliebene Kammermusik, die Konzerte, um mit der *Kunst der Fuge* BWV 1080 zu enden, einem Werk, das sich der Einordnung in eine Gattung entzieht. Für manche Kenner scheint es sich ja auch einer gültigen Aufführung immer aufs Neue zu widersetzen. Inzwischen wurden neuere aufgefundene Werke Bachs dem Verzeichnis unter fortlaufender Nummerierung hinzugefügt, so dass wir inzwischen weit über die 1100 er-Marke gelangt sind.

Nach dem geschilderten Prinzip haben sich eine Reihe weiterer Verzeichnisse mehr oder minder eingebürgert. TWV etwa für Georg Philipp Telemann, der so viele Instrumentalkompositionen hinterlassen hat, dass man sie entsprechend ihrer Tonarten durchnummeriert. Die in G-Dur stehende Orchestersuite *Bourlesque de Quichotte* (→ Ritter von der traurigen Gestalt, musikalischer) beispielsweise trägt die Bezeichnung TWV 55: G 10. Georg Friedrich Händel hat sein HWV und Dietrich Buxtehude sein BuxWV. Bei Domenico Scarlatti mit seinen 555 Sonaten für Tasteninstrumente sind zwar nur diese erfasst, dafür gleich in zwei konkurrierenden Zählungen K und L, nach Kirkpatrick 1953 und Longo 1906.

Kirkpatrick und Longo

Weniger durchgesetzt haben sich jene Nummerierungen in Werkverzeichnissen, die ein insgesamt eher schmales Œuvre katalogisieren. Bei Anton Bruckner bedarf es für die Wiederauffindbarkeit der neunten Symphonie (→ Neun, Mythos der Zahl) im Konzertbetrieb nicht unbedingt des Zusatzes WAB 109. Im Falle von Richard Wagner verzeichnet das 1986 in Mainz erschienene Wagner-Werkverzeichnis zwar 113 Nummern, aber neben *Lohengrin* WWV 75 oder den *Wesendonck-Liedern* WWV 91 sind darin chronologisch auch Nebenarbeiten wie der Kaisermarsch B-Dur WWV 104 (→ In kriegerischen Zeiten) verzeichnet, Textentwürfe wie *Jesus von Nazareth. Oper in fünf Akten* WWV 80 oder nur in Wagners Autobiographie *Mein Leben* erwähnte verschollene Jugendwerke, etwa eine *Sonate d-Moll* WWV 2 für Klavier oder das Schauerdrama *Leubald* WWV 1, das der 13-jährige seiner Familie vorgeführt haben will.

Kollegenlob und Kollegenschelte

Manchmal sind Musiker freundlich zueinander. Dann rühmen sie Kollegen mit ehrenvollen Vergleichen:

Robert Schumann, der nicht nur als Komponist, sondern auch als Musikpublizist einflussreich war, sagte über seinen Kollegen Felix Mendelssohn Bartholdy: »Mendelssohn ist der Mozart des 19. Jahrhunderts, der hellste Musiker, der die Widersprüche der Zeit am klarsten durchschaut und zuerst versöhnt.«

Eckhard Henscheid nennt sein Opernbuch »Verdi ist der Mozart Wagners« und schließt damit die Lücke zu jener Polemik, die Theobald Tiger alias Kurt Tucholsky 1931 gegen das ästhetische Einmummeln seiner Zeit schrieb: »Puccini ist der Verdi des kleinen Mannes, und Léhar ist dem kleinen Mann sein Puccini.« Eine Einschätzung, die durchaus anerkennt, dass der Operettenkomponist bei seinem italienischen Kollegen viel von der wirkungsvollen Instrumentierung des Orchestersatzes gelernt hat. Die Bemerkung zielt aber vor allem auf die so genannten »tragischen Operetten« von Léhars Spätphase wie *Der Zarewitsch* von 1927 oder *Land des Lächelns* von 1929 ab. Möglich, dass Tucholsky bei seiner Charakterisierung einen Artikel von Siegfried Geyer, Direktor des Bürgertheaters Wien, im Ohr hatte, in dem dieser 1930 die Geschäftsidee der die Berliner Theater beherrschenden Gebrüder Rotter so beschrieb: »Man nehme womöglich Caruso, und wenn man ihn nicht hat, Richard Tauber .... Man nehme die Musik eines neuen Puccini. Oder die Franz Lehárs.«

Mendelssohn vs. Berlioz

Boshafter geht es zu, wenn Komponisten die Musik ihrer Kollegen nicht leiden können. Felix Mendelssohn Bartholdy fand die Orchesterbehandlung von Hector Berlioz unerträglich, zu sehr auf Effekt aus. Über dessen Ouvertüre zur Oper *Les Francs-Juges* schreibt Mendelssohn: »Seine Instrumentierung ist so entsetzlich schmutzig und durcheinander geschmiert, dass man sich die Hände waschen muss, wenn man mal eine Partitur von ihm in der Hand gehabt hat.« Diese vernichtende Kritik, hinter vorgehaltener Hand nur in seiner persönlichen Korrespondenz formuliert, galt einem Musikstück, das zu Beginn der Studienzeit von Berlioz entstanden war und das noch nicht die volle Meisterschaft der Instrumentenbehandlung aufzeigte. Vielleicht nervte Mendelssohn bei der Begegnung in Rom auch die in Musik wie im Leben von Berlioz provokant nach außen gekehrte Überspanntheit. Ihre unterschiedliche Musikauffassung und ihr verschiedenartiges Temperament hinderte die beiden Musiker nicht daran, freundschaftlich miteinander zu verkehren. Berlioz sagte nach einer Leipzigreise über Mendelssohns *Erste Walpurgisnacht*, sie sei seine gediegenste Komposition. Das war durchaus positiv gemeint. Der Nachwelt dienten diese Formulierungen allerdings zum Aufbau eines unversöhnlichen Gegensatzes von deutscher Klassizität und französischer Oberflächlichkeit. Später, unter antisemitischem Vorzeichen, drehten manche Kritiker den Spieß um und vermuteten in Mendelssohns »Händewaschen«-Zitat seine Unfähigkeit, jenseits der Verfeinerung des Geschmacks das »echte« Leben erfassen zu können.

Wie Mendelssohn hatte auch der Wiener Musikkritiker Eduard Hanslick gegenüber dem maßlos scheinenden Einsatz der musikalischen Mittel bei Berlioz seine Vorbehalte. Zu dessen *Requiem* urteilte Hanslick: »Ist es eine Kunst mit so brutalen Mitteln eine beängstigend erschütternde Wirkung zu erzielen? Das ist musikalischer Massenmord.« Berlioz verwendet im Satz *Dies irae* zur Darstellung des jüngsten Gerichtes insgesamt 16 Pauken.

Igor Strawinsky vs. Antonio Vivaldi

Wie viel leichtgewichtiger ist demgegenüber Igor Strawinskys böses Wort, Antonio Vivaldi habe sechshundert Mal das gleiche Konzert geschrieben. Da sich der russische Komponist leidenschaftlich für musikalische Kombinatorik interessierte, selbst mehrfach eigene Musik überarbeitete, auch um weiter Tantiemen zu bekommen, mag hier auch ein wenig Neid mitgespielt haben. Schließlich entstanden bei Vivaldi neue, eigenständige Musikstücke aus den gleichen Ausgangsmaterialien. Wobei wir Strawinsky zugestehen müssen, dass er noch nicht die Virtuosität heutiger Spezialensembles für Alte Musik kannte. Barockmusik, wie sie ihm begegnete, konnte unter dem Primat des Schönklangs und der schematischen Terassendynamik (Forte und Piano im gleichmäßigen Wechsel) durchaus eine Tendenz zur gepflegten Langeweile enthalten.

Luftumrührer

Der Heldentenor und Mediziner (Dr. med., Dr. med. dent.) Julius Pölzer (1901–1972), bekannt für seine eindringlichen Interpretationen von Wagneropern, soll mit dieser Formulierung den Stardirigenten Herbert von Karajan bezeichnet haben.

Dem waren andere Kosenamen wie »Generalmusikdirektor Europas« allerdings lieber. Karajan leitete in den 1960er Jahren die Wiener Staatsoper und gleichzeitig war er Dirigent auf Lebenszeit der Berliner Philharmoniker. Vielleicht hatte Pölzer jene Anekdote im Sinn, die man sich nach einer Aufführung der Oper *Elektra* von Richard Strauss 1939 an der Berliner Staatsoper erzählte: Der anwesende Komponist lobte den jungen Dirigenten Karajan, kritisierte allerdings dessen allzu großen Hang zur Genauigkeit: »So tierisch ernst hab ich das gar nicht gemeint. Rühren Sie dort nur ein bisserl um, dann kommt schon die richtige Wirkung heraus.« (→ Taktstock)

Wagner und die Tücken der Telekommunikation

Der Schriftsteller Martin Walser versuchte den Verlust zu beschreiben, der mit dem technologischen Fortschritt einhergeht. Und bedient sich folgender Überlegung:

»Karl rief Joni an. Der Teilnehmer ist momentan nicht erreichbar. Bitte versuchen Sie es später noch einmal. Wie hätte Richard Wagner seine Nornen komponiert, wenn ihm in schicksalhaften Stunden solche Auskünfte erteilt worden wären?« (Martin Walser, Angstblüte. Roman, Reinbek 2006, S. 326)

»Komponist als Lebensretter«

Unter dieser Überschrift schreibt die Berliner Morgenpost vom 11. Dezember 1925 über einen Vorfall auf dem U-Bahnhof Friedrichstraße in Berlin. Alban Berg war in die deutsche Hauptstadt gekommen, um der Uraufführung seiner Oper *Wozzeck* (→ Doppelt und dreifach vertont) beizuwohnen. Im U-Bahnhof entdeckte Berg einen auf den Schienen liegenden Mann, den er mit einem Sprung vom Bahnsteig und, wie die Zeitung schreibt, »mit Aufbietung aller seinen Kräfte« im letzten Augenblick vor Eintreffen des Zuges in Sicherheit brachte. Die städtische Musikkritik dankte dies übrigens bei der drei Tage später stattfindenden Premiere keineswegs. So fragte Paul Zschorlich, ob »die Beschäftigung mit der Musik kriminell sein kann«. Es handele sich beim *Wozzeck* um ein Kapitalverbrechen. Zschorlich, der seine Aversionen gegen den so genannten »Musikbolschewismus« im Dritten Reich freien Lauf lassen sollte, fiel an anderer Stelle übrigens durch eine fulminante Kritik über einen Klavierabend auf. Das Problem war, er hatte ihn gar nicht besucht, weswegen er die kurzfristig geänderte Programmfolge auch nicht kannte und die Interpretation der ursprünglich geplanten Stücke lobte. Ein schlampiger Kritiker. Und dennoch: Sein Urteil über Alban Bergs *Wozzeck* hatte in der rechtskonservativen und völkischen Ecke großen Nachhall.

Komponist als Mörder

Don Carlo Gesualdo, Graf von Consa, Fürst von Venosa (1566–1613) erhielt eine umfängliche musikalische Ausbildung und galt als ein kundiger »Dilettant«, wie das gar nicht negativ verstandene italienische Wort für »Liebhaber« in der Musikwelt lautete. Er hättte auch ohne den mit seinem Namen verbundenen Skandal einen Platz in der Musikgeschichte erhalten. Gesualdo erwies sich nämlich mit seinen gedruckten Madrigalbüchern als ein mutig Neuland betretender Komponist des Übergangs von der Vokalpolyphonie der Renaissance zum neueren Stil eines Monteverdi.

Erinnert wird Gesualdo aber vor allem wegen eines außergewöhnlichen Vorfalls am 26. Oktober 1590. Der Fürst war zum Schein zur Jagd gegangen. Er hatte schon länger vermutet, dass seine Frau ihn betrügt. Tatsächlich tauchte unmittelbar nach seinem Weggang der Herzog von Andria auf. Gesualdo ertappte seine Frau Maria d'Avalos und ihren Liebhaber daraufhin in flagranti und tötete beide. Obwohl ihm eine Strafverfolgung nichts anhaben konnte, floh er aus Furcht vor der Rache der Verwandten der Opfer in das Stammschloss der Familie nach Gesualdo. Dort blieb er und widmete sich verstärkt der Musik.

Don Carlos Kompositionen zeichnen sich durch heftige Tonartwechsel und vielfältige Chromatik aus. Einer späteren Zeit galten sie schlicht als unaufführbar. Immer wieder wurde die Tat von 1590 als Erklärung für seine Melancholie und die »verworren« wirkende Musik herangezogen. Erst im 20. Jahrhundert interessierten sich Komponisten wie Igor Strawinsky und Salvatore Sciarrino für die hochexpressiven Madrigale.

Die Geschichte des von Gesualdo verübten Mordes fand in den 1990er Jahren gleich mehrfach ihr musikalisches Abbild: Sciarrino vertonte ein Drama namens *Luci mie traditrici*, das auf deutsch unter dem Titel *Die tödliche Blume* aufgeführt wurde (UA Schwetzingen 1998). Zuvor hatten bereits Alfred Schnittke 1995 in Wien und Franz Hummel 1996 in Kaiserslautern zwei Opern unter dem Namen »Gesualdo« herausgebracht.

Königin der Instrumente, die

Seit kurzem hat sie auch allerhöchsten kirchlichen Segen. Auf seiner Pastoralreise nach Bayern 2006 hat das Oberhaupt der katholischen Kirche, Papst Benedikt XVI., noch einmal bekräftigt, dass die Orgel die »Königin der Instrumente« sei. Und zwar, weil »sie alle Töne der Schöpfung aufnimmt.« Benedikt folgt darin der traditionellen Sichtweise, die im Reichtum der Klangfarben, in der Nachahmung verschiedenster Instrumente bis hin zur menschlichen Stimme den monarchischen Aspekt des Instrumentes ausgebreitet sieht. Im allgemeinen Sprachgebrauch ist die Gleichsetzung von Orgel und Königin schon lange üblich.

Als Wort bedeutete Orgel zunächst profan nichts weiter als Werkzeug (griechisch organon, lateinisch organum). Und der Weg an die Spitze war steinig. Im byzantinischen Reich waren Orgeln am Hofe des Kaisers üblich. Um ihre Gesprächspartner im Westen zu beeindrucken, brachten die Unterhändler schon mal ein Instrument mit ins Fränkische Reich und führten es Karl dem Großen vor. Sie nahmen es aber anschließend wieder mit, weswegen die fähigsten Handwerker versuchten, das Instrument aus dem Gedächtnis nachzubauen. Die Kirche war sich lange nicht einig, wie sie mit der Orgel umgehen sollte. Mal wurde sie als einziges Instrument für den Gottesdienst neben dem Singen zugelassen, mal verboten. Es ist kein Zufall, dass die endgültige Durchsetzung des Instruments mit seiner Literarisierung einhergeht: in Dantes *Divina Commedia* ist der Gebrauch im Gottesdienst bezeugt.

Das fest stehende Wort von der »Königin der Instrumente« stammt wahrscheinlich aus einer späteren Zeit. Von Wolfgang Amadeus Mozart gibt es einen Brief an seinen Vater Leopold vom 18. Oktober 1777. Darin schreibt er: »Die orgl ist doch in meinen augen und ohren der könig aller instrumenten.« Wohlgemerkt »der« König! Aber Mozart nahm es mit der Grammatik nicht so genau.

Orgelsuperlative

Orgelfreunde sind nicht nur begeisterungsfähige Menschen, sie sind auch sehr mitteilsam. Und so bordet das Internet über von Listen, Vergleichen, Detailinformationen. Keine Orgel scheint dem kundigen Auge zu entgehen, sei sie noch so abgelegen.

In der Liste der größten Orgeln der Welt ragt ein Land besonders hervor: Allein 35 der 100 größten Orgeln weltweit sind in den USA zu finden. Wie bei den Konzertsälen, die europäische Musiker bereits im 19. Jahrhundert überwältigten, wurde auch beim Orgelbauer in Amerika auf Größe gesetzt, verstanden nicht nur als Gigantomanie, sondern auch als Angebot einer demokratischen Massengesellschaft. Aber immerhin: Deutschland, eines der klassischen Länder des Orgelbaues, ist mit der durchaus stattlichen Anzahl von 19 Orgeln unter den 100 größten vertreten. Die hundertgrößte Orgel, das Hauptinstrument der St. Paul's Cathedral in London, ist übrigens kein kleines Instrument, es hat 136 Pfeifenreihen und 107 Register, zu spielen auf fünf Manualen. Die Orgel des Berliner evangelischen Doms schafft es gerade mal auf Platz 112, vor ihr liegen das Instrument im katholischen Kaiserdom zu Speyer oder die Orgel der dortigen protestantischen Gedächtniskirche. Die Top 10 werden allerdings übermächtig angeführt von vier US-Standorten, da bleibt für Deutschland nur Platz 5, für Italien Platz 7 und Mexiko Platz 8.

Die Spitzenreiter (aufgeführt im Internet unter www.die-orgelseite.de):

Platz 1: Philadelphia, Macy's Store, 1904ff.
463 Pfeifenreihen, 374 Register, sechs Manuale und 28 522 Pfeifen

Platz 2: Atlantic City, New Jersey, Convention Hall, 1932ff.
449 Pfeifenreihen, 314 Register, als einzige weltweit mit sieben Manualen, bei der Zahl der Pfeifen uneinholbar mit 33 114 an der Spitze. Mit ihrer größten Pfeife, mehr als 20 Meter lang und 1675 kg schwer, erreicht sie das Sub-Subkontra-C, einen Ton, der mit circa 8 Hz schwingt. Was wir hören, sind beim Spielen dieser Pfeife hauptsächlich die Obertöne, ansonsten grummelt es im Bauch.

Platz 3: West Point, Military Academy Cadet Chapel, 1911ff.
380 Pfeifenreihen, 303 Register, 23 500 Pfeifen

Platz 4: Los Angeles, First Congregational Church, 1931ff.
354 Pfeifenreihen, 242 Register, 20 417 Pfeifen

Platz 5: Passau, Dom, 1928ff.
326 Pfeifenreihen, 229 Register, 17 974 Pfeifen

Platz 6: Garden Grove, USA, Crystal Cathedral, 1962ff.
278 Pfeifenreihen, 200 Register, 17 106 Pfeifen

Platz 7: Mailand, Dom, 1937ff.
255 Pfeifenreihen, 186 Register, 15 350 Pfeifen
Platz 8: Mexiko City, Auditorio Nacional, 1958ff.
250 Pfeifenreihen, 181 Register, 15 633 Pfeifen
Platz 9: Boston, First Church of Christ, Scientist, 1952ff.
240 Pfeifenreihen, 153 Register, 13 290 Pfeifen
Platz 10: Hanover, USA, St. Matthew's Lutherian Church, 1925ff.
231 Pfeifenreihen, 174 Register, 14 341 Pfeifen

Mit diesen Beispielen technischer Monumentalität stoßen Organisten an ihre physischen Grenzen. Manche Spieltische scheinen gar für Riesen gedacht zu sein. Tatsächlich werden einige weitere Orgeln in Museen aufbewahrt, wo sie dem Praktikabilitätsnachweis glücklicherweise enthoben sind. In Spring Green im US-Bundesstaat Wisconsin findet sich beispielsweise ein achtmanualiger Aufbau und ein Tisch in drei Teilen zu je fünf Manualen.

Sechsmanualige Spieltische finden sich auch im Mainzer Dom und in der Stiftsbasilika Waldsassen im Fichtelgebirge nahe der tschechischen Grenze.

Die älteste noch spielbare Orgel ist nach Expertenmeinung die Orgel in der Burgkirche Notre Dame de Valère in Sion (Sitten) in der Schweiz. Die ältesten Teile dieses oftmals erweiterten und veränderten Instrumentes stammen aus dem Jahr 1435.

Wer alles über Orgeln wissen will, für den ist www.orgel datenbank.com der richtige Ansprechpartner. Die Macher der Seite haben es mit 123 000 verzeichneten Orgeln weltweit ins Guinnessbuch der Rekorde geschafft.

Kopulationsmusik

Für ihre Rolle in dem amerikanischen Kinofilm *Zehn – Die Traumfrau* aus dem Jahre 1979 wurde Bo Derek in der Kategorie »Beste Nachwuchsschauspielerin« für die Golden Globes nominiert. Regie in dieser auf Gags ausgerichteten Komödie führte Blake Edwards. Ein Komponist namens George, gespielt von Dudley Moore, durchlebt seine Midlife-Crisis und wird von der blendend aussehenden Jenny (Bo Derek) magisch angezogen. Er verfolgt sie und kommt in diverse abstruse Situationen. Der Film kulminiert in der Verführungsszene, in der Jenny mit George schlafen will. Dazu braucht sie aber als Begleitmusik unbedingt Maurice Ravels Orchesterstück *Bolero*. Allerdings hat der Plattenspieler einige Macken, die zum stetigen Neuanfang des Musikstückes und zu einer wiederholten Unterbrechung des Geschlechtsaktes führen. In Interviews plauderte die blonde, damals dreiundzwanzigjährige Darstellerin über ihr Privatleben und verkündete, dass sich das Orchesterwerk tatsächlich sehr gut als Musik während des Beischlafes eigene. Möglicherweise dachte sie dabei an den gleich bleibenden Rhythmus, die allmähliche Steigerung durch Hinzutreten immer neuer Instrumente und an den plötzlichen Zusammenbruch am Ende. Hatte nicht schon Ravel selbst dazu gesagt, es sei sein bestes Werk, nur schade, dass es keine Musik enthalte?

In jüngerer Zeit haben Hirnforscher aus Paris die Vermutung aufgestellt, der melodische Minimalismus bei gleichzeitigem raffiniertem Auskosten der Klangfarben sei bereits ein Zeichen für den geistigen Verfall des Komponisten gewesen. Die linke Gehirnhälfte, die für Sprache und Melodienstruktur verantwortlich ist, war am stärksten angegriffen. Ravel, der den Bolero 1928 komponierte, erkrankte in den 1930er Jahren immer stärker und konnte zum Schluss seine eigene Musik nicht mehr erkennen. Doch versuchte er nach seinem wohl populärsten Orchesterstück noch einige Zeit, weitere Musikwerke zu komponieren (→ Ritter von der traurigen Gestalt, musikalischer; → Filmmusik, unerhörte).

Im Bemühen der Produzenten, die rasch welkende Popularität Bo Dereks so lange auszunutzen wie möglich, entstand 1984 der Film *Bolero*. Allerdings brachte dieser ihr nur die Nominierung für die Goldene Himbeere ein, einen Preis, mit dem die schlechtesten künstlerischen Leistungen eines Jahres in Hollywood ausgezeichnet werden.

Kulinarisches

Mozartkugel Die Mozartkugel ist mit Sicherheit die berühmteste Musikerpraline der Welt. Der Konditor Paul Fürst hat die Salzburger Süßigkeit 1890 erfunden. Nur seine Firma allein hat bis heute das Recht, die *Original Salzburger Mozartkugeln* zu vertreiben. Die Kugel besteht aus Pistazienmarzipan, um die eine Schicht Nougat gelegt wird. Diese wird dann zur Kugel geformt und in Schokoladenkuvertüre getaucht. Auf das Verpacken von Hand in Staniolpapier wird ebenfalls Wert gelegt.

Nun lassen sich kulinarische Kreationen nicht wie Musikwerke urheberrechtlich schützen und so haben in der Folgezeit andere Konditoren gleiche und ähnliche Rezepte ausprobiert, handwerklich gefertigte und industriell hergestellte Kugeln auf den Markt gebracht und eine wahre Debatte über Begriffe wie »Original« oder »echt« entflammen lassen. Ob sie vollkommen rund oder an einer Seite geplättet ist, ob Marzipan nicht auch einen Nougatkern umhüllen darf, ob es immer Pistazienmarzipan sein muss, das alles hätte den Namensgeber Mozart wahrscheinlich nicht weiter interessiert. Die Mozartkugel scheint jedenfalls unter den Merchandisingprodukten berühmter Tonsetzer der absolute Spitzenreiter zu bleiben. Und sie findet Nachahmer. So fordert der Wiener Komponist und Interpret HK Gruber, als artist in residence 2008 in die Geburtstadt von Kurt Weill nach Dessau eingeladen, es müsse auch eine Weill-Kugel kreiert werden. Sie könnte der durch Abwanderung gebeutelten Stadt in Sachsen-Anhalt sicher neue Freunde zuführen. Vielleicht dachte Gruber an die ausgeprägte Glatzenbildung des Komponisten solcher Dauerbrenner wie der »Dreigroschenoper« oder von »Street Scene«.

Dazu hat sich die Konditorei Fürst noch nicht durchgerungen, wohl aber widmet sie Johann Sebastian Bach inzwischen einen Bachwürfel. Der besteht aus Nougat-Trüffel, Kaffee-Trüffel und Marzipan. Als der Kaffee vom exotischen Getränk zur Leidenschaft der Bürger wurde, schrieb Bach seine ironische *Kaffee Kantate*. Daher darf der Kaffee nicht fehlen – in einem Würfel wohlgemerkt, denn die strengen Konstruktionsprinzipien seiner Kompositionen mit vierstimmigen Sätzen, ja mit Quadrupelfugen verlangen nach eckigem Konfekt. Mozarts Musik, die, einmal angestoßen, wie ein Perpetuum mobile klingen kann, ist da die Kugel näher. Obwohl Kryptologen und Verschwörungstheoretiker in der Formensymbolik möglicherweise gleich wieder die Freimaurer am Werk sehen wollen.

Nicht repräsentativ war übrigens jene Mozartkugel-Verkostung, die auf der Internetseite wirsindmozart.twoday.net geschildert wird. Dabei landete ausgerechnet ein Produkt aus Graz auf Platz 1.

Händelwein

Wein zählt zu den weniger originellen Merchandisingprodukten. Im Falle von Georg Friedrich Händel gibt es aber seit wenigen Jahren einen besonderen Bezug. Händel verließ 1703 seine

Heimatstadt Halle an der Saale und kehrte später als weltberühmter Komponist nur noch wenige Male als Gast zurück. Ob er den Händel-Weinberg je persönlich in Augenschein genommen hatte?

Was der Musiker vielleicht vermied, das nahmen an einem der heißesten Tage im Juni des Jahres 2003 eine Schar internationaler Gäste der Händelfestspiele auf sich. Durch eine Weinprobe und mehrere regionale Weinprinzessinnen in Stimmung gebracht, bewegten sie sich auf eine unscheinbare Erhebung bei Zappendorf westlich von Halle zu. Ein kleiner Wingert mit Rebenstöcken der Traubensorte Gutedel ist jener Ort, von dem der offizielle »Händelwein« stammt. Er allein wird mit dem Schriftzug des Komponisten versehen und als Erinnerung an die Aktivitäten der Händelgesellschaft, des Händelhauses und der Händelfestspiele verkauft. Und zwar deshalb, weil hier, irgendwo in der Nähe des heutigen Händelwingerts, so genau ist dies nicht verifizierbar, jener Weinberg in der Flur Polingen lag, der aktenkundig wurde, als ihn Georg Händel, der Vater des Georg Friedrich, verkaufte. Das war bereits vor der Geburt des Komponisten und zeigte, dass der Amtsbarbier des Amtes Giebichenstein, damals ein selbstständiger Ort, heute mit Halle verwachsen, ein bescheidenes Vermögen angesammelt hatte, mit dem er seine zweite Frau Dorothea Taust, Pfarrerstochter aus Dieskau, die Mutter des Komponisten, beeindrucken konnte.

Allerdings war Besitz von Land in den Weinbergen im späten 17. Jahrhundert nichts Außergewöhnliches. Die Qualität des Wassers war in Mitteleuropa eher schlecht. Wein, auch wenn er wesentlich einfacher, oft auch saurer war als heutige Produkte, war dennoch sauberer und unbedenklicher, was Krankheitskeime anging, als andere Getränke. Ob Georg Friedrichs robuste Konstitution daher stammte? Laut Amtshandelsbuch Friedeburg betrug der Erlös des Weinbergverkaufs in Naturalien »sechtzig Eymer guten reinen Most.«

Rossini kulinarisch

Mit 37 Jahren ging Gioacchino Rossini nach der Komposition seiner letzten Oper *Guillaume Tell* in den musikalischen Vorruhestand. Er hörte zwar nicht auf zu komponieren, nannte seine Lieder, die Klavierstücke und die Gelegenheitsmusiken aber »Sünden des Alters«. Nur mit geistlicher Musik, dem *Stabat mater* und der späten *Petite Messe solennelle,* meldete er sich öffentlich noch zu Wort.

Die restlichen 39 Jahre seines Lebens nach dem großen Triumph des *Tell* verbrachte Rossini allerdings nicht, wie die Legende kolportiert, am Kochtopf. Dagegen spricht, dass sich auf der Lohnliste Rossinis auch ein professioneller Koch befand. Daneben beeinträchtigten den Komponisten verschiedene Krankheiten, wie eine chronische Gonorrhö, depressive Zustände und Herzprobleme. Sicher ist, dass Rossini mit großer Sorgfalt Menüs zusammenstellte und die passenden Weine dazu aussuchte. Nach seiner Übersiedlung nach Frankreich ließ er sich regelmäßig italienische Spezialitäten, zu denen auch gefüllte Schweinsfüße zählten, aus der Heimat schicken. Die Tournedos Rossini, mit getrüffelter Leberwurst, wird er vielleicht nicht erfunden, aber doch, wie der Name vermuten lässt, gerne gegessen haben.

Die deutsche Rossinigesellschaft, die ihren Sitz übrigens im schweizerischen Sissach hat, nennt als Rossinis Lieblingsgericht gefüllte Cannelloni mit Gänseleber, Trüffel und Schinken. Das Rezept hielt Rossini selbst vor seinen Freunden geheim, lud sie aber als Entschädigung dafür gerne zum Essen ein.

Der Longdrink »Rossini«, dessen Herkunft aus der privaten Küche des Komponisten nicht belegt ist, besteht übrigens aus Erdbeeren und Sekt, wahlweise mit etwas Zucker oder Zitronensaft angereichert. Nimmt man anstelle der Erdbeeren Pfirsiche, wird ein anderer Opernkomponist geehrt. Der Longdrink heißt dann »Bellini«.

L

Lagune, morbide

Venedig, die »Serenissima« mit ihren seit Jahrhunderten erkennbaren Anzeichen des Verfalls, mit dem morbiden Charme des Überlebten, mit der Gefahr unterzugehen, hat seit je auf Künstler eine besondere Anziehungskraft ausgeübt. Sprichwörtlich wurde die Verbindung von Sterben und Lagunenstadt allerdings erst mit einem literarischen Werk des 20. Jahrhunderts.

Thomas Manns Erzählung *Tod in Venedig* schildert bekanntermaßen die letzten Tage des gealterten deutschen Schriftstellers Gustav von Aschenbach und seine Begegnung mit dem polnischen Knaben Tadzio. Mann schrieb den Text unter dem Eindruck der Berichte von Gustav Mahlers abgebrochener USA-Reise und seiner Fahrt über den Atlantik zum Sterben nach Wien. In seiner Verfilmung 1971 verstärkte der Regisseur Luchino Visconti Manns Anspielungen auf Mahler, machte aus dem Schriftsteller Aschenbach einen Komponisten und wählte als Filmmusik das Adagietto aus Gustav Mahlers fünfter Symphonie. Zu diesem Zeitpunkt begann eine verstärkte Rezeption des Mahlerschen Werkes, etwa durch den besonderen Einsatz von Leonard Bernstein, in den Konzertsälen der Welt. Mit dem Film erreichte Mahlers Musik eine ungeahnte Popularität. Visconti wählte das Stück mit Bedacht, denn Mahler zitiert Wagner, das Blickmotiv aus dem *Tristan*, und es sind, anders als im literarischen Text, gerade die Blicke zwischen Aschenbach und Tadzio, die im Film eine große Rolle spielen.

Und auch Thomas Mann hatte wohl das Ende Wagners in Venedig im Hinterkopf, als er seine Novelle schrieb, den raschen Verfall eines Künstlers mit abgeschlossenem Werk. Wagner war nach der Uraufführung des *Parsifal* nach Venedig gereist. Sein Ende ist gut dokumentiert. Die letzten schriftlich niedergelegten Worte Richard Wagners handelten vom Emanzipationsprozess des Weibes, der, wie er meinte, nur »unter ekstatischen Zuckungen« vor sich geht. Wagner fasst sein Leben und sein Werk in den beiden letzten niedergeschriebenen Worten zusammen: »Liebe. Tragik ...« Seine letzten ausgesprochenen Worte sollen allerdings »Meine Uhr!« gewesen sein. Die Nachricht vom Ableben des Komponisten wurde von Georg, dem Diener, mit dem Satz »Es ist alles aus« überbracht. Wagner starb am 13. Februar 1883.

Thomas Manns *Tod in Venedig* kam in den 1970er Jahren nicht nur ins Kino, sondern auch auf die Opernbühne. Der britische Komponist Benjamin Britten veroperte 1973, drei Jahre vor seinem Tod, den Stoff. Kenner seiner Person vermuteten, dass er auch die Erfahrung eigener Begehrlichkeiten seines Lebens in diese Musik eines großen Abschiednehmens von der Welt einfließen ließ.

Die oft als morbide wahrgenommene Lagunenstadt Venedig sprach aber auch künstlerisch eher kraftstrotzende, lebenszugewandte Persönlichkeiten an. Igor Strawinsky ist nicht in Venedig gestorben, dennoch ist er auf dem russisch-orthodoxen Friedhof San Michele beigesetzt. Er hatte dies testamentarisch so bestimmt, vielleicht in Erinnerung an die erfolgreichen Uraufführungen des Ballettes *Orpheus* und der Oper *The Rake's Progress*, die hier stattgefunden hatten.

Doch Venedig ist nicht nur rückwärtsgewandt und todesversessen. Seit 1930 findet die Biennale Musica statt, die analog zur weitaus berühmteren Biennale für zeitgenössische Kunst ins Leben gerufen worden war. Die Biennale hat sich im letzten Dreivierteljahrhundert nicht der Vergangenheit gewidmet, sondern dem Neuen.

Der »Tod in Venedig« kann allerdings auch ein lukratives Geschäft sein: Die Barockoperkennerin Donna Leon hat ihm bislang (auf deutsch) 16 Krimis gewidmet (→ Commissario mit Opernfaible). Alle werden übrigens durch ein Zitat aus einer Mozartoper eingeleitet, nicht etwa durch eine Reminiszenz an einen Venezianer.

Langsamkeit, die Entdeckung der

John Cage war der große Außenseiter der internationalen Musikwelt im 20. Jahrhundert. Wo andere die immer komplexere Beherrschung des musikalischen Materials anstrebten, entwickelte er offene Formen, setzte dem Machen das Hören entgegen. Seine Stücke heißen *Music of Changes, First Construction in Metal* oder *In a Landscape*. Andere sind nach ihrer Dauer benannt, *31'57.9864" für einen Pianisten* und *27'10.554" für einen Schlagzeuger*. Auch wenn er in den Titeln an die Tradition erinnert, erscheint

Unerwartetes. In der *Water Music* kommt anders als bei Georg Friedrich Händel echtes Wasser zum Einsatz. Die *Sonatas and Interludes* nutzen auf der Suche nach neuen Klängen ein präpariertes Klavier, das mit Nägeln, Radiergummies, Folien und Stoffen auf den Saiten die Entfernung zwischen Tasteninstrument und Schlagzeug kaum merklich überbrückt. Bezeichnenderweise nutzte Cage seine I-Ching-Stäbchen und das chinesische Orakelbuch zum Festlegen von Tonhöhen oder Besetzungen. Von ihm stammt das berühmteste Stille-Stück der Musikliteratur (→Vier Minuten dreiunddreißig). Und ein 1985 zunächst für Klavier geschriebes Werk, das er später für die Orgel umarbeitete, betitelte er mit der merkwürdigen Abkürzung *ASLSP*. »As slow as possible« lautet die Spielanweisung.

Aufführungsdauer: 639 Jahre

Doch wie langsam ist das? Die Frage ist Ausgangspunkt für ein Projekt, das in Halberstadt am 5. September 2001 gestartet wurde. An diesem Tag begann die Aufführung von *Organ 2/ASLSP* in der Burchardikirche mit dem Einschalten des Gebläses der neuen Orgel der Firma Seifert, Kevelaer. Das Stück soll 639 Jahre dauern. Warum genau so lange? Die Antwort bringt ein historisches Datum in Erinnerung. Als man das Projekt in Angriff nahm, im Jahr 2000, waren es genau 639 Jahre her, seit 1361 die erste Blockwerksorgel im Halberstadter Dom gebaut wurde. Nach dem feierlichen Einschalten der Orgel im September 2001 geschah erst einmal 17 Monate gar nichts, genauer: Es war nichts weiter zu hören. Denn Cage lässt das Stück mit einer Pause beginnen. Damit befindet er sich in guter Gesellschaft, auch Beethovens Fünfte beginnt mit einer Achtelpause und Mauricio Kagel hatte mal in einem Interview behauptet »Am Anfang war die Pause« (→Urknall). Erst am 5. Februar 2003 war etwas zu hören. Es ertönte ein gis, übrigens genau jener Ton, der Menschen mit absolutem Gehör am meisten Schwierigkeiten bereitet (→Absolutes Gehör).

Inzwischen wird in Halberstadt jeder Tonwechsel und jede Pause mit einem Fest gefeiert, wie am 5. Juli 2008, als man den neuen Ton mit einer Glockenperformance von den Halberstädter Kirchtürmen herunter begrüßte. Die weiteren Termine, an denen sich etwas ändert, sind am 5. November 2008, 5. Februar 2009, 5. Juli 2010, 5. Februar 2011.

Das Projekt, mit einer geplanten Aufführung weit über die Lebenszeit aller heute Mitwirkenden hinaus, ist für die Veranstalter mehr als nur der Versuch, ins Guiness-Buch der Rekorde zu kommen. Als Zeichen, dass Menschen Verantwortung für die Zukunft übernehmen, werden Patenschaften für einzelne Jahre an Privatpersonen und Institutionen vergeben. Schon jetzt künden Tafeln an der Burchardikirche davon, wem die Aufführung in rund 500 Jahren gewidmet ist. Auf der Internetseite des Projektes sind bislang aber nur die geplanten Termine für die Klangwechsel bis zum Jahr 2071 aufgelistet.

Laute und andere Verhörer

Stille Post

Der Name »Laute« als Bezeichnung für ein Saiteninstrument beruht in Europa auf einem Hörfehler. Er ist ein Beispiel dafür, was passiert, wenn über Kontinente und Kulturen hinweg »Stille Post« gespielt wird. Begonnen hat die Geschichte des Hörfehlers zur Blütezeit der arabischen Welt. Ab dem 8. Jahrhundert bürgerte sich dort als Name für eine Kurzhalslaute »ud« ein, das arabische Wort für Holz oder für Stock. So außergewöhnlich scheint das Instrument gewesen zu sein, dass jeder wusste, wovon die Rede war, wenn nur das Material genannt wurde. Und so selten in den Wüsten und Oasenstädten die Bäume, dass Holz an sich bereits einen hohen Wert besaß, der auf das Instrument übertragen wurde. Da hatte es bereits eine längere Reise hinter sich, denn ursprünglich kommt es aus Persien, wanderte über Mekka in das neue Zentrum der arabischen Welt, nach Bagdad, ein und wurde eines der vielbeschriebenen Instrumente in der schöngeistigen Literatur.

Die Kreuzfahrer, die zwei Jahrhunderte lang ihre eigenen Staaten im Nahen Osten gebildet hatten und in permanentem Kriegszustand mit den Arabern lagen, hätten eigentlich Gelegenheit gehabt, das Instrument näher kennen zu lernen. Doch in ihren martialisch ins Land gesetzten Burganlagen bauten sie die ferne Heimat Europa nach und kümmerten sich wenig um Kulturaustausch. Einzig in Fragen der Technologie, und das hieß Waffen- und Befestigungskunde, lernten sie vom Gegner. Nach der endgültigen Niederlage 1291 kehrten die Kreuzfahrer aus dem Orient zurück und brachten eine Fülle von Begriffen aus dem Arabischen mit, die in den europäischen Sprachen heimisch wurden, von Algebra bis Zucker. Die Kenntnisse über die Laute, waren nicht dabei.

Der Weg der fünfsaitigen Kurzhalslaute nach Europa führte über die iberische Halbinsel und das kulturelle Zentrum Cordoba. So wundert es nicht, dass sich im lange maurisch beherrschten Spanien recht früh mittelalterliche Abbildungen von Lautenspielern finden lassen. Reale Instrumente scheinen aber, neuesten Forschungen zufolge, eher über Süditalien auf den Kontinent gelangt zu sein.

Das Holz, »al-ud«, nannten die arabisch sprechenden Musiker das Instrument. Die Europäer übersahen, dass der bestimmte Artikel vor dem Namen mitgesprochen wurde, »der Ud« also.

Mehrfach übersetzter Hörfehler

Und dieser Hörfehler schleppte sich ab der Wende zum 14. Jahrhundert durch die verschiedensten Sprachen: Alaud, il liuto, luth, lute, Laute. Die vielen Quellenbelege zeigen: Es war ein beliebtes Instrument, und es war wandlungsfähig. Zunächst waren seine Saiten im Quartabstand gestimmt. Das entsprach den arabischen Vorlagen und der von ihnen übernommenen antiken Musiktheorie. Doch allmählich setzte sich eine neue Stimmung in Quinten durch, passend zu der sich herausbildenden neuen Harmonik, die besonders die Terzen und Quinten in der Musik bevorzugte.

Bei einer Sonderform der Laute kann man auch heute noch in die Gefahr geraten, durch falsche Ableitung in die Irre zu gehen. Bei der Zister. In den detaillierten Aufzeichnungen, die Johann Sebastian Bach über seine weitverzweigte Familie vornahm (→ Bache), wird der Ahnvater Veit Bach beschrieben. Er lebte im 16. Jahrhundert und spielte zum Vergnügen das »Cythringen«. Wie schnell ist dieses Instrument mit Zither übersetzt. Falsch übersetzt. Denn das Citherlein, Cithrinchen, Zyterchen, die Cithar, Siter, Zittarche, Zyther ist eine so genannte Kastenhalslaute. Bis ins 19. Jahrhundert lag man mit der Bezeichnung Zither dabei gar nicht mal falsch. Doch der Siegeszug der ostalpinen Gebirgszither, die ein zeitweiliges Modeinstrument auch im Flachland wurde, okkupierte den Namen. Um Verwechslungen auszuschließen, spricht man im Falle der Kastenhalslaute, dem Cytharingen, von einer Zister, weicht also auf die französische Bezeichnung cistre aus.

Ebenfalls auf eine falsche Fährte wird geschickt, wer in alten Texten den Namen Strohfidel liest. Bei dem Instrument, das auch unter dem Namen Gigelyra bekannt war, handelt es sich schlicht um ein Xylophon. Bei diesem waren früher die Holzstäbe auf einer Strohunterlage angeordnet. Der Klang muss so eigen gewesen sein, dass sich auch der Name »Hölzernes Gelächter« einbürgerte.

Letzte Ruhe

Wer in London berühmten Musikern der Vergangenheit die Ehre erweisen will, für den gibt es eine zentrale Anlaufstätte: die Westminster Abbey. Neben vielen anderen, die für das Britische Königreich von Bedeutung waren, wurden hier auch Händel & Co. mit Marmorplatten und Epitaphen gewürdigt. Henry Purcell (1659–1695), der hier als Organist gewirkt hatte, ist ebenso vertreten wie sein Vorgänger Orlando Gibbons (1583–1625). Außerdem verweisen Tafeln und Büsten u. a. auf William Croft (1678–1727), Michael Balfe (1808–1870), Charles Villiers Stanford (1852–1924), Edward Elgar (1857–1934), Ralph Vaughan Williams (1872–1958), Benjamin Britten (1913–1976).

Sie alle wurden als verdienstvolle Bürger durch einen Beschluss für würdig erklärt, eine Grabstelle in Westminster Abbey zu erhalten. Georg Friedrich Händel hegte schon zu Lebzeiten keine Zweifel daran, in diesen Musentempel der englischen Kultur aufgenommen zu werden. Schließlich galt er, neben dem eine Generation älteren Henry Purcell, als der eigentliche Begründer der britischen Weltgeltung in der Musik. Er bestimmte in seinem Testament 600 Pfund für die Errichtung einer würdevollen Begräbnisstätte und setzte seine Aufnahme in den Ehrenort damit einfach voraus.

Auch Paris hat viele Musiker zentral und an prominentem Ort beigesetzt, auf dem Friedhof Père Lachaise. Musikpilger können unter anderem Jehan Alain, Charles Alkan, Daniel-François Esprit Auber, Gilbert Bécaud, Georges Bizet, Maria Callas (nur ein symbolisches Urnengrab), Frédéric Chopin (ohne Herz), Paul Dukas, George Enescu, Édouard Lalo, Francis Poulenc, Gioacchino Rossini die Ehre erweisen.

Wien lebt selbstredend von der Erinnerung an Wolfgang Amadeus Mozart. Sein Denkmal steht auf dem St.-Marx-Friedhof. Wo er genau beigesetzt ist, ist vergessen. Auf dem gleichen Friedhof findet man auch das Grab seines Mitarbeiters Franz Xaver Süßmayr. Aber auch Josef Strauß ist hier beigesetzt.

Ergiebiger ist die Suche nach berühmten Musikern auf dem Wiener Zentralfriedhof. Hier finden sich die Ehrengräber der Stadt Wien von Ludwig van Beethoven, Johannes Brahms, Christoph Willibald Gluck, György Ligeti, Antonio Salieri, Arnold Schönberg, Franz Schubert, Robert Stolz, Johann Strauß (Vater), Johann Strauß (Sohn), Franz von Suppé und Hugo Wolf.

Wer nach Berlin kommt, stellt bald fest, dass er sich auf der Suche nach den Ruhestätten der Komponisten weit mehr bewegen muss als in London, Paris oder Wien. Will man die Musikergräber alle kennenlernen, muss man einen Großteil der Stadt von Ost nach West und Nord nach Süd durchqueren. Es liegen

- auf dem Alten St.-Matthäus-Kirchhof Schöneberg, Großgörschenstr. 12–14: **Max Bruch und Xaver Scharwenka,**
- auf den Friedhöfen am Halleschen Tor (Jerusalem und Neue Kirche I–III, Dreifaltigkeitskirchhof),Mehringdamm, Kreuzberg: **E. T. A. Hoffmann, Felix Mendelssohn Bartholdy, Fanny Hensel geb. Mendelssohn Bartholdy,**
- auf dem Friedhof der Dorotheenstädtischen und Friedrich-Werderschen Gemeinden, Chausseestr. 126, Mitte: **Paul Dessau, Hanns Eisler, Rudolf Wagner-Regeny,**
- auf dem Friedhof der Kaiser-Wilhelm-Gedächtnis-Gemeinde, Fürstenbrunner Weg 69: **der Geiger Joseph Joachim,**
- auf dem Friedhof Pankow III, Leonhard Frank Str. 103: **der Arbeitersänger und »Barrikadentauber« Ernst Busch,**
- auf dem Friedhof Sophiengemeinde, Bergstr.29, Mitte: **Wilhelm Bach (Enkel J. S. Bachs), der Klavierbauer Carl Bechstein, die Komponisten Walter Kollo und Albert Lortzing,**
- auf dem Friedhof an der Sophienkirche, Sophienstr. 2–3, Mitte: **Carl Friedrich Zelter, der Gründer der Berliner Singakademie,**
- auf dem Neuen Dorotheenstädtischen Friedhof, Liesenstr. 9, Wedding: **Otto Nicolai,**
- auf dem Städtischen Friedhof Heerstraße, Charlottenburg, Trakehner Allee 1: **Eduard Künneke,**
- auf dem Städtischen Friedhof Wilmersdorf, Berliner Str. 81–103: **die Komponisten der leichten Muse Leon Jessel, Theo Mackeben, Will Meisel, Friedrich Schröder,**
- auf dem Südwestfriedhof der Berliner Synode, Stahnsdorf: **Hugo Distler und Engelbert Humperdinck,**
- auf dem Waldfriedhof Dahlem, Hüttenweg 47: **der Unterhaltungskomponist Werner Eisbrenner,**
- auf dem Waldfriedhof Zehlendorf, Potsdamer Chaussee 75–77: **Boris Blacher.**

Auf dem Friedhof der russisch-orthodoxen Gemeinde in Tegel steht eine Säule mit der Büste von Michael Glinka. Der Schöpfer der ersten russischen Nationaloper *Ein Leben für den Zaren* war 1857 in Berlin gestorben und beigesetzt worden. Nachdem sein Leichnam nach St. Petersburg überführt worden war, wurde dem Andenken des Musikers dieses Denkmal gestiftet.

Nicht alle Ruhestätten sind endgültig, nicht alle enthalten das, was darin vermutet wird:

Haydns Kopf

Joseph Haydn starb 1809. Die Straße in Wiens Stadtteil Gumpendorf, in der er gewohnt hatte, heißt heute Haydngasse, sein Haus ist das Haydnhaus. Der Hundsturmer Friedhof, auf dem er beerdigt ist, ist heute ein aufgelassenes Gelände und heißt dementsprechend Haydn-Park. Dies alles lässt auf einen respektvollen Umgang der Wiener mit ihrem verehrten Musiker schließen. Das war nicht immer so. Denn Haydns Ableben wurde von einer Reihe von unglücklichen Umständen begleitet und nach seinem Tod wurde sein Leichnam sogar Opfer einer kriminellen Handlung.

Haydn starb während der Besetzung Wiens durch die napoleonischen Truppen (→Napoleon ist an allem Schuld). Im allgemeinen Durcheinander wurde Haydn nicht, wie von der Musikwelt erwartet, erster Klasse beigesetzt, sondern lediglich »einfach, aber würdig«, wie es in einer zeitgenössischen Beschreibung heißt. Die Wiener wandten sich wieder dem Alltag zu.

Erst die anhaltende Bewunderung, die Haydn in der musikalischen Welt weiterhin genoss, erinnerte den früheren Dienstherrn, Fürst Nikolaus II. von Esterházy, an das Genie. Er spürte die Verpflichtung, die das Haus Esterházy für den Nachruhm des ehemaligen Bediensteten übernehmen musste.

So ließ er 1820 Joseph Haydn exhumieren und die Gebeine nach Eisenstadt überführen. Doch bei der Exhumierung fehlte unter der Perücke der Kopf des Komponisten. Er war, wie die Spurensicherung ergab, recht gewaltsam vom Rumpf getrennt worden.

Als Urheber dieser Tat konnten bald der frühere Sekretär im Hause Esterházy, Josef Karl Rosenbaum, und der Verwalter des Provinzialstrafhauses Wien, Johann Nepomuk Peter, ausfindig gemacht werden. Diese hatten den Totengräber und die zuständigen Beamten bestochen und acht Tage nach der Beisetzung den Kopf entwendet, Peter hatte ihn präpariert und auf einem Samtkissen in einem Holzkästchen aufbewahrt. Da das Versteck des gestohlenen Schädels nicht zu ermitteln war, wurde Haydn kopflos nach Eisenstadt überführt und dort beigesetzt.

Zu dieser Zeit machte der Schädelforscher Franz Joseph Gall in Wien von sich reden. Er ging von einem direkten, messbaren Zusammenhang von Schädelform und intellektuellen wie musischen Fähigkeiten aus. Wenn dies wahr gewesen wäre, so spottete der Satiriker E. W. Heine in seinem Buch *Wer ermordete Mozart?* (Zürich 1984), müsste Peter »einen Kopf wie eine Pellkartoffel gehabt haben«. Sowohl Peter als auch Rosenbaum gehörten zu den Anhängern dieser später unter rassistischem Vorzeichen wieder aufgegriffenen Lehre. Rosenbaum hatte selbst eine ansehnliche Schädelsammlung.

Nachdem die Polizei den beiden auf die Schliche gekommen war, übergab der Präparator und Hadyn-Fan der Öffentlichkeit einen Schädel. Dieser wurde bis 1954 im Grab des Komponisten aufbewahrt. Es war ein falscher, namenloser Schädel, nicht derjenige Haydns.

Der echte Schädel blieb in Privatbesitz. Aus Angst vor Entdeckung wagten weder Peter noch seine Witwe, den ursprünglichen Auftrag des Sekretärs Rosenbaum auszuführen und das Relikt dem Wiener Musikkonservatorium zu übergeben. Erst 1895 gelangte der Schädel in den Besitz der Gesellschaft der Musikfreunde in Wien.

In einem großen Festakt wurde der echte Schädel 1954 schließlich in Eisenstadt mit dem Körper von Joseph Haydn vereint. Es war eine Demonstration der Kulturnation Österreich, die noch vor der ein Jahr später wiedererlangten Souveränität zu vergessen suchte, wie sehr sie Anteil an den großdeutschen Phantasien und den Verbrechen der Nationalsozialisten hatte.

Chopins Herz

Anders als bei der unfreiwilligen Odyssee von Haydns Schädel ist die unvollständige Beisetzung bei Frédéric Chopin ein Wunsch des Komponisten selbst gewesen. Chopin wollte, dass sein Körper auf dem Pariser Prominentenfriedhof Père Lachaise die letzte Ruhe finden, sein Herz aber nach Warschau überführt werden sollte. Er verstand sich als Bürger zweier Kulturen: als Sohn einer Polin und eines Franzosen, als Komponist, der in Frankreich gefeiert wurde, der aber zugleich die polnische Musiktradition in die weltläufigen Salons und Konzertsäle Europas gebracht hatte. Nachdem Chopin Ende Oktober 1849 in Paris zu Grabe getragen worden war, nahm seine Schwester das in Spiritus eingelegte Herz des Komponisten mit nach Warschau. Ein großformatiges, gleichwohl schlicht gehaltenes Grabmal in der Heiliggeistkirche der polnischen Hauptstadt markiert den Ort, an dem das Herz Chopins beigesetzt ist. Für nationalbewusste Polen ein Zeichen, dass der Weltbürger aus Paris emotional immer ein Pole geblieben ist. Sie verweisen auf die angegebene Bibelstelle Matthäus 6,21. Sie lautet: »Denn wo euer Schatz ist, da ist auch euer Herz.« Chopin bekennt sich durch seinen letzten Willen in einer Zeit fehlender Eigenstaatlichkeit zu einem Land, das nach den Teilungen zwischen Preußen, Österreich und Russland im 19. Jahrhundert nur als Kulturnation überleben konnte.

2006 erschien in Hamburg der Roman *Das Herz von Chopin*. Der aus Polen stammende, in Deutschland lebende Autor Artur Becker schildert darin die Erlebnisse eines Mannes, der 1983 nach Deutschland übergesiedelt ist. Als Gebrauchtwagenhändler in seiner neuen Heimat muss er erfahren, dass er wohl die Orte wechseln kann. Die Gefahr jedoch bleibt, dass sich sein altes Leben und seine Illusionen wiederholen. Dieser Mann heißt mit Spitznamen Chopin. Anspielungen auf den Klaviervirtuosen und Komponisten gibt es im Roman einige. So heißt sein Stammcafé in Bremen beispielsweise *Piano* und seinen Namen hat er von einem Freund bekommen, der seine zu Berge stehenden Haare einst mit dem Satz kommentierte: »Hey! Du siehst so stinkegeil aus wie der Chopin nach seinen Konzerten.« Für einen zwischen den Kulturen sich bewegenden Menschen wie den Gebrauchtwagenhändler Chopin – und wie gleichermaßen den Autor Artur Becker – ist die Geschichte um das vom Körper getrennt beigesetzte Herz des Komponisten auch heute noch eine zutreffende Metapher.

Libretto-Kaiser

Er dominierte über mindestens ein Jahrhundert hinweg die europäische Opernlandschaft. Dabei hat er selbst keine einzige Note komponiert. Die Rede ist vom Librettisten Metastasio. Eigentlich hieß er Pietro Antonio Domenico Bonaventura Trapassi und wurde 1698 geboren. Früh erhielt er eine umfangreiche kulturelle Bildung. Seine Verehrung für die griechische

Antike und ihre Literatur zeigte er mit 17 Jahren durch die Änderung seines Namens. Aus italienisch Trapassi wurde von nun an griechisch Metastasio. Diese Hinwendung wurde von den Zeitgenossen durchaus anerkannt. Auf seinen Tod erschien eine Gedenkmünze, die mit der Bezeichnung »Sofocle italico«, italienischer Sophokles, an den mittleren der drei großen Tragödiendichter der griechischen Antike erinnert.

Gefördert wurde Metastasio von seinem Taufpaten, Kardinal Ottoboni. In dessen Palast trafen sich die führenden Künstler Roms und die angereisten Gäste. Bei Ottoboni fand auch der denkwürdige Tasteninstrumentenwettstreit zwischen Georg Friedrich Händel und Domenico Scarlatti statt (→ Wettkampf, musikalischer). Aus Dankbarkeit, wohl aber auch um Karriere zu machen, empfing der junge Metastasio die niederen geistlichen Weihen.

Metastasio beherrschte im 18. Jahrhundert die europäische Opernlandschaft als Librettist. Erst freischaffend, dann in Wien unter Kaiser Karl VI., schließlich vierzig Jahre lang als Hofdichter Maria Theresias, entwickelte er seine Operndramaturgie. Ausgehend von dem Chaos der Textbücher zu Beginn des Jahrhunderts mit ihren kruden Handlungen, eingeschobenen Zwischenspielen und holzschnittartigen Figuren in holpriger Sprache suchte er nach einer überzeugenderen Lösung. Er schuf ein Modell der ernsten Oper, der opera seria, das so überzeugend war, dass sich die Komponisten um seine Libretti rissen.

Mit ihnen bildete sich von nun an eine klare Struktur der Werke heraus. Die Handlung entwickelt sich als Intrige in den Dialogen, die als Rezitative angelegt sind. Die Arien, die den Empfindungen Raum geben, grenzen sich dagegen deutlich ab. Ständig wechseln die Affekte, wie in einer Folge von Videoclips wischt die Wirkung der aktuellen Arie die der vorhergehenden (zumindest dramaturgisch) aus. Es herrscht in diesen Opern jene Hierarchie, die auch außerhalb der Bühne in der Gesellschaft existiert. Oben der Herrscher, der am Ende gegebenenfalls den dramaturgischen Knoten durch Gnadenakte oder durch persönlichen Verzicht durchschlagen kann. Darunter in der Regel zwei Paare, ein etwas ernsteres und ein etwas leichtfüßigeres. Den Boden dieser Gesellschaftspyramide bilden Diener, untergeordnete Militärs, aber auch andere Nebenfiguren als Stichwortgeber für die Arien der Hautrollen. Der hierarchischen Stellung entspricht die Zahl der Arien, die für jede

Rolle vorgesehen ist. Für den über den Dingen stehenden Herrscher sind drei oder vier Arien üblich. Beim ersten Paar haben beide je fünf Arien zu singen, die Seconda Donna und der Secondo Uomo je eine weniger. Den dienenden Figuren wird für ihre Kärrnerarbeit in den Rezitativen gerade mal eine einzige Arie gegönnt. Meist werden in den Texten Vergleiche angestellt: »so wie der Wind ..., so meine Gefühle«; »so wie der Adler nach dem Nest, so ich nach langer Fahrt nach Hause« etc.

Da die Musiklandschaft des 18. Jahrhunderts so ausgerichtet war, dass an den Theatern in der Regel Novitäten gefordert waren, wurden die Textbücher immer wieder aufs Neue vertont. Metastasio verfasste nur 27 Drammae per musica, acht Oratorientexte und einige kleinere so genannte Azioni oder Feste teatrali. Seine großen Seria Libretti mit ihren Themen der griechischen und römischen Mythenwelt und der Geschichte wurden im Zeitraum eines guten Jahrhunderts in Europa über 800 Mal vertont, die Oratorientexte mehr als 300 Mal, zwischen Italien, dem Habsburgerreich und Russland. Und zwar von den erstrangigen Komponisten. So die *Didone abbadonata* (die Geschichte der von Aeneas verlassenen Königin Karthagos, nach Vergil) unter anderem von Albinoni 1725, Hasse 1742, Jommelli 1747, Sarti zweimal, 1762 und 1782, Piccini 1777, Paisiello 1794, Mercadante 1823. Der *Ezio* wurde von Hasse, Händel, Gluck und C. H. Graun in Musik gesetzt. Die Abenteuer von Alexander dem Großen auf seinem Weg nach Indien inspirierten Händel, Gluck, Johann Christian Bach (den jüngsten Sohn des Thomaskantors). (→Historische Momente auf dem Theater)

Kleiner disponierte Stücke wie *La vera costanza* wurden am Hofe von Esterházy unter Leitung von Joseph Haydn realisiert. Und so fort. Als Wolfgang Amadeus Mozart 1791 in seinem letzten Lebensjahr den Auftrag einer Krönungsoper erhielt, wurde der Text *La clemenza di Tito* gewählt, ein bereits unzählige Male vertontes Libretto, das im Gewand der Antike die sprichwörtliche Milde des Herrschers feiert. Da war die Zeit bereits über das Theater Metastasios hinweggegangen. Er selbst hatte erleben müssen, wie seine letzte Oper, in Zusammenarbeit mit Johann Adolf Hasse in Mailand zur Hochzeit des Erzherzogs 1771 entstanden, beim Publikum floppte. Der damals 15-jährige Mozart übertrumpfte mit *Ascanio in Alba* das altehrwürdige Team. 1782 starb Metastasio in Wien, noch 40 Jahre lang suchten immer wieder Komponisten ihr Heil in seinen geschliffenen Libretti. Das bürgt für die Qualität der Texte, in denen emotionale Zustände präzise auf den Punkt gebracht werden. Wenn auch in einem harmonischen Gesellschaftsmodell, in dem ein dramatischer Konflikt auf dem Theater nur durch Störung der Ordnung und die Lösung durch Wiederherstellung eben dieser Ordnung denkbar scheint.

Als der eindimensionale Blick auf Charaktere und Persönlichkeiten immer unglaubwürdiger geworden war, lebensnähere Stoffe auf die Bühne drängten und infolge der Französischen Revolution die Gesellschaft sich drastisch veränderte, haftete dem einstigen Star, der die Oper vor dem Chaos gerettet hatte, der Geruch des Reaktionärs an.

Longfellow

→ Eine Sprache, die alle Welt versteht

Ludwig: Komponieren am Bildschirm

Beethoven würfelt nicht, hätte der Freizeitgeiger Albert Einstein wohl gesagt. Tatsächlich ist der Titan unter den Wiener Komponisten wahrscheinlich derjenige, der die Bedeutung der individuellen Schöpfung in der Musik wohl am höchsten eingeschätzt hat.

Doch es klopft nicht das Schicksal an die Pforte, wenn das Computerprogramm *Ludwig* aktiviert wird. Matthias Wüllenweber und Jan-Peter Klöpfel haben es entwickelt. Wüllenweber ist bereits mit seinem Schachprogramm *Fritz* erfolgreich. Der Computer berechnet dabei die Stellung der eigenen Figuren auf dem Brett und spielt Varianten des Gegners durch. Er sucht seine Züge an ein ideales Spiel anzupassen und arbeitet neue Tricks menschlicher Spieler ein.

Und *Ludwig? Ludwig* komponiert. Nach dem gleichen Prinzip. Ist erst einmal Stil, Besetzung, Tonart ausgewählt, entscheidet der Computer, welche »richtigen« Töne in einer Melodie ausgewählt werden. Wie bitte? Das Ganze hat wenig mit jenem Zeitvertreibt zu tun, der während der Aufklärung in der zweiten Hälfte des 18. Jahrhunderts als »Musikalische Würfelspiele« so beliebt wurden (→ Würfelkomponisten). Dort fügte der Spieler aus einer Konfektionsware von fertigen Takten die erwürfelten aneinander. Bei Wüllenweber berechnet Ludwig immer wieder neu, was stimmt. Aus einem Variantenbaum wählt das Computerprogramm nach einer bestimmten Anzahl von Takten die beste Lösung aus.

Woher weiß der Computer das? Anders als beim Schachspiel kann eine Melodie nicht plötzlich schachmatt gehen, also objektiv »falsch« sein. Oder doch? Das Programm *Ludwig* wurde von seinen Erfindern mit speziell ausgewählter Fachliteratur gefüttert. Und die stammte nicht aus dem Umfeld der Aleatorik (→ Aleatorik), bezog nicht Schönbergs Methode der »Komposition mit 12 Tönen« ein, sondern basiert auf den Standardwerken von Hugo Riemann. Der damals führende Musiktheoretiker hatte Ende des 19. Jahrhunderts neben einem Lexikon vor allem eine Harmonielehre und eine musikalische Phrasenlehre vorgelegt. In diesen Schriften wurden gegen die »schrankenlose Willkür des Kunstschaffens« logische Regeln aufgestellt. Riemann glaubte im Zeitalter der Wissenschaftsgläubigkeit an Gesetze der Musik, die von innen heraus zu entdecken seien. Dass die Musik im Abendland sich hin zu Dur und Moll entwickelt hat, verstand er als notwendiges »Zu-sich-selbst-Kommen«. Daher postulierte Riemann in der Wiener Klassik das Ideal logisch durchdrungener Komposition, sowohl harmonisch, als auch im Gleichgewicht der strukturellen Proportionen. Mit den musikalischen Tendenzen, die folgten, konnte er nur bedingt etwas anfangen, mit Wagner etwa, ganz zu schweigen von Mahler oder den Neutönern nach der Jahrhundertwende.

Mit Riemanns Regeln angefüllt, ist *Ludwig* der ideale Vertreter eines akademischen Komponierens, wie es im späten 19. Jahrhundert an vielen Musikhochschulen gelehrt wurde. Weit auseinander liegende Tonarten schneiden auf der Bewertungsskala schlechter ab, Intervalle werden nach ihrer Nähe zum tonalen Zentrum bewertet. Das Ergebnis: Es hört sich an wie schon einmal gehört.

Nun passt dieses Verfahren zum Paradigmenwechsel in der Einschätzung kultureller Phänomene zu Beginn des 21. Jahrhunderts. In früheren Zeiten hatte ein Kunstwerk sich gegenüber der Tradition zu behaupten. Dann wurde die Dynamisierung der Entwicklung in der Musik seit dem 19. Jahrhundert mit dem Begriff »neu« verknüpft. Heute scheinen hingegen Wiedererkennbarkeit und Ähnlichkeit in Zeiten der Unübersichtlichkeit eine immer stärker werdende Forderung an die musikalischen Produkte zu werden. Insbesondere in der Popmusik ist der Bedarf an dem immer Gleichen unter Umgehung des Plagiats enorm. Wüllenweber sieht seine Erfindung allerdings eher als dienende Software für den etüdengeplagten Musikschüler. Indem ein bestimmter Schwierigkeitsgrad eingestellt werden kann, muss der Schüler nicht dauernd die gleichen Stücke üben.

Ist das Komponierprogramm *Ludwig* wie andere Versuche, mit Hilfe des Computers »Kreativität nach dem Gesetz« zu erzeugen, eine Bestätigung des Vorhandenen, so wollte der Komponist Herbert Brün mit seiner Computermusik einen anderen Weg gehen. Er nutzte Programme sowohl zum Erzeugen von Klängen, mit denen dann komponiert werden konnte, als auch zum Verschriften struktureller Prozesse in Form von Noten für ausführende Interpreten. Brün sah die Gefahr, dass ein großer Teil der unerhörten Musik aus dem Computer beliebig sein könnte, und betonte in seinem Buch »Musik und Computer« 1971: »Eine Komposition impliziert, ein Programm simuliert den jeweils angenommenen Stand des Komponierens. Das Programm soll enthalten, was alle Komponisten fordern, aber so, dass es den Forderungen eines bestimmten Komponisten folgen kann.« Brün hält schließlich daran fest, dass die Entscheidungen am Ende doch vom Menschen und nicht von der Maschine getroffen werden.

Lustige Witwenpest

Wiens bissigster Publizist, Karl Kraus, meinte mit den »Zeiten der lustigen Witwenpest« eigentlich den Erfolg von Franz Lehárs Operette (in: *Die Fackel* Nr. 274, 27. 2. 1909). Bis heute ist das Werk über 300 000 Mal aufgeführt worden. Doch das Kraus'sche Bonmot eignet sich ebenso gut als Anspielung auf das Wirken der meist deutlich jüngeren Witwen bedeutender Komponisten.

Konstanze Mozart

Konstanze Weber, verheiratete Mozart, später dann verheiratete Nissen, war beim Tod von Wolfgang Amadeus 1791 29 Jahre alt. Sie hat unter den Mozartbiographen nicht viele Freunde, werfen diese ihr doch oft vor, die wahre Bedeutung des Komponisten verkannt zu haben. Ihre ausweichenden Bemerkungen zum so genannten Armenbegräbnis Mozarts und ihr Versuch, das nicht immer unkomplizierte Verhältnis der Eheleute zu glätten, sowie der bereitwillige Verkauf von Autographen ließen an ihrer Loyalität Wolfgang Amadeus gegenüber zweifeln. Immer wieder wird die Vermutung erörtert, Franz Xaver Süßmayr, der Mitarbeiter Mozarts an seinen letzten Werken, sei der Vater des Kindes Franz Xaver Mozart. Konstanze Mozart vermarktete den Sohn später als Wolfgang Amadeus den Jüngeren. Da konnte er nur verlieren. Aber die unklare Herkunft und das weitere Leben zwischen Wien und Lemberg bietet auch Stoff für Romane. Dieter Kühn, in literarischen Künstlerbiographien durch seine Arbeiten von Oswald von Wolkenstein bis Clara Schumann ausgewiesen, hat 2008 unter dem Titel *Ein Mozart in Galizien* reflektiert, wie sich die überlieferten Fakten zu den darin enthaltenen Erzählangeboten stellen.

Konstanze Mozart heiratete später den dänischen Diplomaten Georg Nikolaus Nissen und ging mit ihm nach Kopenhagen. Sie autorisierte Nissen, eine Mozartbiographie herauszugeben. Konstanze überlebte auch ihren zweiten Mann und starb 1842.

Clara Schumann

Clara Schumann überlebte ihren in der Nervenheilanstalt Endenich bei Bonn verstorbenen Mann Robert um 40 Jahre. Sie stellte schon zuvor ihr eigenes Komponieren gänzlich ein und konzertierte bis in die 1880er Jahre als Pianistin. Sie gab die Werke Robert Schumanns heraus und prägte den Stil seiner Interpretation maßgeblich mit. Inwieweit eine immer wieder von Biographen zögerlich angedeutete Liebesbeziehung zu Johannes Brahms letztlich der Auslöser für den Wahnsinn Roberts gewesen ist, lässt sich wohl nur schwer rekonstruieren. Unter den »Witwen« kann man sie zu den sorgfältigen Nachlassverwaltern zählen. Allerdings ist sie mit verantwortlich dafür, dass die Ehe zwischen Robert und Clara Schumann in der Folgezeit romantisch verklärt wurde.

Cosima Wagner

Cosima Wagner war 46 Jahre alt, als ihr zweiter Mann Richard in Venedig starb. Nach seinem Tod herrschte sie unumschränkt auf dem Grünen Hügel von Bayreuth. Kein Jota durfte an den Inszenierungen geändert werden, denn mit der Musiktheateridee ihres Mannes schien ein unüberbietbarer Gipfel erreicht zu sein. So sind ihre Neuinszenierungen der Ringopern 1896 voll von jenem längst inaktuellen Bombast, der das Klischee der germanischen Walküren bis heute negativ bestimmt. Cosima erlebte nach dem Ersten Weltkrieg auch noch die Wiedereröffnung Bayreuths 1924. Da hatte sie allerdings längst den Kontakt zur Wirklichkeit verloren. Cosima Wagner starb 1930.

Alma Mahler-Werfel

Von Alma Mahler-Werfel sind 17 Lieder aus ihrer Jugendzeit überliefert, die sie als eine durchaus einfallsreiche Komponistin ausweisen. Doch hat sie nach der Begegnung mit Gustav Mahler zu komponieren aufgehört. Dafür pflegte sie sich um so stärker um die rechte Erinnerung an ihren ersten Mann zu kümmern. Mal gab sie die Rechte zur Vervollständigung der zehnten Symphonie frei, mal sperrte sie sie wieder.

Adele Strauß

Adele Strauß, die dritte Gattin des »Walzerkönigs« (→ Coburgs Walzerkönig), verteilte nach seinem Tod bereitwillig Aufträge für Neutextierungen seiner Operetten, etwa durch Felix Salten, aber auch für neue Stücke, zu denen dann willkürlich Musik aus dem Straußschen Gesamtwerk ausgesucht wurde. Diese Zweitverwertung von musikalischen Ideen ihres Mannes befriedigte die Sucht der Öffentlichkeit nach Neuem, diente aber zugleich einer fortschreitenden Vermarktung des Labels »Johann Strauß Jr.« Felix Salten, Autor so unterschiedlicher Bücher wie dem Rehmärchen *Bambi*, der literarischen Sozialstudie über den *Wurstlprater* oder der pornographischen Erzählung der Erlebnisse einer *Josephine Mutzenbacher*, hatte ein genaues Gespür dafür, was die Wiener wollten – und was in der Straußschen Musik enthalten war.

Adele Strauß gab auch eine autorisierte Biographie in Auftrag und retuschierte den erotischen Lebemann zum braven Gemahl. Rudolph Freiherr von Procházkas Buch erschien bereits ein Jahr nach dem Tod von Johann Strauß in Berlin, kurz nach der Uraufführung der mit Musik des Walzerkönigs zusammengestellten Operette *Wiener Blut*. Procházka durfte denn auch das Selbstbildnis der Adele in die Welt hinaustragen. Etwa über die ersten Begegnungen des jungen Mädchens mit dem Star der Wiener Musikszene: »Adele hatte früher schon bewundernd zu dem berühmten Komponisten emporgesehen, der im Hause des Freundes öfter Gelegenheit hatte, sich an dem lebhaften Verständnis der jungen Frau für seine Künstlerschaft zu erfreuen.«

Vera Kalman
Einzi Stolz

Nach dem Zweiten Weltkrieg waren Witwen besonders gefragt, um in Evergreensendungen in Rundfunk und Fernsehen das Erbe ihrer Männer zu transportieren. Durch ihre Medienpräsenz trugen etwa die sich stets im Stil der 20er Jahre schrill schminkende Vera Kalman und die bodenständig mädchenhaft wirkende Einzi Stolz viel zur Popularität der Operettenkomponisten Emmerich Kalman und Robert Stolz bei. Dass dabei aber auch eine gewissen Aversion bei Teilen des Publikums gegenüber den immer wieder erzählten verklärenden Anekdoten entstand, soll nicht verschwiegen werden.

M

Mannheimer Raketen

Pyrotechnische Hilfsmittel brauchte die Musik, die am kurpfälzischen Hof in Mannheim Mitte des 18. Jahrhunderts komponiert und aufgeführt wurde, nicht in Anspruch zu nehmen. Unter maßgeblichem Anteil böhmischer Musiker, allen voran Johann Stamitz und seine Söhne Anton und Carl, war eine Qualität und Innovationsfähigkeit erreicht worden, die Kollegen aus nah und fern anlockte. Als »Mannheimer Raketen« wurden schon damals unter Musikerkollegen jene pfeilschnell nach oben gerichteten Dreiklangsbrechungen bezeichnet, mit denen viele dort entstandene Instrumentalwerke beginnen. Mozart, der 1763 Mannheim besuchte, übernahm diesen von ihm als ungemein aufregend empfundenen Effekt. Er verwendete einen solchen fanfarenartigen gebrochenen Akkord noch Jahre später etwa in seiner vorletzten Sinfonie KV 550 aus dem Jahre 1788 für den Beginn des letzten Satzes. Zu diesem Anfang existiert auch ein später erfundener Text. (→Kaffeewasserfuge) Und Beethoven steigt in seiner ersten Klaviersonate f-Moll op.2/1 auf ähnliche Weise in den Ring: Eine aufsteigende Dreiklangsbrechung endet in einem Schnörkel, ein zweiter Anlauf ebenso, in Takt 5 wird nur dieses obere Ende wiederholt, ehe sich die Spannung allmählich auflöst. Beethoven mag solche Anfänge, weil sie seinen Melodien ungeheuere Energie zuführen, damit diese nicht zum Stillstand kommen. Von selbst scheint in seiner Musik nämlich nichts zu gehen, immer muß nachgeholfen werden – ein musikalischer Ausdruck des Dampfmaschinenzeitalters. Ganz anders ist dies bei Mozart, dessen Melodien, einmal angestoßen, davoneilen, als wären sie schwerelos. Und doch nutzen beide Komponisten jene Erfindung aus Mannheim.

Marseillaise

Sie ist vielleicht die berühmteste Nationalhymne der Welt: die Marseillaise. Und sie wurde im Laufe der Zeit von den verschiedensten Parteien vereinnahmt. In Umdichtungen diente sie selbst als antifranzösisches Kampflied deutscher Patrioten im Befreiungskrieg 1813. Zur Beisetzung des infolge eines Duells gestorbenen deutschen Sozialdemokraten Ferdinand Lassalle erklang eine Arbeitermarseillaise. Und zahlreiche Komponisten nutzten die Bekanntheit der Melodie: Robert Schumann zitiert sie in seiner Heine-Vertonung *Die beiden Grenadiere* als wehmütige Erinnerung der abgekämpften Soldaten. Peter Tschaikowsky nutzt sie zusammen mit der Zarenhymne, um die beiden miteinander kämpfenden Armeen in seiner *Ouverture solennelle 1812* akustisch auseinanderzuhalten. Johann Strauss (Sohn) huldigt damit den revolutionären Studenten 1848 in Wien und muss sich vor der Polizei dafür verantworten.

Anders als bei vielen Nationalhymnen lässt sich die Entstehung der Marseillaise genau datieren. In der Nacht vom 24. zum 25. April 1792 schreibt Claude-Joseph Rouget de l'Isle (in manchen Quellen auch Lisle), Kapitän des Ingenieurkorps in der Garnison Hüningen, die erste Fassung nieder, am 29. April wird sie von der Nationalgarde auf dem Paradeplatz erstmals gespielt. Die Gattin des beauftragenden Bürgermeisters, Luise Dietrich, notiert in einem Brief an ihren Bruder, sie sei seit Tagen mit Notenabschreiben beschäftigt, schließlich stelle sie bereits Versionen für Klavier und andere Instrumente her. Ihr Mann, »der einen schönen Tenor« hat, sänge das Stück, es sei »ein besserer Gluck, lebhafter und munterer«.

Dieser *Chant de guerre pour l'armée du Rhin* wird recht positiv aufgenommen. Doch der durchschlagende Erfolg sollte aus Frankreichs Süden kommen. Es ist ein Freiwilligenbataillon aus Marseille, das im Juni auf seinem Zug nach Paris mit diesem Lied auf den Lippen die Provinz durchquert und für dessen Verbreitung sorgt. Als mit der Erstürmung der Tuilerien im August der König abgesetzt wird, dient das Lied zur Aufpeitschung der Massen. Als Jakobinerlied hat die *Marseillaise* nach dem Sturz und der Hinrichtung Robespierres kurzzeitig keine Konjunktur, wird aber auf Beschluss des Nationalkonventes 1795 zum dritten Jahrestag der Erstürmung der Bastille als offizielle Nationalhymne anerkannt.

Napoleon Bonaparte mag das Lied nicht, weiß allerdings um die durchschlagende Wirkung. Er lässt die Marseillaise kurzerhand im Frühsommer 1800 beim beschwerlichen Übergang seiner Armee über den Großen Sankt-Bernhard-Pass spielen. Danach verliert die Revolutionshymne rasch an Rückhalt bei den staatlichen Stellen. Bei offiziellen Anlässen wird sie kaum noch gespielt. Sie taucht allenfalls in ausweglosen Situationen wie bei der Schlacht vor Waterloo oder aber bei den revolutionären Aufständen der Bevölkerung 1830 auf. Erst in der Dritten Republik wird die *Marseillaise* nach einer heftigen Debatte 1879 zur endgültigen Hymne Frankreichs.

Ihr Schöpfer, Claude-Joseph Rouget de l'Isle, kann den Erfolg nicht wiederholen, obwohl er sich weiter in der Hymnenproduktion übt. Damit begonnen hatte er schon 1789, als er ganz am Ende des Ancien regime König Louis XVI. mit einer Hymne huldigte. Elf Jahre später soll er dem Marseillaiseverächter Napoleon ein neues Lied komponieren, aus dem nach dem Willen des Kaisers der Franzosen die neue Nationalhymne hervorgehen soll. Doch der *Chant des Combats* kommt bei seiner Uraufführung 1800 nicht an.

L'Isle kann keinen kommerziellen Nutzen aus seiner Erfindung schlagen – dennoch gibt es kein Urheberrecht. Der Nationalkonvent hatte ihn zwar nach seinem Beschluß im Jahre 1795, die Marseillaise zur Nationalhymne zu erheben, mit der Zuwendung von zwei Geigen geehrt. Doch ein Jahr darauf wird er ohne Pensionsanspruch aus der Armee entlassen. Erst in der Zeit des Bürgerkönigs Louis-Philipp wird ihm in seinen letzten Lebensjahren eine Ehrenpension von 1500 Franc jährlich zuerkannt. Am 26. Juni 1836 stirbt Claude-Joseph Rouget de l'Isle in Choisy-le-Roi.

Mobilität, komponierte

Nicht alle Freizeitbeschäftigungen von Komponisten werden musikgeschichtlich bedeutsam. Dass Mozart Billard gespielt hat, hört man es seinen Noten an? Arnold Schönberg legte großen Wert auf die Tennismatches, die er mit George Gershwin in Los Angeles veranstaltete, und verbrachte darüber hinaus viel Zeit mit Tischtennis, Buchbinden und dem Entwerfen eines dreidimensionales Schachspiels. John Cage gewann einmal eine Quizsendung mit Fragen zu Pilzen. Hat deren stoisches Verhalten Auswirkungen auf seine Ästhetik? Wer viel ritt oder in der Kutsche fuhr (bis ins 19. Jahrhundert eine übliche Fortbewegungsart), bei dem mag dies Folgen für sein Rhythmusgefühl haben. Und die Jetsetinterpreten von heute? Manche Neueinspielung von Barockmusik, Vivaldi etwa, klingt, als würde der Solist auf der Autobahn permanent die linke Spur mit durchgedrücktem Gaspedal befahren.

Der Pianist Alfred Brendel sammelt Nippesfiguren. Hilft ihm dies bei der Interpretation von Schumanns *Kinderszenen,* weil er sie nicht naiv kindlich interpretiert?

Es gibt allerdings ein männliches Hobby, das durchaus Folgen für die Musikwelt hatte, die Leidenschaft für die Eisenbahn.

Von Antonín Dvořák ist bekannt, dass er ein Faible vor allem für große Lokomotiven hatte. Während seines USA-Aufenthaltes 1892–95 schaute er sich bei jeder Gelegenheit die technisch neuesten Marken an, die in New York Station machten. Seine Musik, darunter sein zu jener Zeit entstandenes berühmtestes Orchesterstück, die Symphonie *Aus der Neuen Welt* (→Neun, Mythos der Zahl), beeinflusste dies allerdings weniger.

Der Schweizer Komponist Arthur Honneger teilte das technische Hobby mit Dvořák, zugleich war sein Interesse an den Eisenbahnen enorm emotional aufgeladen und hatte unmittelbare Auswirkungen auf seine Musik. »Ich habe immer eine leidenschaftliche Liebe für Lokomotiven gehabt. Für mich sind sie lebendige Wesen, die ich liebe, wie ein anderer Frauen oder Pferde liebt.« Als besonderen Ausdruck seiner Liebe schrieb er 1923 sein nur ungefähr sechs Minuten währendes Orchesterstück *Pacific 231.* Benannt nach der offiziellen Seriennummer einer schweren Güterzuglokomotive schildert das Werk in fünf Abteilungen modellhaft eine Zugfahrt: Stillstand, ruhig – Anfahren, angestrengt – zunehmende Geschwindigkeit – Höchstgeschwindigkeit – Abbremsen und Anhalten. Honegger ging es dabei weniger um abbildende Programmmusik als darum, eine physische Erfahrung in eine rhythmische und melodische Struktur zu übersetzen. Die Verkürzung der Notenwerte beim Anfahren, die Verlängerung beim Ausbremsen ist jeweils auskomponiert, entsteht also nicht einfach durch Veränderung des Aufführungstempos. Honegger lehnte sich bei dieser »Maschinenmusik« an große Formen an und betonte die Nähe zu Johann Sebastian Bach, indem er das Werk als großen, figurierten Choral anlegte.

Pacific 231

Im privaten Gespräch machte Honegger allerdings zu seinem berühmtesten Stück andere Angaben. Die Deutung als Eisenbahnmusik sei vorgeschoben für ein begeisterungsbereites Publikum. In Wirklichkeit gleiche die musikalische Struktur von *Pacific 231* dem Ablauf eines Geschlechtsaktes. Ein wahrhaftiges Geständnis oder nur Geflunker eines Mannes, der seine erotisch aufgeladene Eisenbahnleidenschaft verbrämen wollte? Arthur Honeggers Konterfei jedenfalls ziert die 20-Franken-Note seiner Heimat Schweiz.

Noch mehr Eisenbahnmusik

Steve Reich, *Different Trains*. 1988 geschrieben, verarbeitet es Texte seines Kindermädchens, eines Schlafwagen-Schaffners und von Überlebenden der Judenvernichtung in Europa. Diese Texte, gesampelt und auf ihre musikalische Struktur untersucht, werden zu Melodien, die in repetitiver Weise von einem Streichquartett gespielt werden. Dazu kommen vom Tonband Sprachfetzen und Lokomotivgeräusche. Hier wird die reale Reise mit einem Zug allmählich umgeformt zu einer ritualisierten Form der Erinnerung.

Bereits in der Anfangszeit der Eisenbahn fasziniert das neue Fortbewegungsmittel die Musiker. Schon allein wegen seiner akustischen Möglichkeiten. So ist beispielsweise das Eigengeräusch der Lokomotive, aber auch der Effekt des Herannahens und Vorbeifahrens häufiger auskomponiert worden. Charles Valentin Alkan schreibt mit *Le Chemin de fer* in d-Moll 1844 eine Etüde für Klavier, Johann Strauß (Vater) unmittelbar nach der Eröffnung der ersten Strecke zwischen Nürnberg und Fürth im Jahre 1836 seinen *Eisenbahn-Lust-Walzer* op. 89. Gioacchino Rossini hingegen war eher ein Skeptiker gegenüber den technischen Neuerungen, insbesondere gegenüber dem Reisen mit der Bahn. Selbst seine Urne sollte, so überliefern Zeitgenossen, nach seinem Willen nicht auf diese hektische Weise transportiert werden. Rossinis kleines Klavierstück *Un petit train de plaisir (comico imitatif)* C-Dur steht im siebten Band seiner *Péchés de viellesse*, der späten Sammlung von »Sünden des Alters«. Darin verspottet er nicht nur die Leidenschaft vieler Komponistenkollegen, mit lautmalerischen Mitteln die Realität abbilden zu wollen, er dokumentiert auch seine eigenen Ängste vor der modernen Fortbewegung: Zunächst findet sich eine heitere Szene unter Verliebten, dann kommt es zu einem Bahnunglück, die Toten gelangen in den Himmel oder die Hölle und am Ende tanzen die Erben. Rossini nutzt das kurze Stück für eine gallige Abrechnung mit aktuellen Tendenzen der Musikwelt, die in den 1860er Jahren nicht mehr die seine ist.

Seit dieser Zeit sind das Schnaufen und Stampfen der Lokomotiven, der Rausch der Geschwindigkeit und die Hochstimmung beim Reisen in einer ganzen Reihe von Musikstücken eingefangen worden, z. B.

JOHANN STRAUSS, *Vergnügungszug*, Polka schnell op. 281 (1864)
EDUARD STRAUSS, *Bahn frei!* Polka op. 45 (1869)
HEITOR VILLA-LOBOS, *Bachianas brasileiras* Nr. 2: *O Trenzinho do Caipira* (Die kleine Eisenbahn von Caipira), *Toccata* (1930)
HILDING ROSENBERG, *Eisenbahnfuge für Orchester* (aus der Oper *Resa till America*, Stockholm 1932, für den Konzertsaal ausgekoppelt)
AARON COPLAND, *John Henry – A railroad Ballad* (1940)

Mozartkugel

→ Kulinarisches

Mozarts Rache

Für die Ablehnung seiner Oper *Le Nozze di Figaro* bei der Uraufführung 1786 in Wien (→ Durchgefallen) rächte sich Wolfgang Amadeus Mozart mit einem speziellen Spaß, der an die barocke Entlehnungs- und Zitierpraxis erinnert (→ Plagiatsverdächtig). In der Oper *Don Giovanni* lädt der legendäre Liebhaber im 2. Akt übermütig die Statue des von ihm getöteten Komturs zum Abendessen ein. Während er sich die Zeit des Wartens vertreibt, spielt im Hintergrund der Bühne ein kleines Kammerensemble. Zu hören ist zunächst Musik aus *La cosa rara* von Vicente Martín y Soler. Dieses Werk überstrahlte zu diesem Zeitpunkt in Wien den Misserfolg von Mozarts *Hochzeit des Figaro*. Der Diener Leporello erkennt die Musik und kommentiert *Una cosa rara*, also sinngemäß: »ein merkwürdiges Ding.« Er wird von Don Giovanni gefragt, was er von der Musik halte, und antwortet doppeldeutig, sie sei dem Ansehen des Frauenhelden ebenbürtig. Als zweites Stück im Hintergrund erklingt ein Zitat aus *Fra i due litiganti il terzo gode* (Wenn zwei sich streiten, freut sich der dritte) von Guiseppe Sarti, 1782 in Mailand uraufgeführt und daraufhin auf vielen Bühnen nachgespielt. Als schließlich Mozart sich selbst zitiert, *No più andrai* aus dem *Figaro*, lässt Leporello einen Satz fallen, der zum Titel einer anderen Oper wurde: *Die Musik kommt mir äußerst bekannt vor.* Der 1935 geborene dänische Komponist Bent Lorentzen hat unter diesem Motto nämlich aus collagierter Musik Mozarts ein, wie es im Untertitel heißt, »Panorama« zusammengestellt und 1974 uraufgeführt. Die englische Version lautet übrigens *Do You Know The Tune They're Playing?*

Musikmuffel, aufklärerischer

Vom Schriftsteller und Aufklärer Gotthold Ephraim Lessing ist überliefert, dass er ein wahrer Musikmuffel war. Er stand damit in deutlichem Gegensatz zu seinen Gelehrtenkollegen in Braunschweig und Wolfenbüttel, die in ihrer Freizeit ausgiebigst das gesellige Musizieren pflegten. Aber er wusste sich einig mit einem anderen großen Denker der Aufklärung, Immanuel Kant, der ein ähnlich distanziertes Verhältnis zur Tonkunst hatte. Diesen störten vor allem die ständig vor seinem Haus patrouillierenden Musikkapellen beim Reflektieren. Lessings Leidenschaft für das Theater ist bekannt, aber den irrationalen Aspekten der begriffslosen Tonkunst stand er skeptisch gegenüber. Schon der 20-jährige machte sich über die Eigenwilligkeiten der Oper lustig und verfasste eine Theaterparodie: *Tarantula. Eine Possenoper im neuesten italienischen Gusto oder Geschmack.*

Eine sehr dezidierte Ansicht Lessings zur Bedeutung der Musik innerhalb der menschlichen Kultur überlieferten seine Zeitgenossen in folgendem Bonmot: Die angenehme Empfindung, die ihm die Musik verschaffe, sei die gleiche, wie wenn sein Barbier ihn beim Rasieren mit lauem Wasser einseife.

Die Musikwelt hat diese Skepsis nicht vergessen. Zwar haben bedeutende Komponisten Gedichte Lessings als Lieder vertont, so Carl Philipp Emanuel Bach, Joseph Haydn oder Ludwig van Beethoven. Doch seine Bühnenwerke sind erst in jüngster Zeit als Vorlage für Opern benutzt worden, wie etwa *Miss Sarah Sampson* 1961 oder das Lessing mit George Taboris Versöhnungsskepsis kombinierende Stück *Nathans Tod* von Jan Müller-Wieland, das 2001 in Görlitz uraufgeführt wurde.

Musikpest

In der musikalischen Fachzeitschrift *Melos* erschien 1928 ein Artikel, in dem der Publizist Hanns Gutman sich sehr kritisch mit der Allgegenwart der Musik durch ihre Verbreitung über das junge Medium Hörfunk auseinandersetzt. Diese Allgegenwart nennt er Musikpest. »Musik in allen Lebenslagen; es scheint, dass es kein Entrinnen gibt. Dadurch nämlich wird die Überschwemmung mit Musik so verheerend und gleichzeitig so schwer angreifbar, dass sie zu allem Unglück auch noch geistig unterbaut wird. (...) Musik wird empfohlen als ständige Begleitung auf dem Holzwege zu Kraft und Schönheit.«

Dabei war 1927 der Anteil von Wortproduktionen, wie live eingesprochenen Theaterstücken, Vorträgen und Lesungen, im Hörfunk noch erstaunlich hoch.

Musik in allen Lebenslagen

Die Allgegenwart der Musik »in allen Lebenslagen« als stimmungsförderndes Phänomen einzusetzen, war das Ziel der zur gleichen Zeit aufkommenden unternehmerischen Bemühungen. Das bis heute gebräuchliche Wort dafür ist Muzak.

Diese Wortneuschöpfung ist vom ursprünglichen Namen eines US-amerikanischen Unternehmens als Begriff in den allgemeinen Sprachschatz übergegangen. Muzak bezeichnet in der Regel funktionelle Musik, die im Hintergrund gehört werden soll, meist angewandt in Kaufhäusern und am Arbeitsplatz, inzwischen aber auch in der Medizin und der Musiktherapie.

Der ehemalige General George Owen Squier war ein Verfechter der Machbarkeitseuphorie in den USA nach dem Ersten Weltkrieg. Der Wunsch, technische Verfahren auf alle Lebensbereiche zu übertragen, machte auch vor der rationalen Steuerung zwischenmenschlichen Verhaltens und der emotionalen Verfasstheit des Einzelnen nicht halt. Squier gründete eine Firma namens Wired Music, die er 1934 in sprachlicher Anlehnung an das erfolgreiche Photounternehmen Kodak Inc. Muzak Inc. nannte. Früh hatte er sich bereits ein Patent für ein Verfahren erworben, mit dem sich Musik per Telefon übertragen lässt.

Der »Wohlfühlfaktor« der Muzak-Produkte bestand und besteht in einer Vermeidung von Extremen. So wurden Kompositionen entwickelt, die auf Originalität und Wiedererkennbarkeit weitgehend verzichten. Es wurden hauptsächlich Streicher eingesetzt. Auf Gesang mit seiner Aufmerksamkeit fordernden inhaltlichen Komponente verzichtete man ganz. Die Absicht dieser Musik scheint zu sein, »heard but not listened to«.

In den 1960er Jahren ist ein Rezeptionswandel zu verzeichnen. Nun wird Muzak mehr und mehr als Schimpfwort für jede seichte, affirmativ gemeinte Musik gebraucht, gegen die sich in den Hörern mit ihrem Wunsch nach Individualität zunehmend Widerpruch artikuliert. Das Social Engineering steht unter Totalitarismusverdacht, siehe Aldous Huxleys *Brave New World*. Zugleich bleibt in groß angelegten Studien die Frage unbeantwortet, inwieweit Muzak tatsächlich die Produktivität oder die Konsumbereitschaft steigert.

Erkenntnisse der Muzakproduktion tauchen an anderer Stelle wieder auf. So übernehmen Stilrichtungen wie *Easy Listening* oder *Happy Music* bei der Bearbeitung bekannter Musikstücke das Verfahren der Komplexitätsreduzierung. Wenn James Last den langsamen Satz der fünften Symphonie von Beethoven für sein Orchester bearbeitet, bricht er die vorwärts drängende Architektur zugunsten kleiner, geschlossener Formen auf, vereinheitlicht die Instrumentierung und lässt den Chor Vokalsilben singen. Und Richard Clayderman verzichtet bei der Aufführung von Ludwig van Beethovens Klavierstück *Für Elise*, mit dem schon unzählige Klavierschüler sich abmühten, auf den schroffen Mittelteil zugunsten einer einheitlichen Stimmung. Oder liegt es doch an dem größeren pianistischen Schwierigkeitsgrad dieses Teils?

Unterschwellige Entspannung

Letztlich sind heutige technische Verfahren in der Popmusik (aber nicht nur dort) von einem ähnlichen Prinzip getragen: Durch Optimods und andere Effektgeräte wird die Dynamik angepasst. Außerdem werden die Extreme herausgefiltert, quasi gestaucht. Alles das, um die Wirkung beim unmittelbaren Hören zu erhöhen.

Die Frage der Leistungssteigerung oder des Wohlfühlens bei bestimmter Musik taucht inzwischen selbst im Zusammenhang mit der Milchproduktion von Kühen auf. Die gleichmäßige Berieselung mit Mozartschen Klängen hat beim Vieh offensichtlich eine ähnliche Wirkung wie seinerzeit beim Adel, als höfische Veranstaltungen in den Salons mit dem zugehörigen Bankett oder im Freien durch Divertimenti, Notturnis oder Serenaden leichter verdaulich gemacht wurden.

N

»Napoleon ist an allem Schuld«

So heißt zwar keine Oper, sondern nur eine Boulevardkomödie von Curt Goetz, aber der Einfluss des französischen Generals auf die Musikgeschichte ist dennoch nicht gering. Und Napoleons Interventionen waren beileibe nicht immer positiv besetzt.

Zunächst einmal verhinderte Napoleon die standesgemäße Beisetzung eines der bedeutendsten Komponisten der Wiener Klassik. Französische Truppen marschierten 1809 in Wien ein, als Joseph Haydn im Sterben lag (→Letzte Ruhe). Zuvor sang dem greisen Komponisten in seinen letzten Lebenstagen ein französischer Husar eine Arie aus seinem Oratorium *Die Schöpfung* vor. Ein Werk, das in Paris nicht zuletzt deshalb Berühmtheit erlangte, weil es mit einem versuchten Attentat auf Napoleon im Jahre 1800 in Verbindung gebracht wurde. Der damals noch Erste Konsul, der erst vier Jahre später den Kaisertitel annahm, war auf dem Weg zur französischen Erstaufführung beinahe von einer Explosion getötet worden.

Napoleon trieb auch den bedeutendsten Pariser Komponist seiner Zeit, Luigi Cherubini, in die innere Emigration. Cherubini, der aus Florenz stammte, war mit seiner an Beethoven gemahnenden Musik voller Pathos und Eindringlichkeit zur musikalischen Stimme der Französischen Revolution avanciert. So war er für die musikalische Ausgestaltung der allmählich ersatzreligiös aufgeladenen Feiern zuständig. Napoleon mochte seine Musik allerdings nicht so sehr. Er schwärmte für die im italienischen Stil komponierenden Paesiello und Spontini. Vor allem aber störte den zukünftigen Kaiser das selbstbewusste Auftreten eines Mannes, der an seiner Bedeutung für die künstlerische Welt kein Zweifel ließ. Cherubini floh in Melancholie und Depression, aus der ihn auch keine triumphal verlaufende Konzertreise nach Wien auf Dauer herausreißen konnte. Kaum hatte Napoleon endgültig abgedankt, komponierte Cherubini 1816 das *Requiem* c-Moll im Andenken an den hingerichteten König Louis XVI., sozusagen als Bekenntnis zur wiedererstandenen Ordnung nach der Niederringung Napoleons.

Ludwig van Beethoven dagegen war zunächst ein großer Bewunderer des Generals Bonaparte. Die Kaiserkrönung verzieh er Napoleon jedoch nie. Auf dem Titelblatt seiner ursprünglich dem Franzosen gewidmeten dritten Symphonie änderte er im Autograph das *Intitola Bonaparte* um in *Dem Andenken eines großen Mannes*, so dass der endgültige Titel für die Veröffentlichung lautete *Sinfonia eroica, composita per festeggiare il sovvenire di un grand' uomo*. Auf zwei die Tonart festlegende Akkordschläge ist die langsame Einleitung zum ersten Satz verknappt. Dies kann man durchaus als musikalische Darstellung der napoleonischen Überrumpelungstaktik auf den europäischen Schlachtfeldern deuten. Jahre später sagte Beethoven auf die Nachricht vom Tod Napoleons auf der Insel Helena im Südatlantik: »Vor siebzehn Jahren schrieb ich die Musik zu diesem traurigen Ereignis«. Beethoven dachte dabei an den zweiten Satz der *Eroica*, den *Marcia funebre*.

Doch nicht nur die Kampfhandlungen Napoleons und seine Persönlichkeit wurden musikalisch umgesetzt. In der Vertonung des Heinrich-Heine-Gedichtes *Die zwei Grenadiere*, die die Stimmung zweier geschlagener Soldaten nach Napoleons Niederlage abbildete (»Mein Kaiser, mein Kaiser gefangen!«) verwendet Robert Schumann an jener Stelle, wo die Getreuen aus dem Grab wieder aufstehen, um dem Kaiser beizustehen, die Marseillaise als Musikzitat.

Als politische Chiffre benutzt Arnold Schönberg 1942 im amerikanischen Exil die *Ode an Napoleon Bonaparte* auf einen Text von Lord Byron. Dessen Lob des amerikanischen Revolutionärs George Washington und die beißende Ironie gegenüber dem französischen Kaiser ist Schönbergs Kommentar zum Zweiten Weltkrieg und dem von ihm schon in den 20er Jahren in Europa am eigenen Leibe gespürten Antisemitismus. Übrigens ist die *Ode* von Schönberg nicht in seinem zwölftönigen Stil komponiert, sondern mit Hilfe von Dur- und Mollakkorden und ihren Erweiterungen, die allerdings nicht im Sinne traditioneller Funktionsharmonik eingesetzt sind.

Napoleon, Schustergeselle

Im südlichsten Bundesstaat Brasiliens, in Rio Grande do Sul, singen ältere Nachfahren deutscher Einwanderer, die ab 1825 als Kolonisten ins Land kamen, noch immer ein Lied, das die Regierungszeit des Kaisers gallig beschreibt und das folgende Textzeilen aufweist:

»Napoleon, du Schustergeselle,
Du sitzest nicht fest auf deinem Thron,
In Deutschland regierest du so strenge,
In Russland bekamst du deinen Lohn.«

Keiner der Sänger vor Ort kann sagen, woher die Bezeichnung Schustergeselle stammt. Manche vermuten, es habe mit den Militärstiefeln zu tun. Die eigentliche Bedeutung, »Schutz der Gesellen«, ist vor Ort unbekannt. Jedenfalls war das Lied, das die Einwanderer nach Lateinamerika brachten, im 19. Jahrhundert recht verbreitet. Es wurde in immer neuen Varianten und auf verschiedene Melodien gesungen. Der Ursprung des Liedes ist ein von August von Kotzebue (1761–1819) stammendes Gedicht, »Es kann ja nicht immer so bleiben, unter dem wechselnden Mond.« Die vierte Strophe, die mit den Worten beginnt

»Wir sitzen so fröhlich beisammen
Und haben einander so lieb«

wurde mit der Zeit als eigenständiges Lied aufgefasst und erhielt neue Folgestrophen. Mit der Melodie von Friedrich Heinrich Himmel wurde das Lied 1803 erstveröffentlicht. Im Zuge der napoleonischen Feldzüge, der Völkerschlacht in Leipzig, der Niederlage in Waterloo und der Verbannung des Kaisers sind die oben erwähnten Verse allmählich mit Kotzebues Text amalgamiert worden. Aber die Melodien differierten in der Folgezeit. Auffällig ist übrigens, dass das Lied auch nach der Reichsgründung 1871 noch präsent war, denn die Napoleonverse wurden damals auf den Bonaparteneffen Kaiser Napoleon III. umgedichtet. Der hatte erst kürzlich mit seiner Italienpolitik Schiffbruch erlitten und war durch die inneren Widersprüche der französischen Gesellschaft in den Krieg mit Deutschland unter Führung Preußens geraten. Nun nahm der Text Bezug auf jene Schlacht, die zur Abdankung Napoleons III. und zur Dritten Republik führen sollte:

»Napoleon, du Schustergeselle,
Du saßest so fest auf deinem Thron.
In Italien, da warst du so helle,
Bei Sedan bekamst du deinen Lohn.«

Diese Zeilen tauchen schließlich mit ihrer Melodie eingefügt in dem Alt-Berliner Gassenhauer *Aujuste, die Bewusste* auf, der ansonsten statt Weltpolitik eher zwischenmenschliche Beziehungen thematisiert.

Nationalhymnen

Mit einem Quartsprung nach oben

Es ist auffällig, dass viele der offiziellen Hymnen unabhängiger Staaten ihre Melodie mit einem Quartsprung nach oben ins tonale Zentrum beginnen. Sie sind fast durchweg auftaktig, so dass sie regelrecht Anlauf nehmen. Verwunderlich ist das nicht, denn viele der Melodien sind als Märsche konzipiert, meist in getragenem Tempo. Egal, ob es sich um Musik aus jüngster Zeit handelt, aus der Phase der nationalen Selbstversicherung in der zweiten Hälfte des 19. Jahrhunderts oder um die bereits 1792 verfasste, drei Jahre später per Gesetz des französischen Nationalkonvents zur Nationalhymne erklärte *Marseillaise* (→Marseillaise). Unter anderem lassen sich folgende Staaten durch den Quartsprung aufwärts musikalisch vertreten:

Ägypten, Albanien, Australien, Brasilien, Bulgarien (hier aber nicht auftaktig, sondern auf der Schlagzeit eins im Dreivierteltakt), Chile (hier rutscht die Quart mit einer punktierten Achtel und einer Sechzehntelnote gänzlich in den Auftakt), China, Dänemark (die Königshymne), Frankreich, Iran, Island, Kuba (hier ist die Quart nur Durchgang, auf der Zählzeit eins findet sich die Durterz), Liberia, Luxembourg (die großherzogliche Hymne), Mazedonien, Monaco, Niederlande, Nigeria, Peru, Rumänien, Russland, Slowenien, Syrien, Tunesien, Türkei.

In Lateinamerika ist die Affinität der Hymnen zu italienischer Opernmusik auffällig. Was nicht verwundert, waren es doch meist Immigranten der ersten oder zweiten Generation mit entsprechender europäischer Ausbildung, die die Melodien schufen. So lässt die Hymne in Ecuador an eine Stelle bei Bellini denken, die von Uruguay an Donizetti.

Die ältesten Nationalhymnen der Welt

Als älteste Hymnen der Welt, die noch in Gebrauch sind, zählen textlich die japanische, musikalisch die von San Marino. Angeblich stammt der Text der japanischen Nationalhymne aus dem *Kokinwakashu*, der *Sammlung von Liedern aus alter und neuer Zeit*, die Anfang des 10. Jahrhunderts kompiliert wurde. Komponiert wurde sie in einer multinationalen Gemeinschaftsaktion. John William Fenton, britischer Militärkapellmeister im Dienste Japans, schuf eine erste Fassung um 1870, eine japanische Musik aufgreifende Fassung stammt von Hiromori Hayashi. Diese wiederum war für den geborenen Deutschen Franz Eckert das Material für die 1888 offiziell beschlossene Hymne.

San Marinos Hymnenmusik stammt aus dem 10. Jahrhundert. Es handelt sich um einen Choral, der in einer Bibliothek in Florenz aufbewahrt wurde. Ohne Text dient sie dem außenpolitisch durch Italien vertretenen Apenninenkleinstaat als Souveränitätsmerkmal. San Marino hat übrigens in der Verteilung seiner Führungsposten die altrömische Idee der beiden jährlich wechselnden Konsuln übernommen.

Die ersten bei ihrer Entstehung bereits als Nationalhymnen gedachten Stücke werden 1770 in Spanien, 1792 in Frankreich und 1797 im Fall der Kaiserhymne im Heiligen Römischen Reich Deutscher Nation (*Gott erhalte Franz den Kaiser* – Joseph Haydn) eingeführt.

Bei der spanischen Hymne, die trotz jüngster Versuche weiterhin textlos bleibt, handelt es sich um den Marcha Real, den König Karl III. 1770 zur offiziellen Musik der Königsfamilie erklärte. Zu ihrer Herkunft gibt es zwei Deutungsvarianten. Zum einen soll der preußische König Friedrich II. dem spanischen Grafen Aranda bei dessen Besuch eine Komposition eines namentlich nicht genannten deutschen Musikers geschenkt haben. Andererseits ist auch überliefert, dass Philipp V., der erste Bourbone auf dem Thron in Madrid, ein Enkel von Louis XIV. und Nutznießer des spanischen Erbfolgekriegs, die Melodie aus Frankreich mitgebracht haben soll. Eine Entscheidung für eine der beiden Versionen sagte früher viel aus über die Zugehörigkeit zur jeweiligen Seite der europäischen Machtbalance im 18. Jahrhundert.

(→ Flötenkonzert in Sanssouci; → Spanisches Preußen: ein musikalischer Gastarbeiter)

Mehrfach verwertet

Es kommt durchaus vor, dass sich zwei Länder eine Nationalhymne teilen müssen. Zu zwischenstaatlichen Konflikten infolge von Verwechslungen ist es dabei bislang nicht gekommen. Und auch dem nationalen Pathos tut dies keinen Abbruch. So beginnen zum Beispiel die tunesische Hymne von 1958 und die 1960 angenommene Hymne der Zentralafrikanischen Republik mit der gleichen Melodie. Der Komponist Herbert Peppert, französischer Staatsbürger, ist sowohl für die Musik der Zentralafrikanischen Republik als auch für die Vertonung des anspruchsvollen Textes des Vertreters der Négritude, Léopold Sédar Senghor, verantwortlich. Auch die zuständigen Gremien in Rumänien und Albanien haben vermutlich den gleichen Musikgeschmack. Bereits 1879 bzw. 1880 hatte der Rumäne Ciprian Porumbescu zwei Lieder verfasst, die einerseits zwischen 1977 und 1990 als rumänische, andererseits seit 1912 als albanische Nationalhymne eingesetzt worden sind.

Schließlich hat die Schweiz bis 1961 »Rufst du, mein Vaterland« auf die Melodie von »God save the King/Queen«, der britischen Nationalhymne, gesungen. Allerdings blieb dieser Gewohnheitspraxis die gesamtstaatliche Anerkennung verwehrt, dank der relativen Selbständigkeit der eidgenössischen Kantone. Bis heute sind die gleichen Töne in Gebrauch im benachbarten Kleinstaat Liechtenstein: »Oben am jungen Rhein lehnet sich Liechtenstein an Alpenhöhn.« Bis Mitte des 20. Jahrhunderts standen die Liechtensteiner, einst Mitglied des Deutschen Bundes, übrigens noch auf »Deutschlands Wacht«, ehe diese Strophen gestrichen wurden. In Zeiten, in denen deutsches Schwarzgeld im Fürstentum vermutet wird, ist der Bezug auf den großen Nachbarn im Norden nicht so opportun.

Neun, Mythos der Zahl

Beethoven ist es zuzuschreiben, dass die Zahl Neun mit geradezu magischer Bedeutung aufgeladen wurde. Ein an den Titanen des frühen 19. Jahrhunderts auch nur annähernd heranreichendes kompositorisches Werk könne, was die Zahl der Symphonien angeht, nicht über diese Schwelle hinausgehen. (→ Beethovens Zehnte, wer schrieb)

Einer der Urheber für dieses magische Denken ist ausgerechnet jener Komponist, der später für sein rationales Organisieren mit »zwölf nur aufeinander bezogenen Tönen« bekannt wurde, Arnold Schönberg. Er schrieb 1913: »Es scheint, die Neunte ist eine Grenze. Wer darüber hinaus will, muss fort. Es sieht so aus, als ob uns in der Zehnten etwas gesagt werden könnte, was wir noch nicht wissen sollen, wofür wir noch nicht reif sind.« Und Schönberg schloss die Vermutung an, dass mit dem Komponieren einer *Zehnten* die Rätsel der Welt vielleicht gelöst wären.

Komponisten, die (k)eine Zehnte geschrieben haben

Gustav Mahler hatte mit der wegen der großen Mitwirkendenzahl *Symphonie der Tausend* genannten Achten auf den Pfingsthymnus *Veni creator spiritus* mit der Schlussszene aus Goethes *Faust II* einen monumentalen Wurf vollbracht. Danach änderte sich sein Musikstil, die letzten Werke wenden sich nach innen, zunächst das *Lied von der Erde*, das merkwürdigerweise nicht als Symphonie gezählt wurde, obwohl es ähnlich strukturiert ist und als Untertitel *Sinfonie für eine Alt- und eine Tenorstimme und Orchester* trägt. Seine Witwe Alma Mahler-Werfel kolportierte Mahlers Gedanken, er wolle mit der Nichtzählung der schicksalhaften Zahl Neun ausweichen (→Lustige Witwenpest). Wahrscheinlicher aber ist, dass sich der Komponist bewusst war, dass die überdimensionierte Form insbesondere der beiden Lieder am Anfang und am Ende auf eine andere musikalische Form als die der Sinfonie hindeutet. Nach der Neunten, die erst ein Jahr nach seinem Tode uraufgeführt wurde, arbeitet Mahler weiter, von der Zehnten liegt immerhin ein ganzer Satz komplett vor. Die anderen Sätze wurden später so aus den Skizzen vervollständigt, dass sie aufführbar sind und zeigen, was Mahler vorschwebte. Allerdings entbrannte um die Gültigkeit dieser »Zehnten« ein Expertenstreit. Mahler war bekannt dafür, dass er immer wieder fundamental während des Kompositionsprozesses in die Struktur und die instrumentale Ausformung der Werke eingriff. Was wir also vorliegen haben, muss nicht dem entsprechen, was er daraus gemacht hätte, wäre ihm Zeit geblieben. Der frühere Intendant der Berliner Philharmoniker, Wolfgang Stresemann, erklärte daher kategorisch, dass die Zehnte in seinem Haus nicht aufgeführt würde. Simon Rattle hingegen, der heutige Chefdirigent der Philharmoniker, hat sich immer für das Werk eingesetzt. Gustav Mahler bleibt so oder so das bekannteste Beispiel für die anscheinend unmögliche Überschreitung der magischen Zahl Neun bei Symphonien nach Beethoven.

Anton Bruckner dagegen hatte bereits vor der Komposition seiner Neunten einen Heidenrespekt. Er wusste, dass er sich damit als alter Mann noch einmal eine schwere Aufgabe aufgebürdet hatte. Und er scheiterte. Seine Neunte konnte Bruckner nicht vollenden. Stattdessen empfahl er, sein *Te Deum* als Schluss zu spielen, also wie bei Beethoven ein großes Chorfinale als vierten Satz anzufügen. Aufgrund der unterschiedlichen Proportionen der beiden zusammengespannten Werke ist dies ein problematischer Vorschlag. Bruckner wählte für seine Symphonien programmatische Widmungsträger. Sein erstes von ihm als gültig erkanntes Werk, die Dritte, widmete er seinem großen Vorbild Richard Wagner, die Siebente dem kunstsinnigen König Ludwig II. von Bayern, die Achte zeigt ihn als treuen Untertanen, denn sie ist Kaiser Franz Joseph (→Herrscher, musikalische) zugeeignet. Sein letztes Werk, die unvollendete Neunte, widmete er »Dem lieben Gott.« Geschummelt hat allerdings auch der Katholik Bruckner: die nach der ersten Symphonie 1869 entstandene Symphonie in d-Moll hat er später als »Nullte« abgestraft.

Bei **Antonín Dvořák** ist die Frage nach der Neunten anders gelagert. Noch nach dem Zweiten Weltkrieg wurde seine Symphonie *Aus der Neuen Welt* auf Konzertprogrammen und in Musikführern als Fünfte angekündigt. Der Grund ist einfach: 1894 im Berliner Verlag Simrock kurz nach der Uraufführung in New York veröffentlicht, war es die fünfte Symphonie, die im Druck erschien. Auf dem Autograph gab Dvořák der Symphonie die Nummer 8, strich dies aber zugunsten der 7 wieder durch. Auf der Seite des Deckblattes zählte Dvořák seine bisherigen Sinfonien auf, ließ das Jugendwerk *Die Glocken von Zlonické* unberücksichtigt, war sich aber auch des Stellenwerts des gleichfalls 1865 entstandenen Opus 4 nicht sicher. Diese Symphonie revidierte er später und ließ sie in der neuen Fassung aufführen. Für den Verleger zählen aber nur die veröffentlichten Werke, er wird nach Dvořák Tod noch zwei weitere Symphonien herausgeben. Erst die kritische Gesamtausgabe der Werke schafft Klarheit. Seit 1955 ist Dvořáks Neunte (→Programme, geheime) damit die endgültige Eintrittskarte in den Kreis der akzeptierten Symphoniker des 19. Jahrhunderts, ein musikgeschichtlicher Rang, auf den Dvořák trotz maßgeblicher Unterstützung von Seiten eines Johannes Brahms in der Fachwelt lange warten musste.

Von **Franz Schubert** gab es nur zeitweilig eine Neunte. Da dies einer chaotischen Zählweise zu verdanken war, hat der Wiener Komponist nach dem in seinem Jubiläumsjahr 1978 (150. Geburtstag) erschienenen aktuellen Werkverzeichnis nur noch acht (→Zahlensalat bei Schubert).

Gänzlich unbeeindruckt vom Neunte-Symphonie-Syndrom zeigte sich **Dmitrij Schostakowitsch**, der 15 Symphonien komponierte. Seine Neunte wurde unmittelbar nach dem Sieg der

Sowjetunion über das nationalsozialistische Deutschland 1945 geschrieben und war für Publikum und Nomenklatura eine Überraschung. Schostakowitsch, der der heldenhaften Verteidigung der eingeschlossenen Stadt Leningrad in einer tragischen Symphonie Ausdruck verliehen hatte, verweigerte sich diesmal dem pompösen Siegesjubel zugunsten einer heiteren, fast klassizistischen Anmut.

Hans Werner Henze hingegen sah in seiner neunten Symphonie, in der er Texte von Anna Seghers aus ihrem Roman *Das siebte Kreuz* verwandte, so etwas wie die Summe seines Schaffens. Besondere Mühe gab er sich, seine politischen Ansichten und seinen Humanismus in Musik zu setzen. Die Symphonie schildert die Flucht von sieben KZ-Insassen, von denen einer überlebt. »Immer wenn die Opfer kommen, wird es schön«, versuchte Henze seine Kompositionsidee zu erläutern. Klare Harmonien, konsonante Klänge begleiten die Verfolgten, denen schroffe Passagen für die Peiniger gegenübergestellt sind. Der idealistischen bürgerlichen Utopie Ludwig van Beethovens antwortet der Linke Hans Werner Henze in seiner Neunten mit einer Musiksprache aus den Erfahrungen des 20. Jahrhunderts heraus. Dennoch war das 1996 uraufgeführte Werk nicht sein letztes Wort in der Orchestermusik. Inzwischen liegt auch eine Zehnte vor.

Den derzeitigen Rekord an Symphonien hält wohl **Leif Segerstam.** Der finnische Komponist und Dirigent, Jahrgang 1944, schreibt kurze Orchesterstücke, die sich durch große gestalterische Freiheiten für Komponist und Interpreten auszeichnen. Segerstam durfte 2007 die von ihm selbst geleitete Uraufführung seiner 150. Symphonie mit dem Titel *Oh, Five only* erleben.

Nobelpreise, musikalische

Als der Erfinder des Dynamits, der schwedische Unternehmer Alfred Nobel, in seinem Testament die nach ihm benannten Preise stiftete, galt neben verschiedenen wissenschaftlichen Disziplinen unter den Künsten einzig die Literatur – noch dazu mit dem Zusatz »idealistisch« – als auszeichnungswürdig. Um diese Benachteiligung anderer Künste auszugleichen, wurden in den letzten Jahrzehnten Preise gestiftet, die in der öffentlichen Publizistik gern als Nobelpreise für Architektur, Malerei,

Musik bezeichnet werden. Renommiert sind dabei vor allem der Praemium Imperiale aus Japan, der schwedische Polar Music Prize und der Ernst von Siemens Musikpreis. Bislang haben die schwedischen und norwegischen Gremien, die die »echten« Nobelpreise vergeben dürfen, nicht gegen die Verwendung des Begriffes Nobelpreis in der öffentlichen Berichterstattung protestiert. Mehrere »Nobelpreise für Musik« bedeuten natürlich auch die Möglichkeit der Nobelpreisakkumulation, die bei den offiziell von Alfred Nobel gestifteten nicht möglich ist. So konnte hier mancher sogar drei Preise mit nach Hause nehmen, nämlich Pierre Boulez (1979, 1989, 1996), Dietrich Fischer-Dieskau (1980, 2002, 2005), György Ligeti (1991, 1993, 2004) und Mstislaw Rostropowitsch (1976,1993, 1995).

Nobelpreis I: Ernst von Siemens Musikpreis

Die Musikstiftung, die der Enkel des Unternehmensgründers Werner von Siemens 1972 ins Leben rief, fördert junge Komponisten, ausführende Musiker und Institutionen. Etwa zehn Prozent der Preisgelder gehen an den Hauptpreisträger, derzeit sind das ca. 200 000 Euro.

Die Preisträger:

1974 Benjamin Britten, Komponist
1975 Olivier Messiaen, Komponist
1976 Mstislaw Rostropowitsch, Cellist
1977 Herbert von Karajan, Dirigent
1978 Rudolf Serkin, Pianist
1979 Pierre Boulez, Komponist und Dirigent
1980 Dietrich Fischer-Dieskau, Bariton
1981 Elliott Carter, Komponist
1982 Gidon Kremer, Geiger
1983 Witold Lutoslawski, Komponist
1984 Yehudi Menuhin, Geiger
1985 Andrés Segovia, Gitarrist
1986 Karlheinz Stockhausen, Komponist
1987 Leonard Bernstein, Dirigent und Komponist
1988 Peter Schreier, Tenor
1989 Luciano Berio, Komponist
1990 Hans Werner Henze, Komponist
1991 Heinz Holliger, Oboist und Komponist
1992 H. C. Robbins Landon, Musikwissenschaftler
1993 György Ligeti, Komponist

Claudio Abbado, Dirigent	1994
Sir Harrison Birtwistle, Komponist	1995
Maurizio Pollini, Pianist	1996
Helmut Lachenmann, Komponist	1997
György Kurtág, Komponist	1998
Arditti-Quartett, Streichquartett	1999
Mauricio Kagel, Komponist	2000
Reinhold Brinkmann, Musikwissenschaftler	2001
Nikolaus Harnoncourt, Dirigent	2002
Wolfgang Rihm, Komponist	2003
Alfred Brendel, Pianist	2004
Henri Dutilleux, Komponist	2005
Daniel Barenboim, Dirigent und Pianist	2006
Brian Ferneyhough, Komponist	2007
Anne Sophie Mutter, Geigerin	2008

Nobelpreis II: Praemium Imperiale

Der 1989 auf Initiative des japanischen Kaiserhauses gestiftete Preis (originaler Titel: Takamatsu no miya denka kinen sekai bunka-sho, zum Gedenken an seine Hoheit Prinz Takamatsu) ist mit derzeit knapp 95000 Euro dotiert und wird in den Sparten Malerei, Skulptur, Architektur, Film/Theater und Musik vergeben.

Die in der Kategorie Musik Ausgezeichneten sind:

Pierre Boulez, Komponist	1989
Leonard Bernstein, Dirigent und Komponist	1990
György Ligeti, Komponist	1991
Alfred Schnittke, Komponist	1992
Mstislaw Rostropowitsch, Cellist	1993
Henri Dutilleux, Komponist	1994
Andrew Lloyd Webber, Komponist	1995
Luciano Berio, Komponist	1996
Ravi Shankar, Sitarspieler und Komponist	1997
Sofia Gubaidulina, Komponistin	1998
Oscar Peterson, Jazzpianist	1999
Hans Werner Henze, Komponist	2000
Ornette Coleman, Free Jazz Saxophonist und Komponist	2001
Dietrich Fischer-Dieskau, Bariton	2002
Claudio Abbado, Dirigent	2003
Krzysztof Penderecki, Komponist	2004
Martha Argerich, Pianistin	2005

2006 Steve Reich, Komponist und Interpret
2007 Daniel Barenboim, Dirigent und Pianist und das von ihm gegründete West-Eastern Divan Orchestra

Nobelpreis III: Polar Music Prize Der seit 1992 in der Regel an je einen Musiker der populären und der Konzertmusik verliehene Preis wurde von dem früheren Produzenten der Popgruppe ABBA gestiftet. Er ist derzeit mit je einer Million schwedischer Kronen (rund 110000 Euro) ausgestattet und wird von einer Jury der Königlich Schwedischen Musikakademie vergeben. Überreicht vom schwedischen König wird er für ein Lebenswerk verliehen.

Preisträger waren:

1992 Sir Paul McCartney und die wieder gegründeten baltischen Staaten Estland, Lettland, Litauen für die Rolle, die die lebendige musikalische Praxis in den drei Ländern für den Aufbau von Rechtstaatlichkeit und Zivilgesellschaft spielte;
1993 die Jazzlegende Dizzy Gillespie und der polnische Avantgardekomponist Witold Lutoslawski;
1994 Quincy Jones, der nicht nur für die eigene Musik, sondern auch als innovativer Produzent und visionärer Arrangeur ausgezeichnet wurde, und Nikolaus Harnoncourt, der Altmeister der Alte-Musik-Bewegung in Europa;
1995 der Sänger und Komponist Sir Elton John und der russische Cellist Mstislaw Rostropowitsch, der nicht nur viele neue Werke für sein Instrument anregte, sondern auch unter hohem Risiko für menschliche Würde eintrat und dafür das Exil in Kauf nahm;
1996 die außergewöhnlich vielseitige Joni Mitchell und Pierre Boulez, einer der führenden Vertreter der Komponistenavantgarde in der zweiten Hälfte des 20. Jahrhunderts;
1997 der mit beiden Beinen auf dem Boden des Rock'n'Roll stehende Singer-Songwriter Bruce Springsteen und Eric Ericson, der über ein halbes Jahrhundert Schwedens ersten professionellen Chor mit einem immensen Repertoire von Renaissance bis Gegenwart leitete;
1998 die Soullegende Ray Charles und Ravi Shankar, der Sitarspieler, der dem Westen Indiens Musik nahebrachte;
1999 der für seine expressive Stimmlichkeit bekannte Stevie Wonder und Iannis Xenakis, der aus Griechenland stammende französische Komponist, der die Strenge wissen-

schaftlicher Verfahren zu höchst innovativen Musikstücken nutzte;
Bob Dylan, schon oft wegen seines immensen Einflusses auf die moderne Popkultur für den Literaturnobelpreis vorgeschlagen, und Isaac Stern, Violinaltmeister, der als Lehrer Generationen von jungen Geigern beeinflusste und der die humanistische Kraft der Musik weltweit in Projekten aufzeigte; **2000**
gleich drei Persönlichkeiten: der Songkomponist Burt Bacharach, der für die großen Interpreten der Unterhaltungsmusik unvergängliche Evergreens schrieb, Robert Moog, dessen Synthesizer den Sound radikal veränderte, und der Avantgardist Karlheinz Stockhausen, dessen Musik ohne die Erforschung elektronischer Klänge undenkbar wäre; **2001**
zwei große weibliche Künstler, die in Afrikas Musikkultur verwurzelte Sängerin Miriam Makeba und die aus der russisch-orthodoxen Mystik schöpfende Sofia Gubaidulina; **2002**
ausschließlich Keith Jarrett, in dessen Projekten sich populäre Musik und Konzertmusik kreuzen, als Jazzpianist, als großer Improvisator und als Interpret der Werke von Bach bis Schostakowitsch; **2003**
der »King of Blues« B. B. King und der ungarnstämmige Komponist György Ligeti; **2004**
zwei Sänger, die auf je eigene Art populär sind, Gilberto Gil, Brasiliens Kulturminister, und Dietrich Fischer-Dieskau, der u. a. die Fülle des deutschen Kunstlieds in seiner Verbindung von Wort und Musik einem weltweiten Publikum nahe brachte; **2005**
der Pionier des »Hard Rock« Led Zeppelin und der Dirigent Waleri Gergijew, der als musikalischer Leiter des Marinskijtheaters St. Petersburg die große Tradition der russischen Musik brillant aufführte; **2006**
schließlich der Tenorsaxophonist Sonny Rollins und eine der Größen der Minimal Music, Steve Reich. **2007**

Noten, bronzezeitliche

Wenige Kilometer nördlich der syrischen Hafenstadt Latakkia findet sich das Ausgrabungsfeld von Ugarit. 18 Siedlungsstufen haben die Archäologen bestimmen können. Die fünftjüngste ist die wichtigste. Zwischen 1400 und 1250 vor Christus war Ugarit eine zwar politisch weniger hervortretende, allerdings wirtschaftlich starke Stadt mit Verbindungen nach Süden, Ägypten, nach Westen, Kreta, und nach Osten, Mesopotamien. Hier fanden Ausgräber ein umfängliches Archiv von Tontafeln, auf denen das erste Alphabet zu finden ist, das später bei den Griechen die uns geläufige heutige Form bekam. Die Reduzierung der viel hundertfachen Keilschriftzeichen auf 30 bedeutete eine Demokratisierung der Schrift, die nun nicht mehr nur wenigen ausgebildeten Spezialisten in den Tempeln zugänglich war.

Weniger bekannt ist, dass parallel dazu, vielleicht auch aus den gleichen Beweggründen, die erste Musikaufzeichnung in einer Buchstabenschrift in Ugarit entstand. Ein religiöses Lied ist auf einer Tontafel niedergeschrieben, dem in Buchstaben Anmerkungen zur Melodiefolge beigegeben sind. Dieses ist ein frühes Beispiel für die Globalisierung der Musikwelt. Denn die Tontafeln wurden in die damals bekannte Welt verschickt. Die schriftliche Fixierung einer sonst mündlich weitergegebenen Tradition des Gesangs findet seine Fortsetzung im antiken Griechenland. (→ Töne, in Stein gemeißelt)

Notenlesen Fehlanzeige

Musiker populärer Genres geben gerne kokett bekannt, dass sie keine Noten lesen können, sondern vielmehr nach dem Gehör spielen. Oder komponieren. Solange jemand die Noten transkribiert, um urheberrechtlichen Schutz zu erlangen, fällt dies nicht weiter auf. Und auch Komponisten können mit dieser Einschränkung gut leben. So hatte Irving Berlin (1888–1989), Komponist des Musicals *Annie get your gun,* deshalb kein Problem, weil die arbeitsteilige Produktionswelt am Broadway ihm automatisch einen Arrangeur zugesellte. Und der pochte arbeitsrechtlich darauf, dass ihm keiner in die Orchestrierung hereinredete. Irving dürfte dem Verfahren erleichtert zugestimmt haben. Europäisch ausgebildete »Notenkenner«, wie der aus Deutschland emigrierte Kurt Weill, waren mit einer solchen Arbeitsteilung nicht einverstanden. Weill wollte seine Musicals in Amerika selbstredend weiterhin selbst instrumentieren.

Dass fehlende Notenkenntnis, besser: fehlende Kenntnis der Notenschrift das musikalische Ergebnis nicht mindern muss, dafür wird als Kronzeuge der Bass-Bariton Ezio Pinza (1892–1957) angeführt. Der Star der Metropolitan Opera, dem tiefgehende Interpretationen von Mozart über Rossini bis Verdi gelangen, studierte seine Partien mit einem Korrepetitor am Flügel nach Gehör ein.

Dementiert ist hingegen, dass Luciano Pavarotti (→ Hohes C) keine Noten lesen konnte. Das Gerücht kam auf, weil man ihn nie in Klavierauszügen und Partituren blättern sah. Meist lagen auf seinem Notenpult Zettel mit groß gedrucktem Text der jeweiligen Musiknummern, in die er sich dann seine Notizen machte.

Naturalisten im Gesang

In früheren Jahrhunderten war die Notenlesekenntnis für Sänger nicht einfach selbstverständlich, zumal das Verwenden von einstudierten virtuosen Figuren ohnehin nach Gusto der Ausführenden geschah und nicht immer durch den Komponisten kontrolliert wurde.

Einer bestimmten Gruppe von Künstlern war es gar freigestellt, wie sie sich zur Kulturtechnik des Notenlesens verhalten. »Naturalisten im Gesang« nannte man im 18. Jahrhundert jene Schauspieler, die in Singspielen Gesangspartien übernahmen, ohne eine Sängerausbildung erhalten zu haben. Man unterschied sie von den dilettanti, den Liebhabern, die nur zum eigenen Vergnügen musizierten, da die Schauspieler selbst professionelle Künstler waren. Die ausgebildeten Sänger wachten eifersüchtig darüber, dass sich keiner der Naturalisten anmaßte, seinen Wirkungskreis zu erweitern. Dabei konnten die »Naturalisten« selbst hoch musikalisch sein. Berühmt wurde beispielsweise der Theaterdirektor Emmanuel Schickaneder, der als singender Schauspieler in seinen eigenen Produktionen auftrat. Seine berühmteste Rolle ist wohl der Papageno in der gemeinsam mit Wolfgang Amadeus Mozart verfassten Oper *Die Zauberflöte*.

Notenverwandtschaft

Anton Bruckner gilt als der antiintellektuelle Typus eines Komponisten schlechthin. Von Gustav Mahler ist der böse Satz überliefert, Bruckner sei »halb ein Gott, halb ein Trottel« gewesen. Dennoch war der Komponist bei seinen Vorlesungen an der Universität und der Musikhochschule recht beliebt. Vielleicht wegen Szenen wie dieser: Bruckner erklärte die tiefen Geheimnisse der Harmonien. Er malte eine Note an die Tafel

(»Gott hat auch zuerst den Adam gemacht«), fügte die dazugehörige Quinte hinzu (»er hat ihm aber bald die Eva geben«), dann die Terz (»die zwoa san net allan blieben«). Auch die weiteren Abteilungen seiner Harmonielehre waren direkt aus dem bürgerlichen Leben abgeleitet. Beim Dominantseptakkord könne sich der Grundton am meisten erlauben, mit der Frau als Septime sei halt die Reibung da. Die Terz, die den Leitton zur Tonika, zur Grundtonart bildet, sei »das Töchterl«. Die Quinte der Sohn, »der schon mehr Bewegungsfreiheit hat.« Sollte eine Septime nicht harmonisch vorbereitet auftreten, nannte sie Bruckner »die Tante, die unerwartet eintrifft.« Die Mischung aus bäuerlicher Schläue, pragmatischem Denken, zugleich zwanghaftem Verhalten und tiefgreifendem musikalischen Einfallsreichtum verwunderte die Zeitgenossen immer wieder aufs Neue.

O

Odessa, neapolitanisch: O sole mio!

»Aus der Ferne gedachte er seiner Sonne.« So steht es in der Zeitschrift *La Tavola Rotonda* am 1. September 1898 über den Noten einer neuen Kanzone. Sie soll dem heimwehkranken Komponisten Eduardo di Capua im April des gleichen Jahres während einer Tournee am Schwarzen Meer eingefallen sein. Dieser hatte trotz bedeutender eigener Erfolge als Komponist infolge seiner Lotterieleidenschaft sein Geld verloren und war gezwungen, seinen Vater als Orchestermitglied auf dessen Tournee ins Russische Reich zu begleiten. Dorthin führte im 19. Jahrhundert immer häufiger der Weg für österreichische Walzerensembles, deutsche Volksmusikgruppen und italienische Gavottisti. Die italienischen Musiker trafen auf ein aufgeschlossenes Publikum. Schließlich war seit Anfang des Jahrhunderts die italienische Oper in Odessa heimisch und wurde geschätzt, was ihr in St. Petersburg und Moskau nicht gar so leicht gelang.

Imaginäres Neapel

Am Schwarzen Meer also erinnerte sich di Capua der neapolitanischen Sonne. So weit die lange Zeit unwidersprochen verbreitete Version. Spätere Quellen erzählen allerdings etwas anderes. Sie berichten von einem Jalousieverkäufer in di Capuas Heimat Neapel, der den Musiker auf den unsterblichen musikalischen Einfall brachte. Ob durch Singen oder durch Pfeifen, bleibt offen. Wie so oft, bleibt also auch beim Welterfolg *O sole mio* der tatsächliche Ursprung in Nebel verhüllt. Fest steht, dass weder der Dichter Giovanni Capurro noch Eduardo di Capua ihren Erfolg wiederholen konnten. Und dass sie beide auch nicht wirklich davon profitierten. Beide starben unvermögend. Am kometenhaften Aufstieg des Titels verdienten andere.

Di Capua mußte sogar sein Klavier verkaufen

Es war dies eine recht übliche Verfahrensweise: Capurro hatte beispielsweise einen Vertrag unterschrieben, der ihn verpflichtete, drei Jahre lang jährlich exklusiv zehn Kanzonentexte zum Preis von je 25 Lire an den Verlag Ricordi zu liefern. Damit wurden zugleich alle Rechte übertragen, was der Verlag mit den Liedern machte, blieb seine Sache. *O sole mio* wurde nach der Rückkehr di Capuas mit Capurros Text nun aber ausgerechnet bei einem Wettbewerb für Ricordis Konkurrenten Bideri eingereicht. Den ersten Preis erreichte das Duo zwar nicht, der zweite brachte immerhin 200 Lire.

Der Tenor-Superstar Enrico Caruso, der zunächst bei seinen Schallplattenaufnahmen um die populäre Musik einen Bogen machte (→ Zehn Arien für 100 Pfund), sang 1916 *O sole mio* in den Trichter, nicht als erster, aber als erster namhafter Sänger. Und damit begann der internationale Welterfolg jenes neapolitanischen Liedes, der bis heute nicht abgeschlossen ist.

Megahit

Bei den Olympischen Spielen 1920 wurde das Musikstück kurzerhand anstelle der italienischen Nationalhymne intoniert. Und als Juri Gagarin, der erste Mensch im All, 1961 in seinem anderthalbstündigen Flug die Erde umkreiste, sang er keine sozialistischen Aufbaulieder, sondern *O sole mio*. Gezählt hat bislang niemand die Anzahl der verschiedenen Einspielungen aus einem Jahrhundert, noch nicht einmal der Leiter des RAI-Schallarchivs für die neapolitanische Canzone, Pasquito Del Bosco, kennt eine genaue Zahl. Del Bosco hat alles, was man über das Lied wissen muss, in einem vorzüglichen kleinen Buch gesammelt (*O sole mio*, Berlin 2008). Aber während die ebenso erfolgreiche Taube *La Paloma* (→ Yradier) längst ihre überzeugten Fans gefunden hat, die eine CD nach der anderen mit unterschiedlichen Einspielungen des Liedes herausbringen, harrt die Interpretenliste bei *O sole mio* noch ihrer systematischen Aufarbeitung.

Hier nur einige, die das Lied aufgenommen haben:

Bryan Adams • Peter Alexander • Peter Anders • Giuseppe Anselmi (bereits im Jahre 1907!) • The Baltic Tenors • Chris Barber • Tony Bennett • Pierre Bertin • Jussi Bjoerling • Andrea Bocelli • Earl Bostic • José Carreras • Al Bano Carrisi • Enrico Caruso • Comedian Harmonists • Franco Corelli • Dalida • Mario del Monaco • Giuseppe Di Stefano • Placido Domingo • Elvis (in der Version »It's now or never«) • Gabriella Ferri • Connie Francis • Beniamino Gigli • Dmitri Hvorostovsky • Jan Kiepura • Oscar Klein • Alfredo Kraus • Mario Lanza • Giacomo Lauri-Volpi • Michel Legrand • Me First and the Gimme Gimmes • Men Without Hats • Milva • Dean Martin • Marx Brothers • Paul McCartney • Kenneth McKellar • Ronald Naldi • Luciano Pavarotti • Teddy Powell • Katia Ricciarelli • Aldo Romano Quartett • Tino Rossi • Tito Schipa • Joseph Schmidt • Karl Schmitt-Walter • Rudolf Schock • Andreas Scholl • Das Schurike Terzett • Dario Sebastiani • Ferruccio Tagliavi • The Ten Tenors • Dominique Visse • Fritz Wunderlich • u. v. a.

Œuvres, schmale

Alexander Borodin

Alexander Borodin (1833–1887) war als Chemiker und Mediziner viel zu beschäftigt, so dass er nur selten zum Komponieren kam. Zwei Sinfonien, zwei Streichquartette und die Oper *Fürst Igor* entstanden auf Drängen seiner Musikerfreunde, dem so genannten »mächtigen Häuflein« um Mili Balakirew und Nikolai Rimski-Korsakow. Ihr Ziel war es, eine originäre russische Musiktradition zu schaffen. Der Gegenspieler dieser sich auf die russische Volksseele und traditionelle russische Melodien stützenden Gruppe war der als »Westler« angesehene Peter Tschaikowsky. Er unkte über den von den Freunden betreuten und angespornten Borodin gehässig, dieser könne nicht einen einzigen Takt ohne fremde Hilfe schreiben.

Henri Duparc

Der Franzose Henri Duparc (1848–1933) stellte bereits 1885 das Komponieren ein. Grund war eine Nervenkrankheit, die ihn zunächst immer wieder viele seiner gerade verfassten Werke vernichten ließ, ehe er überzeugt war, gar keine Musik mehr schreiben zu können. Nur 17 Lieder, sechs Klavierstücke und eine sinfonische Dichtung sind überliefert und zeugen vom Einfluss deutscher Musik, vornehmlich Liszts und Wagners.

Paul Dukas

Paul Dukas (1865–1935), ein Komponist, der den Übergang der französischen Musik von der Spätromantik zur frühen Moderne neben Debussy, Ravel und anderen markiert, entschloss sich 1912 zu einer weitgehenden Vernichtung seiner Werke, von denen nur zwei gute Hände voll ausgenommen waren, darunter sein wohl bekanntestes Stück, das Orchesterscherzo *L'Apprenti-Sorcier* (Der Zauberlehrling) nach Goethe (→ Einzelstücke, musikalische). Wahrscheinlich hat seine Beschäftigung als Musikkritiker dazu beigetragen, trotz zeitweiliger Erfolge so streng mit den eigenen Kompositionen umzugehen. In späteren Jahren bequemte er sich, wenigstens als Kompositionslehrer seine Kenntnisse der historischen Stile weiterzugeben. Zu seinen Schülern zählten Jehan Alain, Maurice Duruflé und Olivier Messiaen, mithin die großen Organisten Frankreichs im 20. Jahrhundert.

Alban Berg

Schmal an Umfang, nicht an Bedeutung ist das Werk von Alban Berg (1885–1935). Schuld daran ist die Langsamkeit in der Arbeitsweise des Schönbergschülers. Alban Berg investierte viel Zeit in die allmähliche strukturelle Ausformung seiner Stücke. Es existieren rund 140 Jugendlieder, von denen die wenigsten veröffentlicht sind. Mit dem Unterricht bei Schönberg begann Bergs scharfe Selbstkritik. Das op.1, die Kaviersonate, entstand in dieser Zeit. Es wolle ihm nichts Rechtes mehr einfallen, meinte Berg nach dem ersten Satz. Dann habe er halt alles gesagt, war die lapidare Antwort seines Lehrers. Nach diesem Prinzip schritten auch die weiteren Werke Alban Bergs gemächlich voran. Nach der Veröffentlichung der Oper *Wozzeck* (→ Doppelt und dreifach vertont), der er die Opusnummer 7 gab, hörte er mit dem Zählen ganz auf, weil ihn die geringe Zahl zu sehr deprimierte. Es folgte allerdings ein gewichtiges Werk nach dem anderen: ein Kammerkonzert für Klavier und Geige mit 13 Bläsern, die *Lyrische Suite* für Streichquartett, die Konzertarie *Der Wein*, die Oper *Lulu* und das Violinkonzert.

Anton Webern

Im Grunde recht umfangreich und auch in seiner Wirkung auf nachfolgende Generationen von Komponisten keineswegs von geringer Bedeutung ist das Gesamtwerk von Anton Webern, der ebenfalls bei Arnold Schönberg lernte und einer der Exponenten der Zwölftonmusik wurde. Seine 31 mit Opusnummern versehenen Kompositionen und einige Bearbeitungen ergeben dennoch aufgrund ihrer extrem komprimierten Verknappung der Tonsprache zusammengenommen nur knapp vier Stunden Aufführungsdauer.

Carl Ruggels

Carl Ruggels wurde stolze 95 Jahre alt, doch das zu Lebzeiten veröffentlichte Werk des 1876 in Massachussetts geborenen Komponisten umfasst keine anderthalb Stunden Musik. Sein längstes Stück, *Sun-treader* für Orchester aus dem Jahr 1931, zeigt die Aversion des Komponisten gegen Tonwiederholungen und den Einfluss der angelsächsischen romantischen Literatur. Die beiden großen Außenseiter der amerikanischen Musik, Edgar Varèse und Charles Ives, gehörten zu Ruggels' Freunden. Viele Werke hat der selbstkritische Geist vernichtet oder unvollendet gelassen.

Œuvres, überbordende

Domenico Scarlatti

Domenico Scarlatti (1685–1757), Zeitgenosse von Bach und Händel, lebte in Neapel, Venedig, Rom, Lissabon und Spanien. Er schrieb Kirchenmusik, Oratorien, Kantaten, Opern. Doch in Erinnerung bleibt er hauptsächlich wegen seiner 555 Sonaten für Clavicembalo, die durchweg einsätzig sind. Es konkurrieren zwei Zählungen K und L, benannt nach dem Ersteller des Werkkataloges, R. Kirkpatrick, von 1953 und nach dem Herausgeber der Opere complete, A. Longo, ab 1906. (→ Köchel, Hoboken und Co.). Zu den bekanntesten Sonaten zählt die so genannte *Katzenfuge* g-Moll K 30 (→ Animalische Töne).

Philipp Telemann

In der gleichen Zeit wirkte Georg Philipp Telemann. Er lieh sich, wie es damals üblich war, von befreundeten Komponisten mitunter gelungene Passagen für seine Kompositionen aus (→ Plagiatsverdächtig). Doch bedeutete dies nicht, dass er selbst unter einem Mangel an Einfallsreichtum zu leiden hatte. Allein über 1700 Kirchenkantaten sind heute unter seinem Namen bekannt. Anders als bei Johann Sebastian Bach deutet vieles darauf hin, dass sich die Zahl der verschollenen Werke zu der der erhaltenen eher bescheiden ausmacht.

Metastasio

Weniger der eigenen Produktivität als vielmehr der wiederholten Verwendung seiner Texte ist die Allgegenwart von Metastasio auf den Opernbühnen des 18. Jahrhunderts geschuldet. Er beherrschte mit seinen Libretti die Opera seria. Komponisten rissen sich um seine Texte, andere Librettisten versuchten ihn, mehr oder minder erfolgreich, zu kopieren. Seine siebenundzwanzig Tragödien und die acht Oratorientexte wurden zusammengenommen über 1100 Mal vertont (→ Libretto-Kaiser).

Opernkriege

Querelle des Bouffons

1752 erhitzt eine Aufführung von Pergolesis *La serva padrona* die Gemüter in Paris. Kaum hat die italiensche Gastspieltruppe das zweiaktige Intermezzo abgespielt, teilen sich die ästhetischen Meinungen der französischen Metropole wie weiland die Wellen des Roten Meeres. Rousseau und andere applaudieren der volkstümlichen Musik, die das Pathos vermeidet. Auf der anderen Seite stehen die Parteigänger der Kunstform der Tragédie lyrique von Komponisten wie Jean Baptiste Lully und Jean Philippe Rameau. Italien gegen Frankreich, Gefühl gegen Rhetorik, so werden die künstlerischen Fragestellungen vereinfacht. Der Buffonistenstreit hat Folgen. Er führt zu einer gesteigerten Popularität der Musik Pergolesis (→ Fälschlich zugeschrieben). Und er hat ein knappes Vierteljahrhundert später eine Fortsetzung zur Folge, bei der die Rollen ähnlich verteilt sind, die Auseinandersetzung zwischen Gluckisten und Piccinisten. Die Querelle des Bouffons wirkt noch ins 21. Jahrhundert hinein. In seinem zwischen der Gegenwart und dem 18. Jahrhundert springenden, die Zeiten verschmelzenden Roman *Anmut und Gnade* (Frankfurt a. M. 2006) lässt Wolfgang Schlüter sowohl Rameau als auch Rousseau Gerechtigkeit widerfahren.

Fortsetzung folgt:

Gluckisten und Piccinisten

1774 erlebt in Paris ein neues Werk von Christoph Willibald Gluck seine Uraufführung. Dank der Vermittlung einer ehemaligen Schülerin, der zur Gattin des Thronfolgers aufgestiegenen Marie Antoinette, hat der Wiener Theaterreformer ein Werk des französischen Nationaldichters Jean Racine in Musik gesetzt: *Iphigénie en Aulide*. Gluck stellt gegen die Erstarrung der Opera seria, die in schematischer Abfolge immergleiche Arien erklingen lässt, die dramaturgische Stimmigkeit und den Vorrang der Sprache. Das passt der noch immer mächtigen Mätresse des Königs Louis XV., Madame Dubarry, überhaupt nicht. Auf ihrer Seite finden sich nun die Anhänger des italienischen Faches wieder, die schließlich als ihren Kronzeugen den aus Bari stammenden Niccolo Piccini herbeirufen. Während in den Zeitungen und auf den Straßen lautstark für und gegen Gluck bzw. Piccini geschrieben und gebrüllt wird, gehen die beiden Exponenten vornehm miteinander um. Piccini entwickelt aus der neapolitanischen Oper eine Art Vorform der bürgerlich-sentimentalen Komödie, Gluck gibt der sprachgewaltigen französischen Tragödie ihren Platz in der Geschichte des Musiktheaters. Aber den Anhängern reicht dies nicht: Immer wieder hoffen sie in den Folgejahren, den direkten Vergleich erzwingen zu können. Anfang 1778 wird Piccinis *Roland* ein triumphaler Erfolg, angeblich vernichtet Gluck daraufhin die von ihm bereits komponierten Teile seiner eigenen Musik zum gleichen Libretto. Bei *Iphigénie en Tauride* ist Gluck 1779 schneller. Lange hielt sich in der Musikgeschichte das Gerücht, es sei einer gezielten Sabotage seitens der Operndirektion zuzuschreiben, dass Piccinis gleichnamiges Schwesterwerk erst eindreiviertel Jahre später uraufgeführt wurde.

Opern on Air

Die älteste Liveübertragung aus einer Oper fand bereits 1881 in Paris statt. Über Telefon, allerdings stereophon, konnte auf dem Gelände der Elektroakustischen Ausstellung mitgehört werden. Keine zehn Jahre später präsentierte der Aufzeichnungspionier Thomas Alva Edison einem größeren Publikum per Lautsprecher die Musik aus der Metropolitan Opera. Er ließ seine Mitarbeiter auch nach Bayreuth fahren, um 1882 von der Uraufführung des Bühnenweihfestspieles *Parsifal* von Richard Wagner wenigstens eine Walzenaufnahme zu erhalten.

Oft waren es Opernereignisse, bei denen technische Neuerungen vorgestellt wurden, so 1909, ebenfalls in New York, als *Cavallerina Rusticana* von Pietro Mascagni mit Enrico Caruso in der Hauptrolle drahtlos übertragen wurde.

Bereits während der Versuchsphase des deutschen Rundfunks mit dem Sender Königs Wusterhausen wurde am 8. Juni 1921 Puccinis *Madame Butterfly* aus der Berliner Lindenoper übertragen, auf Langwelle. In einem Saal versammelte sich ein ausgewähltes Publikum zum gemeinschaftlichen Hören. Radiopioniere sahen damals in dieser Veranstaltungsform, nicht etwa im Hören alleine zu Hause vor einem privaten Gerät die Zukunft des Rundfunks.

Die Liveübertragungen blieben aber, schon des Aufwands wegen, Einzelereignisse. Ab 1924 besaß die Berliner Funkstunde hingegen eine Opernsendebühne, die Hörfassungen bekannter Opern und Operetten erstellte. Hier waren gerade diejenigen Werke mit lyrischem Grundgestus gefragt, die sich zuvor auf der Bühne nicht so leicht durchsetzen konnten.

Die erste Rundfunklivesendung von den Bayreuther Festspielen fand am 19. August 1931 statt. Rund 200 Stationen in Europa und Übersee waren angeschlossen.

Auch das Fernsehen setzte früh die Opernübertragung im Programm ein. So wurden bereits die Saisoneröffnungsvorstellungen der Met 1948, Verdis *Otello*, und 1949, *Der Rosenkavalier* von Richard Strauss übertragen.

Im Fernsehen der frühen Jahre konzentrierte man sich aber vor allem auf Produktionen im Studio, um die unterschiedliche Ästhetik des kleinen Fernsehbildes im Unterschied zum Bühnenblick aufzufangen. Die erste echte Fernsehoper kam 1951 in den USA heraus, *Amahl und die nächtlichen Besucher* von Gian Carlo Menotti.

Auch in Deutschland mischte das junge Fernsehen mit Eigenproduktionen mit. Dabei wurden, wie in der Eurovisionssendung zum 200. Geburtstag von Wolfgang Amadeus Mozart 1956 bei der *Entführung aus dem Serail*, die Sänger vorab aufgezeichnet und durch Schauspieler im Playbackverfahren gedoubelt.

Zu dieser Zeit war die Liveübertragung großer festlicher Ereignisse bereits Routine. Das Österreichische Fernsehen zum Beispiel bot der Eurovision (→Europa nach Noten) von den Salzburger Festspielen 1958 Mozarts *Cosi fan tutte* an.

Die erste Übertragung in Farbe fand durch die BBC 1953 statt, bezeichnenderweise mit der gerne folklorebunt gestalteten *Carmen* von Georges Bizet. Und obwohl in Deutschland erst auf der Internationalen Funkausstellung 1967 das Farbfernsehen durch einen Knopfdruck von Willy Brandt gestartet wurde, hatte die ARD bereits 1963 ihre Eigenproduktion *Herzog Blaubarts Burg* von Béla Bartók in Farbe aufzeichnen lassen. Das ZDF zog drei Jahre später mit Norbert Schultzes Oper *Schwarzer Peter* nach.

Opernsynonyme

Es gibt vielleicht 100 000 Opern. In den vierhundert Jahren, seit 1597 Jacopo Peris *Dafne* uraufgeführt wurde, hat niemand wirklich nachgezählt. Die meisten Werke waren für eine einmalige Produktion gedacht, der Wunsch nach Neuem hinderte allerdings niemand daran, die vertrauten Stoffe wieder und wieder zu vertonen. Der Begriff Oper setzte sich allerdings erst allmählich als Gattungsbezeichnung durch. Er war, wie so oft, ein Abgrenzungsbegriff, der zum einen den Werkcharakter gegenüber dem improvisierten Theater betonte: »Opera« (die Werke). Zum anderen setzte sich das musikalische Drama, in dem dem Publikum in den Anfangsjahren überhaupt erst klar gemacht werden musste, warum hier gesungen wird, auch deutlich gegenüber dem Sprechtheater ab. Jacopo Peri hatte wie die anderen Renaissancekünstler bei ihren Versuchen, die antike Tragödie wiederzubeleben, nichts weniger im Sinn, als eine neue Gattung mit fest umrissenem Formenkanon zu schaffen. Es gibt also gar keine 100 000 Opern. Es gibt nur Varianten musikalischen Theaters, die, ohne Anspruch auf Vollständigkeit, folgende Gattungsbezeichnungen tragen können:

Azione teatrale, Ballad opera, Ballet de cour, Ballo, Bühnenweihfestspiel, Burlesque, Bürgerliche Komödie mit Musik, bukolische Tragödie, Comédie-ballet, Divertissement, dramma giocoso, dramma in musica, dramma musicale, dramma per musica, favola in musica, Fernsehoper, feste teatrale, Funkoper, Grand opéra, Heitere Mythologie, Komische Oper, Komödie, Liederspiel, Lyrische Komödie, Masque, Melodram, melodramma, Monodrama, Musical, musical play, Musicalette, musikalisches Volksdrama, musikalisches Volksstück, Musikdrama, opéra-ballet, opera buffa, opéra comique, opera semiseria, opera seria, opera scenica, Operette, Pastorale, Posse mit Gesang, Romantische Oper, Schuloper, Semi-Opera, Serenade, Serenata, Singgedicht, Singspiel, Spieloper, szenische Illusion, szenisches Oratorium, tragedia dell'ascolto, tragédie lyrique, Tragödie, weinerliches Singspiel, Vaudeville, Zarzuela …

P

Paloma, La

→ Yradier

Pausenzeichen

Als der Hörfunk sich noch Zeit ließ und nicht alle Sendeflächen bis zur letzten Sekunde mit Jingles, Teasing und Ähnlichem füllte, hatten die Pausenzeichen ihre große Zeit, jene wenigen Takte Musik als Senderkennung. Nicht, wie beim Jingle, als Auftakt von Sendungen, sondern als Ruhepol vor den Nachrichten oder als akustische Mitteilung einer Umschaltpause. Die Hochzeit der Pausenzeichen währte von den 1950er bis Ende der 1980er Jahre. Jede Rundfunkanstalt wählte ein ihrem Sebstverständnis und der regionalen Ausprägung gemäßes Musikstück.

Der Bayerische Rundfunk etwa beschloss 1948 das Glockenspiel des Münchner Rathauses zu verwenden, *Solang der alte Peter*. Eine Melodie, die allzu oft mit dem Dauerbrenner *In München steht ein Hofbräuhaus* verwechselt wird. **Der Südwestfunk**, von der französischen Besatzungsmacht nach dem Zweiten Weltkrieg für Südbaden, Südwürttemberg und Rheinland-Pfalz eingerichtet, setzte auf die drei Knaben aus Mozarts *Zauberflöte*: »Bald prangt, den Morgen zu verkünden«. Eine Melodie, die in der jeweiligen Bearbeitung für bestimmte Instrumente die drei Programme des Senders akustisch voneinander absetzten konnte und zugleich die unterschiedlichen Zielgruppen ansprechen sollte: SWF 1 mit der schlagerorientierten Musik hatte einen Bläsersatz, die Kulturwelle SWF 2 eine Klavierfassung. Und die Pop- und Servicewelle SWF 3 definierte sich durch eine synkopiert-swingende Version im Synthesizersound.

Dagegen betonte der benachbarte **Süddeutsche Rundfunk** seine Heimatverbundenheit mit dem Volkslied *Jetzt gang i ans Brünnele*.

Der deutsche Auslandsrundfunk **Deutsche Welle** setzte programmatisch auf Beethovens *Fidelio*. Ausgewählt wurde jene Stelle im Finale des zweiten Aufzugs, in der der Minister die Rettung verkündet und singt: »es sucht der Bruder seine Brüder«.

Auch der **Saarländische Rundfunk** assoziierte mit seinem Pausenzeichen Programmatisches. Für eine Bergbauregion nicht ungewöhnlich, wählte man einen kurzen Melodieausschnitt aus dem *Steigerlied* (»Glück auf, der Steiger kommt!«), nämlich die Passage zur Textzeile »Und er hat sein helles Licht bei der Nacht«. Allerdings konnten sich ältere Hörer auch daran erinnern, dass während der Auseinandersetzung um die Saarabstimmung 1935 (die Frage, ob das vom Völkerbund unter der Verwaltung Frankreichs stehende Saargebiet ans deutsche Reich Hitlers angegliedert werden sollte), die gleiche Melodie für das pronazistische »Deutsch ist die Saar, deutsch immerdar« Verwendung fand.

Der **Westdeutsche Rundfunk**, auch er für eine Bergarbeiterregion zuständig, verhielt sich dagegen eher klassisch und setzte auf das *Bundeslied* von Ludwig van Beethoven *In allen guten Stunden*, das nach einem Text von Johann Wolfgang von Goethe entstand und dessen Melodie im Übrigen auch für die Hymne des Bundeslandes Niederösterreich Verwendung fand.

Im Norden der Bundesrepublik standen sich die beiden Antipoden der Musikgeschichte des 19. Jahrhunderts im Äther gegenüber: **Radio Bremen** spielte Wagner, der **Norddeutsche Rundfunk** sendete Brahms.

Zwei Sender fielen aus diesem Zitieren musikalischen Allgemeinguts heraus: der **Sender Freies Berlin** und der **Hessische Rundfunk**. Der SFB wählte die Buchstaben seines Kürzels als Noten: es – f – b, wobei beim Erreichen des b bereits der zweite Durchgang eine Oktave höher begann. Elektronische Klänge sollten die Modernität der ihrer glanzvollen Zeit nachtrauernden Metropole vermitteln. In ähnlicher Weise ließ sich der HR vom Komponisten Hermann Heiß ein eigenständiges Musikstück schreiben. Heiß hatte 1948 den Georg-Büchner-Preis erhalten (→ Büchnerpreis). Er leitete das Studio für Elektronische Komposition in Darmstadt. Die von ihm komponierten sechs Töne teilen sich in drei Gruppen: einem tiefen Ausgangston werden vier spielerisch von oben herabperlende Folgetöne angeschlossen, ehe ein hoher Ton das Pausenzeichen beendet.

Politische Brisanz beinhaltete das Erkennungszeichen des britischen Rundfunks: der Anfang der Fünften von Beethoven. Dies mag zunächst verwundern, da Beethoven einer der von den Nazis hoch geschätzten Komponisten war, den sie in den besetzten Ländern als deutsche Kulturprograganda aufführen ließen. Doch Beethovens Anfangsmotiv stand auf der Gegenseite für eine versteckte Botschaft. Im Morsealphabet ergibt das »dreimal kurz einmal lang« jenen Buchstaben V, der für das Wort Victory steht. In den Sendungen für Frankreich und Belgien wurde von der BBC dezidiert darauf Bezug genommen. So wurde das Spielen der Fünften zu einem geheimen Akt des Widerstandes. Nach dem Krieg deuteten die Besiegten den Klang der BBC-Senderkennung in der Verdrängung eigener Schuld mit Beethovens eigenen Worten: »so klopft das Schicksal an die Pforte«.

Piano – Forte

Erstmals erwähnt werden die beiden Lautstärkebezeichnungen leise und laut Ende des 16. Jahrhunderts, bei dem Venezianer Giovanni Gabrieli 1597 und kurz darauf bei Adriano Banchieri aus Bologna. Es handelt sich dabei um Kompositionen mit mehreren Chören, die den Effekt von Echowirkungen nutzen. Übertragen auf Tasteninstrumente mit mehreren Manualen (etwa Cembali) bedeutet dies die Herausbildung einer so genannten Terassendynamik, dank je einer Tastatur für das lautere und für das leisere Spiel. Als man zu Beginn des 20. Jahrhunderts große Anstrengungen unternahm, die Musik bis hin zur Zeit Bachs für den Konzertsaal zu entdecken, entstand aus dieser Terassendynamik eine Art Dogma, ein Irrglaube, auch die Streicher- und Bläsermusik dieser Jahrhunderte müsste im starren Wechsel zweier dynamischer Grundmuster gespielt werden.

Fortepiano

Im 18. Jahrhundert entwickelte sich aus dem Wunsch, gleichzeitig laut und leise spielen zu können, ein neues Instrument, das Pianoforte bzw. Fortepiano. Dabei wird die Saite nicht wie beim Cembalo mit einem Dorn angerissen, sondern mit einem Hämmerchen angeschlagen, was durch den jeweiligen Fingerdruck eine Differenzierung der Intensität des Tons zulässt.

Mit der Zeit werden die dynamischen Angaben der Komponisten immer ausführlicher, sie gipfeln im 19. Jahrhundert beispielsweise in der sechsten Symphonie Peter Tschaikowskys, der *Pathetique* op. 74. Hier reichen die Anweisungen vom sechsfachen Piano (pppppp) bis zum fünffachen Forte (fffff), Vorgaben, die selbst in den überbordenden spätromantischen

Partituren eines Richard Strauss nicht überboten werden, weil sie schlichtweg an der Grenze der spielbaren Unterscheidung liegen.

Plattenindustrie, auf den Hund gekommen

Ein Foxterrier namens Nipper

Er ist der berühmteste Hund der Musikgeschichte, jener nicht ganz reinrassige Foxterrier namens Nipper. Der streunende Hund soll 1884 von einem Engländer namens Mark Barraud in Bristol auf der Straße gefunden worden sein. Im September 1895 starb er in Kingston upon Thames. Wir kennen ihn heute besser als andere Hunde, weil er durch das Gemälde *His Master's Voice* zum ersten durchschlagend erfolgreichen Logo der Schallplattenindustrie wurde. Der Bildtitel ist ein seit Jahrzehnten gängiger Markenname. Das Gemälde scheint mythisch aufgeladen und dringt tief ein in die menschliche Psyche: Wir sehen einen brav sitzenden, anscheinend gebannt in den Lautsprechertrichter eines Grammophons hineinhörenden Hund. Er ist der niedliche Stellvertreter von uns allen, die wir dank der Technik und der Musikindustrie an den unsterblichen Tönen teilhaben können.

Vom Streuner zum Plattenstar

Die Wirklichkeit ist etwas prosaischer. Nipper war anscheinend gar nicht so wohl erzogen, wie das Logo suggeriert. Schließlich erhielt er seinen Namen (Kneifer), weil er Besucher im Hause Barraud gerne in die Waden biss. Mark Barraud hatte den streunenden Foxterrier bei sich aufgenommen. Als er drei Jahre später starb, nahm sein jüngerer Bruder Francis den Hund mit nach Liverpool. Die Legende erzählt, wie der trauernde Hund gebannt vor dem Grammophon saß und den Tönen lauschte. Schon mit dem toten Mark Barraud hatte Nipper angeblich immer Musik gehört. Vielleicht ist dies alles nur ein späterer Vermarktungstrick des Malers gewesen. Er malte das weiße Tier mit den schwarzen Ohren jedenfalls in seiner üblichen Sitzhaltung und stellte ihm einen schwarzen Phonographen in gleicher Größe gegenüber. Noch erkannte niemand die durchschlagende Marketingwirkung des naiven Gemäldes.

Zu diesem Zeitpunkt wetteiferte man in der Musikindustrie um die besten Schallspeichersysteme. Thomas Alva Edison setzte weiter auf seine Erfindung, den Walzenphonographen, der auch berühmte Musiker wie Johannes Brahms in sein Studio zog (→ Beethovens Zehnte, wer schrieb). Emil Berliner hingegen, ein früherer Angestellter Abraham Graham Bells, baute an einem neuen Tonträger, der Schallplatte, und dem dazugehörigen Abspielgerät, dem Grammophon. Um die Jahrhundertwende hatte sich dieses neue Verfahren auf dem wachsenden Unterhaltungsmarkt deutlich gegen die Konkurrenz durchgesetzt. Und spätestens 1912/13 sah Edison ein, dass sich seine eigene Erfindung überlebt hatte. Auch seine Firma produzierte von nun an Schallplatten.

Francis Barraud ging mit seinem Gemälde, das den Hund vor einem Phonographen zeigt, hausieren: Kunstinstitute und Zeitungsredaktionen winkten ab und auch die Firma Edisons hatte kein Interesse. Barraud wandte sich an die Konkurrenz. Er lieh sich ein »Improving-Gramophone« aus und übermalte den schwarzen Edisonkasten. Eine gute Entscheidung, denn der messingglänzende moderne Schalltrichter strahlt eine optimistischere Wirkung aus. Barraud ließ sich das Bild von der Gramophone Company abkaufen. Allerdings zu einem Spottpreis: 50 Pfund für das Bild selbst, 50 Pfund für die Abtretung der Vervielfältigungsrechte. Dafür musste er auch noch insgesamt 24 Kopien des Gemäldes für die Büros der Firma herstellen. In diesen voneinander abweichenden Versionen konnte der Maler noch einmal mit seinem Motiv und der Wirkung von Licht und Schatten experimentieren. Das kann man zum Beispiel auf einem Photo sehen, auf dem Barraud vor seinem Gemälde posiert. Der eher stupsige Kopf des Hundes scheint sich hier leicht nach rechts hinten zu drehen. Auf einem anderen Bild blickt ein etwas länglicherer Kopf traurig leicht nach vorn unten. Auch an der Lichtspiegelung auf dem Metalltrichter lässt sich erkennen, wie um eine immer größere Vervollkommung des Motivs gerungen wurde. Ganz zu schweigen von der Anordnung, die Hund und Grammophon auf dem runden aufgeklebten Plattenetikett einnehmen.

Die Londoner Gramophone Company startete zu Beginn des Jahres 1900 ihren Reklamefeldzug. Emil Berliner konnte die Rechte an Hund und Bild für den amerikanischen Markt sichern. Als er aus rechtlichen und ökonomischen Gründen seinen Firmensitz ins kanadische Montreal verlegte, dokumentierte er den Neuanfang des Unternehmens, indem er den Titel des Bildes zum Markennamen erhob: *His Master's Voice*. Das Logo und der Name *His Master's Voice* waren so ein durchschlagender Erfolg, dass bei Abspaltungen, Firmenverkäufen, Über-

His Master's Voice

nahmen die jeweiligen Rechteinhaber das Copyright behielten. In den USA die RCA, in Deutschland die Grammophon mit dem übersetzten Titel »Die Stimme seines Herrn«, in England schließlich die EMI.

Im Jahre 2006 meldete sich übrigens ein kanadischer Nachfahre eines Schotten namens Billy Graham, der angeblich den Begriff *His Master's Voice* für ein Preisausschreiben erfunden haben soll. Da er kein Geld hatte, konnte er den Gewinn, ein Grammophon, nicht abholen. Und der Ruhm ging an ihm vorüber. Der Zwischenruf nach hundert Jahren lässt zumindest darauf schließen, dass der Gemäldetitel *His Master's Voice* nicht von Barraud stammt. Ursprünglich hieß das Bild korrekt, aber sperrig *Dog looking at and listening to a Phonograph*.

Das gestellte Abbild der Wirklichkeit beeinflusste wiederum die Wirklichkeit: Auf seinem mühsamen Weg durch die Antarktis 1912 schleppte der Brite Robert Scott auch ein Grammophon mit sich. Während sein Rivale Raoul Amundson in einem gnadenlosen Wettrennen als erster Mensch den Südpol erreichte, photographierte Scott einen seiner Huskies, wie dieser den Trichter des Plattenspielers betrachtete. Scott starb auf dem Rückweg vom Südpol, das überlieferte Photo wurde so zu einem Memento Mori.

Im Jahre 1939 wurde Frederick Gaisberg, jener unermüdliche Aufnahmepionier aus den Anfangstagen der Schallplattenindustrie (→ Zehn Arien für 100 Pfund), aus Anlass seines 50-jährigen Berufsjubiläums geehrt. Inzwischen war er der hoch angesehene Repertoiredirektor der EMI. Es existiert ein aussagekräftiges Photo von diesem Ereignis. Man stellte Gaisberg zusammen mit dem Direktor der Firma, Alfred Clark, an ein Pult, auf dem ein frühes Exemplar eines Grammophons mit Trichter stand. Hinter ihm vermutlich das Originalgemälde von Barraud. Die Ähnlichkeit im Ausdruck von Gaisberg und Nipper ist verblüffend. So sehr scheint der Schallplattenpionier sein Lebenswerk verinnerlicht zu haben.

Plagiatsverdächtig

In einer Zeit, als man noch nicht das moderne Urheberrecht kannte, gingen Musiker verhältnismäßig entspannt damit um, dass ihre Melodien Allgemeingut waren und von anderen in ihren Werken zitiert, übernommen, transformiert wurden.

Parodieverfahren

Wichtig war weniger die Originalität des Einfalls als vielmehr die kunstvolle Verarbeitung. Das so genannte Parodieverfahren erlaubte es Musikern, aus ihren früheren Werken ganze Sätze mit neuer Textierung zu übernehmen. Dieses Recycling war angesichts einer Musik, die zu konkreten Anlässen oftmals für eine einmalige Aufführung geschrieben wurde, arbeitsökonomisch sinnvoll und brachte gelungene Kompositionen weiter unter die Leute. Daher verwandte Johann Sebastian Bach sowohl den Eingangschor *Tönet ihr Pauken! Erschallet Trompeten!* als auch drei weitere Sätze aus seiner Dramma per Musica genannten Huldigungskantate zum Geburtstag der Kurfürstin von Sachsen und polnischen Königin Maria Josepha 1733 (BWV 214) für seine erste Kantate des Weihnachtsoratoriums (BWV 248).

Weiter gehen die Eingriffe bei Bearbeitungen fremder Musik, wie etwa Johann Sebastian Bachs Concerti für Solocembalo BWV 972–987 nach Konzerten für Solostimmen und Orchester von Vivaldi, Torelli, Marcello, Telemann und anderen.

Musikalischer Tauschhandel

Georg Philipp Telemann und Georg Friedrich Händel standen in einem regen Austausch musikalischer Einfälle. Telemann führte in Hamburg Händelsche Opern auf, etwa den *Riccardo I.*, schrieb dafür aber neue Rezitative auf deutsche Texte.

Händel zitierte seinerseits mit Freude melodische Phrasen aus dem Werk Telemanns. Ihm lagen im Notendruck einige Kantaten, die Tafelmusik und weitere Instrumentalstücke des Kollegen vor. Aus der Telemannschen Tafelmusik entlehnte er Melodien beispielsweise für das Oratorium *Alexanderfest, oder: Die Kraft der Musik,* aber auch für seinen *Hercules* und den *Belshazzar.* So nutzte er ein lustiges Stück von Telemann, das den Ruf eines Posthorns nachahmte. Der Satz *Postillons* aus der Ouvertürensuite B-Dur TWV 55: B1 wird bei Händel im *Belshazzar* zur ironischen Beschreibung der Ankunft wichtigtuerischer Seher, die dennoch die geheime Schrift an der Wand, das berühmte Menetekel, nicht lesen können. Derartige kompositorische Anverwandlung verletzte im 18. Jahrhundert kein Urheberrecht und bedeutete auch nicht »eine gewisse Laxheit in Fragen des geistigen Eigentums«, wie Bertolt Brecht gesagt hätte. Vielmehr kann man sie als Zeugnis der Verehrung des eines Komponisten für den anderen lesen.

Die Musikforscher stellt dieser rege Austausch vor enorme Herausforderungen. Dort, wo keine gedruckten Vorlagen oder andere schriftliche Zeugnisse vorhanden sind, wird es sehr schwer, Werke eindeutig einem bestimmten Komponisten zuzuordnen. Stilanalysen führen mitunter in die Irre, weil oft unterschiedliche Kompositionstechniken amalgamiert wurden. Dass die größten Musiker ihrer Zeit sich paralell deutscher, italienischer und französischer Schreibweisen bedienten, war keine Seltenheit. Schließlich sind es Zufallsfunde bei Notenhandschriften oder in Briefwechseln, die mitunter weiterhelfen. So weiß man heute, dass allein fünf im Bach-Werke-Verzeichnis aufgeführte Kirchenkantaten von Georg Philipp Telemann stammen. Auch in manche verworrene Überlieferungsgeschichte lässt sich Klarheit bringen. So hat man erst kürzlich bei den Telemann-Festtagen in Magdeburg 2008 die moderne Erstaufführung des Oratoriums *Der aus der Löwengrube errettete Daniel* erleben können. Das Werk kann inzwischen zweifelsfrei Georg Philipp Telemann zugeschrieben werden, obwohl in einigen vorhandenen Notenabschriften die Autorschaft Händels behauptet wird.

Entlehnungspraxis

Die Entlehnungspraxis ist übrigens nicht auf die Barockmusik beschränkt. Auch von Christoph Willibald Gluck weiß man, dass er seinen Kompositionslehrer Sammartini dadurch ehrte, dass er ganze Sätze aus Instrumentalwerken übernahm. Glucks Reformeifer, was die verkrustete Oper anging (→Opernkriege) hinderte ihn nicht daran, gelungenes Altes weiter zu verwenden. In Zeiten, in denen ständig »neue« Kompositionen gefordert waren und Vergangenes mit Glück in den Archiven vergilbte, war dies nicht nur ein Gebot der musikalischen Ökonomie.

Einen besonderen Spaß machte sich Wolfgang Amadeus Mozart, indem er doppeldeutige Zitate aus Opern seiner Konkurrenten im *Don Giovanni* verwendete (→Mozarts Rache).

Mit zunehmendem Schutz des geistigen Eigentums wurde das Entlehnen verpönt, es begann der Plagiatsverdacht. Paul Lincke (1866–1946) konnte noch unbehelligt für seine Operette *Lysistrata* (UA Berlin 1902) ein markantes Motiv aus der Wandererphantasie von Franz Schubert, bewusst oder unbewusst, zu seinem *Glühwürmchenidyll* verarbeiten. Das Instrumentalstück wurde so ein großer Erfolg, dass die Zuhörer bei Schubert an Lincke dachten und nicht umgekehrt.

Kalter Krieg um zehn Töne

Heftiger war der Streit zwischen den Gesellschaftssystemen während des Kalten Krieges um die Urheberschaft einer Melodie. Für den Film *Wasser für Canitoga* aus dem Jahre 1939 schrieb Peter Kreuder die Filmmusik. Kreuder lavierte in der Zeit des Dritten Reiches zwischen Opportunismus und unterschwelligem Protest. Einerseits lieferte er den Nazis für Propagandafilme die passende Musik und füllte zugleich das Vakuum in der Unterhaltungsmusik, das durch den Weggang und die Verfolgung vieler jüdischer Künstler entstanden war. Andererseits gerieten seine Swing- und Jazzadaptionen bei den Synkopen zählenden Parteichargen auf den Index. In *Wasser für Canitoga* gelang ihm mit einem Lied für den Hauptdarsteller Hans Albers sein größter Hit: *Good bye, Jonny*. Der Anfang, die Viertonfolge abwärts, die einen Ton höher wiederholt wird, ist identisch mit einem anderen großen Erfolg eines anderen Komponisten: der Nationalhymne der DDR *Auferstanden aus Ruinen*, komponiert von Hanns Eisler. Die war zehn Jahre nach dem Kreudersong innerhalb kurzer Zeit entstanden, zwischen der Gründung der DDR und den Feierlichkeiten zum Jahrestag der Oktoberrevolution. Eisler setzte musikalisch eine eher getragene, wiegende Melodie gegen das möglicherweise von Staat und Partei erwartete Pathos (das dann in der bombastischen Instrumentalbegleitung sich dennoch Bahn brach). Hanns Eisler, der einst Schönbergschüler gewesen war, suchte nach dem Zweiten Weltkrieg bewusst eine Volkstümlichkeit jenseits der Affirmation überkommener Hörgewohnheiten.

Die ersten zehn Töne waren gleich. Zwar unterschied sich der laszive Rhythmus des *Good bye, Jonny* vom ruhigen *Auferstanden aus Ruinen*. Doch die Nähe fiel auf. Peinlich in Zeiten der Systemkonkurrenz. Zunächst aber nicht so offensichtlich, da im Westen die DDR-Hymne nicht gespielt wurde (bei internationalen Sportereignissen wie den Olympischen Spielen trat in den fünfziger und sechziger Jahren eine gesamtdeutsche Mannschaft an. Als erstmals 1968 zwei deutsche Teams gebildet werden durften, verfügte das Internationale Olympische Komitee, dass bei Siegerehrungen *Freude schöner Götterfunken* erklingen sollte). Kreuder, nach einer geraumen Zeit, die er in Lateinamerika verbracht hatte, nach Deutschland zurückgekehrt und nicht mehr mit Erfolgen überhäuft, klagte auf Plagiat. Doch selbst die Urheberrechtskommission der UNO sah sich außer Stande, mehr als eine zufällige Übereinstimmung zu sehen. Auf

Seiten der Eislerschen Hymne wurde argumentiert, es gäbe auch eine Übereinstimmung mit dem Lied des Clärchen aus Beethovens Bühnenmusik zu Goethes *Egmont*. In der Tat ist die diatonische Abwärtsbewegung mit anschließender Wiederholung eine Stufe höher bei der Textzeile »Freudvoll und leidvoll« zu finden. Aber dieser Anfang ist so unspezifisch und wird von Beethoven gänzlich verschieden fortgesetzt, dass sich nur schwer eine bewusste oder unbewusste Adaption behaupten lässt, weder bei Kreuder noch bei Eisler. Doch der inzwischen als Evergreen-Komponist vermarktete Peter Kreuder rächte sich auf seine Weise. Bei einer Tournee durch die DDR spielte er mit seinem Orchester *Good bye, Jonny*. In öffentlichen Äußerungen wunderte er sich, dass daraufhin die Zuhörer im Konzertsaal sich von ihren Sitzen erhoben. Zu diesem Zeitpunkt war das Singen des Textes der DDR-Hymne wegen der Zeile »Deutschland, einig Vaterland« längst eingestellt worden.

Porträtlos, aber nicht ehrlos

Wer heutzutage das Schloss Versailles besucht, der ahnt kaum, was hinter dem schönen Schein im 17. Jahrhundert an Kämpfen stattfand. Kämpfe um die Aufmerksamkeit des Königs und um die Rangfolge, die sich in teilweise erniedrigenden Aufgaben für die Vertreter des Adels äußerte. König Louis XIV. nahm die führenden Familien sozusagen in Geiselhaft, indem er sie in einem Schloss versammelte, das den zeitweilig mehreren Tausend Bewohnern von der Infrastruktur her nicht gewachsen war.

Für sein politisches Programm entschloss sich Louis XIV. die Hilfe der Künste anzunehmen. Die Bezeichnung Sonnenkönig sollte deutlich machen, dass er derjenige war, der den Staat und seiner Bewohner am Leben erhält. Dass sich um ihn alles dreht. Den Namen hatte er sich zugelegt, als er bei einer höfischen Veranstaltung selbst tanzend als Sonne auftrat. Das war 1653 im *Ballet Royal de la Nuit*. Es handelte sich um ein Ballet de Cour, eine spezielle Form höfischer Feste, bei der es im Grunde keine Zuschauer, sondern nur Mitwirkende gibt. Die sind gleichzeitig in ihren realen Funktionen und in ihren erfundenen Rollen zu sehen. So entsteht ein spielerisches Abbild der Wirklichkeit.

Der junge Louis zeigte mit seinem damaligen Auftritt allen, dass er den französischen Adel entmachtet hatte. Dieser hatte zuletzt mit dem Fronde-Aufstand versucht, eine eigenständige

Rolle in der nationalen Politik zu spielen. Komponiert wurde das *Ballet Royal de la Nuit* zum Teil von Jean Baptiste Lully. Mit diesem Auftrag und der Freundschaft zu Louis XIV. begann der Aufstieg des aus Italien stammenden Musikers (→ Gefährliche Musik). Lully bemühte sich allerdings, seine neapolitanische Herkunft vergessen zu machen und rein französisch zu komponieren, im Unterschied zu seinem Rivalen, Marc-Antoine Charpentier. Charpentier fühlte sich freier, italienische Stilelemente in seiner Musik unterzubringen. Der Wettbewerb zwischen den beiden fand unter ungleichen Bedingungen statt. Trotz seines Talentes hatte es Charpentier seltsamerweise deutlich schwerer, in Paris wirklich Fuß zu fassen. Als Lully seine Tätigkeit als Komponist bei der Theatertruppe Molières beendet hatte, wurde Charpentier sein Nachfolger. Doch Molière starb kurz darauf auf offener Bühne während einer Aufführung.

Der unterdrückte Rivale

Lully wachte zudem peinlich darüber, dass die Instrumentierungen bei der Comédie-Francaise nicht üppiger ausfielen als bei seiner eigenen Chapelle royale. Daher verwendet Charpentier meist nur einen vierstimmigen Streichersatz, nicht, wie es bei Hofe üblich war, einen fünfstimmigen. Immer mal für einzelne Projekte vom Sonnenkönig angefordert, entschied sich Charpentier, lieber für den Thronfolger zu arbeiten, und komponiert schließlich eine Fülle von Messen und Motetten für die Jesuiten. Selbst als Jean Baptiste Lully durch eine öffentlich bekannt gewordene Affäre mit dem königlichen Pagen Brunet die Gunst des Sonnenkönigs verloren hatte, konnte Charpentier nicht punkten. Durch seine bescheidene Art stand er ohnehin eher am Rande der höfischen Gesellschaft mit ihrem in ritualisierter Affektiertheit gebundenen System kommunizierender Zeichen. Auch nach Lullys tragischem Tod 1687 infolge einer Blutvergiftung (nachdem dieser sich den Dirigierstab in den Fuß gerammt hatte) blieb dessen musikalische Sprache geschmacksbestimmend für das absolutistische Selbstverständnis. In Prunkabschriften lagen die Opern in der königlichen Bibliothek, wurden bald auch als Drucke für den Musikalienhandel vorbereitet. Dagegen wurde das Werk Charpentiers, das in seinem außerordentlichen Umfang fast nur handschriftlich überliefert wurde, bald vergessen. Und selbst nachdem der Anfang seines *Te Deum* ab 1954 europaweit als Eurovisionshymne populär geworden war (→ Europa nach Noten), dauerte es noch eine ganze Weile, ehe sich Spezialensembles der Alte-Musik-

Bewegung an das Bergen der musikalischen Schätze machten. Eine Besonderheit bei Charpentier fällt noch ins Auge. Es existieren von ihm keine gesicherten Portraits. Das ist ungewöhnlich. Alle, die irgendwie in der Gesellschaft des französischen Absolutismus etwas darstellen wollten, ließen sich ihr Konterfei malen oder zeichnen. Subalterne Bedienstete am Hof ebenso wie Mitarbeiter an kirchlichen Einrichtungen. Nur bei Charpentier tappt die Nachwelt im Dunkeln. Zwar tauchten in letzter Zeit zwei Portraits auf, auf denen der 1704 verstorbene Komponist abgebildet sein soll. Ihre Authentizität ist aber umstritten. Welch ein Unterschied zu der Fülle der Bilder, Zeichnungen, Büsten, auf denen Jean Baptiste Lully zu sehen ist.

Der unsichtbare Komponist

Primadonnengezeter

Sie waren hoch bezahlte Primadonnen, die gleichaltrigen Sopranistinnen Faustina Bordoni und Francesca Cuzzoni. Zusammen mit dem Kastraten Senesino beherrschten sie Londons Operngeschehen, spalteten das Publikum und führten zu einem der berühmtesten Eklats der Musikgeschichte. Die Cuzzoni war für ihre musikalische Ausdrucksstärke, ihre Tonsicherheit und ihre Spitzentöne bekannt; die Bordoni hatte eine Technik des unbemerkten Atmens entwickelt, wodurch sie die Töne erstaunlich lange halten konnte. Der Musikschriftsteller Charles Burney ist für vieles, was wir über die so flüchtigen Dinge wie Interpretation aus dem 18. Jahrhundert wissen, der wichtigste Gewährsmann. Seine bald europaweit in Übersetzungen verbreiteten Aufzeichnungen, *The Present State of music in France and Italy*, London 1771 (dt. *Carl Burney's der Musik Doctors Tagebuch einer musikalischen Reise durch Frankreich und Italien*, Hamburg 1772) und *The Present State of Music in Germany, the Nederlands and United Provinces*, London 1772 (dt. *Carl Burney's der Musik Doctors Tagebuch seiner Musikalischen Reisen II und III*, Hamburg 1773) bewahren die Wahrnehmungen des Musikkenners erstaunlich detailliert und genau auf. Burney äußert sich beispielsweise verwundert über die Präzision und die Geschwindigkeit der so genannten »Rouladen«, also der virtuosen Tonläufe der Faustina.

Der Erfolg beider Sängerinnen ist neben ihrem persönlichen Können auf einen Geschmackswandel zurückzuführen: Zunächst waren die Zuhörer geschockt, dass Hauptrollen nicht mehr ausschließlich mit Kastraten besetzt wurden. Doch die Virtuosität der beiden Primadonnen überzeugte auch die Skeptiker.

Händel als Psychologe

Händel, dessen persönliche Beziehungen zu Frauen (und Männern) eher im Dunkel liegt, verhielt sich als Komponist und Kulturunternehmer bei allen Aufgeregtheiten seiner Stars immer korrekt und professionell. Zu den vielen oft kolportierten Anekdoten über Eitelkeiten der Sängerinnen gehört eine Episode während der Arbeit an der Oper *Ottone, Re die Germania* von 1723 (→Historische Momente auf dem Theater). Um die tobende Francesca Cuzzoni zu beruhigen, soll Händel sie so lange aus dem Fenster gehalten haben, bis sie Ruhe versprach. Mit dem Hinweis, er wisse, dass sie eine Teufelin sei, er aber sei Belzebub, der Teufel Oberster. Eine Methode, die sehr an die handfesten Auseinandersetzungen zwischen Katharina und Petruchio in William Shakespeares *Der Widerspenstigen Zähmung* erinnert.

Das schwächelnde Opernunternehmen Händels, die Royal Academy of Music, setzte in der Spielzeit 1725/26 alles auf die eine Karte, die der Stars. Zusätzlich zu der bereits seit 1722 engagierten Cuzzoni war für die erstaunlich hohe Summe von 2500 Pfund Faustina Bordoni engagiert worden. Der kluge Komponist setzte die Sängerinnen in der Oper *Alessandro* mit der gleichen Anzahl von Arien ein, ließ sie jeweils ein Duett mit dem Sänger der Titelrolle, dem Kastraten Senesino singen. Höhepunkt der Händelschen Diplomatie war ein Duett der beiden Rivalinnen, das er so geschrieben hatte, dass beide Sängerinnen die genau gleiche Menge zu singen hatten. (→Über den Umgang mit Künstlern)

Arien werden gerecht verteilt

Das Publikum ließ sich mit solcherelei künstlerischer Raffinesse leider nicht erziehen und spaltete sich sofort in zwei Fraktionen. Wo immer die Rivalinnen in der Folgezeit auftraten, wurden sie durch Beifallsbekundungen und Zischen ihrer Anhänger und Gegner begleitet. Angefacht vom publizistischen Sperrfeuer in den Zeitungen, angeheizt von den Sympathiebekundungen ihrer jeweiligen Anhänger, kam es am 6. Juni 1727 auf offener Bühne zum Streit. Aufgeführt wurde die Oper *Astianatte* von Giovanni Battista Bononcini, der ebenfalls das Publikum spaltete. Sein eher anmutiger Stil mit überlangen Arien war vor einigen Jahren bei den Londonern noch besser

Theaterdonner

angekommen als der Händels. Jetzt hatte sich das Blatt gewendet. Vielleicht hatten sich an diesem Abend die beiden Primadonnen und ihr Publikum einfach gelangweilt. Die Damen sollen sich an den Haaren gezogen und gegenseitig Hure genannt haben, wie der Schriftsteller John Arbuthnot in einem Pamphlet *Der Teufel ist los in St. James* kopfschüttelnd vermerkte. Auch die Anwesenheit der königlichen Prinzessin Caroline konnte den Skandal während der Aufführung nicht verhindern. Rasch wurden lustige Satiren auf den Sängerinnenstreit verfasst. Vor allem die Gegner der italienischen Oper, die auf die Muttersprache setzten, sahen sich in ihren Vorurteilen bestätigt. Der Dichter John Gay verfasste mit dem Komponisten John Christopher Pepusch die *Beggar's Opera*, die 1728 uraufgeführt wurde und eine Parodie der Händelopern und der erstarrten Formen der Opera seria darstellt. Die Texte wurden mit prominenten, damals zeitgenössischen Melodien versehen. Im Gewand der Londoner Unterwelt werden hier die gleichen Rivalitäten gezeigt, die auf den vornehmen Bühnen inszeniert wurden. Natürlich streiten sich auch hier zwei Primadonnen, genauer zwei als Primadonnen auftretende Huren. Der Erfolg der *Beggar's Opera* und das allgemein nachlassende Interesse an italienischen Opern führten zu einer Krisensitzung der Aktionäre der Royal Academy of Music, die sich daraufhin kurzerhand auflöste.

Als Bertolt Brecht und Kurt Weill 1928 eine moderne Version der *Beggar's Opera* unter dem Titel *Die Dreigroschenoper* im Berliner Theater am Schiffbauerdamm herausbrachten, erinnerten sie sich an den Streit der Primadonnen zwei Jahrhunderte zuvor. Im Eifersuchtsduett der beiden Geliebten des Bandenführers Macheath, Lucy und Polly, die ihn gleichzeitig im Gefängnis besuchen, wird dieses Motiv wiederaufgenommen. Weill hat peinlich genau darauf geachtet, dass auch hier, wie im *Alessandro* von Händel, die beiden Sängerinnen den gleichen Anteil an der Musiknummer haben.

Der Skandal steigert den Marktwert

Den beiden Händelschen Primadonnen bescherte der europaweit kolportierte Skandal eine vorübergehende Steigerung ihrer jeweiligen Marktwerte. Sie reisten, heutigen Jet-Set-Stars nicht unähnlich, von Gastspiel zu Gastspiel. Danach verliefen ihre Lebenswege jedoch unterschiedlich. Faustina Bordoni heiratete den Komponisten Johann Adolf Hasse und ging mit ihm an den Dresdener Hof. Dort erlebte sie glanzvolle Zeiten und versuchte später als gealterter Star vergeblich, gegen die als ihre Nachfolgerin gehandelte Regina Mingotti zu intrigieren. Sie starb in ihrer Geburtstadt Venedig im Alter von knapp 84 Jahren.

Francesca Cuzzoni trat in Paris, Wien, Venedig, Florenz, Hamburg, Stuttgart und schließlich in Bologna auf. Allerdings verschuldete sie sich aufgrund ihrer Luxussucht und musste daraufhin sogar ins Gefängnis. Ein Comeback Ende der 1740er Jahre in London misslang. Sie fristete ihre Tage als Knopfmacherin. Cuzzoni starb 72-jährig in Bologna.

Programme, geheime

BRAHMS, 1. Klavierkonzert

In einem Brief an Clara Schumann behauptet der Komponist, der zweite Satz, das Adagio, »malt ein sanftes Portrait von Dir«. Brahms war immer wieder eine Liaison mit der Frau seines Förderers nachgesagt worden.

SCHUMANN, 4. Symphonie

Auch hier ist Clara Schumann der Adressat: »Meine nächste Symphonie soll ›Klara‹ heißen, und ich will sie darin abmalen mit Flöten, Oboen und Harfen.«

TSCHAIKOWSKY, 6. Symphonie, *Pathetique*

In einem Brief an seinen Neffen Bob Dawidoff, der wahrscheinlich auch Ziel seines Begehrens war, schreibt der Komponist am 23. Februar 1893 über ein »Programm, das allen ein Rätsel bleiben wird. Mögen sie selber dahinter kommen.« Da Tschaikowsky im gleichen Jahr unter ungeklärten Verhältnissen stirbt, bürgert sich die Lesart ein, in der Symphonie ein Selbstportrait zu sehen. Wahlweise das eines mit Titanen ringenden romantischen Künstlers oder aber das eines seine Veranlagung unterdrückenden Homosexuellen.

DVOŘÁK, 9. Symphonie, *Aus der Neuen Welt*

In einem Artikel für eine amerikanische Zeitung erklärt der Komponist, dass der langsame Satz eine Studie für eine spätere Kantate oder Oper zu Longfellow's Epos *Hiawatha* ist und das Scherzo das Fest Hiawathas mit dem Tanz der Indianer nachzeichnet. (→ Eine Sprache, die alle Welt versteht)

GUSTAV MAHLER, 6. Symphonie
Ausdrücklich warnt der Komponist in der Partitur die ausführenden Musiker wie die Hörer vor einem vermeintlichen Programm. So gibt er als Spielanweisung beim Einsatz von Glocken zwar den Hinweis auf »realistische Nachahmung (...) einer weidenden Herde«, fügt aber hinzu, »dass diese technische Bemerkung keine programmatische Ausdeutung zulässt«. Seine dunkle Andeutung, die *Sechste* werde Rätsel aufgeben, ist immer wieder als Freibrief für die Suche nach einem geheimen Programm genommen worden. Wobei bei Mahler offen bleibt, ob er dabei inhaltliche oder strukturelle Rätsel im Sinn hatte. Immerhin fügte er hinzu, dass das Studium der fünf vorhergehenden Symphonien bei der Suche helfen könne. Insbesondere Mahlers Witwe, Alma Mahler Werfel (→ Lustige Witwenpest), hat in ihren mehr literarisch als dokumentarisch zu wertenden *Erinnerungen* in die Themen der Symphonie einiges hineingeheimnist. Im zweiten Thema des ersten Satzes sah sie sich selbst musikalisch abgebildet. Eine rhythmische Komplexität des dritten Satzes verstand sie als das unsichere Gehen der Mahlerschen Kinder im Sand. Ja sie deutete das zurückgenommene, Verzweiflung auslotende Finale als ein Vorhersehen jener Schicksalsschläge, die auf den zu dieser Zeit recht erfolgreichen Komponisten noch warten sollten. Bleiben wir bei so viel mystischer Vorahnung lieber bei Mahlers eigenen Worten, der bei den assoziativ hoch aufgeladenen Kuhglocken darauf bestand, »dass diese technische Bemerkung keine programmatische Ausdeutung zulässt«.

Pythagoräisches Komma

Mit den Satzzeichen ist das in der Musik so eine Sache. Theodor W. Adorno sah sich in seinen *Noten zur Literatur* veranlasst, Komma und Punkt mit Halb- und Ganzschluss in der Musik zu parallelisieren. Doch der lyrische Überschwang trieb ihn weiter: »Ausrufezeichen sind wie lautlose Beckenschläge, Fragezeichen Phrasenhebungen nach oben, Doppelpunkte Dominantseptakkorde; und den Unterschied zwischen Komma und Semikolon wird nur recht fühlen, der das verschiedene Gewicht starker und schwacher Phrasierungen in der musikalischen Form wahrnimmt.« (Adorno, *Noten zur Literatur I*, 1958, GS Bd. 11, S. 106 ff.)

Musikalisch wirksamere Kommata jenseits dieser spekulativen Vergleiche von Musik und Schrift sind jene Abweichungen, die Musiktheoretikern seit je zu schaffen machten. Das berühmteste Beispiel ist das pythagoräische Komma, ein Intervall von etwa einem Achtelton.

Schichtet man 12 Quinten übereinander, so kommt man zum Ausgangston sieben Oktaven höher. Theoretisch. Denn in die Folge c g d a e h fis cis gis dis ais eis his in reinen Quinten hat die Natur etwas mehr Distanz gelegt, so dass his höher ist als das eigentlich erwartete c. Und zwar ist das Verhältnis mathematisch genau 531 441 zu 524 388 oder 23,46 Cents (eine Oktave gleich 1200 Cents). Das war lange Zeit nur für Theoretiker ein Problem, da in der Musik Modulationen in weit entfernte Tonarten selten vorkamen (→X = Doppelkreuz), so dass sich die Verstimmung der Instrumente und damit auch des Hörers in Grenzen hielt. Erst als sich die Musiker nicht mehr beschränken wollten, entschloss man sich zu einer sanften Verstimmung der Töne. (→Wohltemperiert). Neben dem pythagoräischen Komma finden sich noch weitere Abweichungen, drei große Terzen ergeben gegenüber der Oktave einen leicht zu niedrigen, vier kleine Terzen einen leicht zu hohen Ton.

Q

Quintenzirkel, Merksprüche

Nicht nur wenn man die Richtigkeit des pythagoräischen Kommas überprüfen will (→Pythagoräisches Komma) oder entlegene Tonarten aufsucht (→X = Doppelkreuz), helfen Merksprüche, die Abfolge der Töne zu behalten. Musikerhumor wird im Allgemeinen von Außenstehenden als recht eigenwillig wahrgenommen. Daher soll der tiefere Sinn hinter dem Memorieren bei den folgenden Sätzen nicht erforscht werden.

Der Quintenzirkel nach oben lässt sich merken mit:

Geh **d**u **a**lter **E**sel, **h**ol **Fis**ch.

Weniger verbreitet ist:

Gustav, **d**eine **a**lten **E**ltern **h**aben **Fis**telstimmen.

Tonarten mit mehr Kreuzen erreicht:

Ein **H**ai-**Fis**ch **cis**cht **Gis**ela **dis**kret an.

Schwieriger scheint sich der Quintenzirkel in umgekehrter Richtung merken zu lassen, also mit Zunahme der Erniedrigungszeichen, der b's:

Der **g**roße **C**äsar **f**unkt **b**edrängt **es**-o-es.
Cäsar **f**and **b**eim **Es**sen **As**tern **des** **Ges**andten.
Frische **B**ananen **es**sen **As**sistenten **des** **Ges**etzes.
Frische **B**rezeln **es**sen **As**se **des** **Ges**angvereins.

Die Liste lässt sich beliebig fortsetzen. Wie bei Witzen tauchen solche Merksprüche ohne Verfasserangaben wie aus dem Nichts auf, werden akzeptiert oder verschwinden. Problematisch ist dabei nur, dass man sich die mitunter widersinnigen Sätze eigentlich nur merken kann, wenn man die Tonnamen schon beherrscht. Und dann braucht man sie nicht mehr.

Das ist bei jenem Satz anders, mit dem ich in der Grundschule gelernt habe, welche Töne auf den fünf Notenlinien zu finden sind, wenn ein Violinschlüssel davor steht: »**E**s **g**eht **h**urtig **d**urch **F**leiß!« Und damit ich nicht allzu sehr unter Stress geriet, folgte als Belohnung der Satz mit den Tönen, die in die Zwischenräume gehören: **F**ritz **a**ß **C**itronen-**E**is.

R

Religiöse Bekenntnismusik

Manche Musikstücke sind so bekannt, dass sie wie ein Signal wirken, wenn sie von Komponisten in ihren Werken zitiert werden. Ein Beispiel dafür ist der Lutherchoral *Ein feste Burg ist unser Gott* aus dem Jahr 1529, der in der Auseinandersetzung zwischen den Katholiken und den Evangelischen vor allem im Deutschland des 19. Jahrhunderts den Charakter eines Bekenntnisses annahm. Wer ihn zitierte, positionierte sich in einem Streit, der nach der Reichsgründung unter Bismarck als Kulturkampf des Reiches gegen den transmontanen Katholizismus eskalierte. Die Deutschnationalen verwendeten den Choral gerne, vor allem wegen der dritten Strophe »und wenn die Welt voll Teufel wär«. Die Sätze Luthers halfen mit dem Hinweis auf »Feinde ringsum«, sich gegen Kritik zu immunisieren. Gleichzeitig war der Lutherchoral aber auch eine Hilfe für diejenigen, die sich gegen alle nationalen Massensuggestionen auf ihr eigenes Gewissen beriefen.

Eine feste Burg ist unser Gott

In den Konzertsaal kam *Ein feste Burg ist unser Gott* durch Felix Mendelssohn Bartholdy. Seine *Reformationssinfonie* d-Moll op. 107 baut in ihrem letzten Satz den Choral ein. Die hohe Opuszahl täuscht, es handelt sich nicht um ein Spätwerk. Erst die Veröffentlichung aus dem Nachlass des 1847 mit nur 38 Jahren gestorbenen Komponisten ordnete das Werk hinter die *Schottische Sinfonie* und die *Italienische Sinfonie* als Nr. 5 ein. Entstanden ist es in den schöpferisch so ergiebigen Jahren 1829/30 im Umfeld der Wiederaufführung der Matthäuspassion, der Reisen nach England und Italien. Die Sinfonie sei ein »böses Tier«, urteilte Mendelssohn später und dachte daran, die Noten zu verbrennen.

Reformationssinfonie

Ihren Namen erhielt die *Reformationssinfonie,* weil sie ursprünglich für eine Feier zur 300. Wiederkehr des Stiftungstages der Augsburger Konfession gedacht war. Dabei war sie ein durchaus ökumenisches Werk. Denn außer *Ein feste Burg ist unser Gott,* von Heinrich Heine als »Marseillaise der Reformation« bezeichnet, verwendet Mendelssohn auch das *Dresdner Amen.* Die aufsteigende Melodielinie stammt aus der Liturgie der katholischen Hofkirche und war so bekannt, dass sie als Ortsangabe verstanden wurde. Der Komponist und Virtuose Louis Spohr zitiert das *Amen* in seinem Duo concertant F-Dur op. 96 aus dem Jahre 1836/37 als Lokalkolorit, um den Untertitel des Stückes *Nachklänge einer Reise nach Dresden und in die Sächsische Schweiz* nachvollziehbar zu machen. Und auch Richard Wagner verwendet die gravitätisch aufwärts steigende Melodie in seinem letzten Bühnenwerk, dem *Parsifal*. Mag sein, dass Wagner das *Dresdner Amen* aus seiner Zeit als Königlich-Sächsischer Kapellmeister kannte. Auf jeden Fall wusste er von der Verwendung durch Mendelssohn, über den er in seinen Schriften antisemitische Schmutzkübel ausgegossen hatte.

Die Kenntnis des protestantischen Chorals konnte Giacomo Meyerbeer auch in Frankreich voraussetzen, als er ihn in seiner Grand opéra *Les Huguenots*, in Paris 1836 uraufgeführt, als wiederkehrendes Motiv verwendete. Die Oper, die die Zeit der »Bartholomäusnacht« thematisiert, war eine der erfolgreichsten des 19. Jahrhunderts, auch wenn sie mancherorts das Sujet wechseln musste, um nicht religiöse Zwietracht zu erzeugen (→ Historische Momente auf dem Theater).

Ein feste Burg blieb weiter poltisch aufgeladen. In dem während des Ersten Weltkriegs entstandenen dreisätzigen Stück für zwei Klaviere *En blanc et noir* zitiert es Claude Debussy und charakterisiert damit den Kriegsgegner Deutschland.

En blanc et noir

Felix Mendelssohn Bartholdy waren die konfessionellen Grabenkämpfe übrigens fremd. Er wurde 1816 protestantisch getauft. Sein Vater Abraham behielt zwar für sich aus Verehrung für Moses Mendelssohn seinen jüdischen Nachnamen bei, erwartete aber von den Kindern, dass sie sich Bartholdy nannten. Dahinter stand die Erfahrung, wie brüchig die Emanzipation seiner Glaubensbrüder war. Die Stein-Hardenbergschen Reformen in Preußen brachten 1812 zwar die rechtliche Gleichstellung der Juden, der Wiener Kongress nach dem Sieg über Napoleon 1815 drehte aber das Rad erneut zurück. Felix, aufgewachsen mit einer jüdisch-patriarchalen Erziehung, groß geworden mit protestantischer Kirchenmusik, bewahrte sich als Künstler vor jedweder konfessionellen Einengung. Für das katholische Kirchenfest in Lüttich schrieb er 1846 *Lauda sion*, ausgerechnet zur Jubelfeier des gegenreformatorisch verstandenen Fronleichnamfestes. Für den Neuen Tempelverein in Hamburg, eine liberale Synagoge, bestand der Plan, den 100sten

Psalm zu vertonen. Vermutlich infolge von Terminschwierigkeiten erlebte das Stück schließlich doch seine Uraufführung am evangelischen Berliner Dom. Die protestantische Kirchenmusik bereicherte Felix Mendelssohn Bartholdy nicht zuletzt durch die großen Oratorien *Paulus* und *Elias*.

Ritter von der traurigen Gestalt, musikalischer

Es gibt literarische Stoffe, die haben durch die Zeiten hindurch immer Hochkonjunktur. Das um 1600 auftretende Quartett archetypischer europäischer Außenseiter, Don Juan, Don Quijote, Faust, Hamlet, gehört dazu. Manche dieser Figuren erleben in jeder neuen Generation eigenständige Umdeutungen, andere haben früh ein fest gefügtes Repertoire an Geschichten ausgebildet.

Der Ritter von der traurigen Gestalt, jene unsterbliche Erfindung des Miguel de Cervantes, betritt 1605 die Bühne der Weltliteratur. Don Quijote de la Mancha ist ein Roman, der verschiedene literarische Formen seiner Zeit aufgreift und zugleich parodistisch verfremdet. Zehn Jahre später wird er um einen nicht minder voluminösen zweiten Teil erweitert. Der Stoff fand nicht allein durch die Leser über Jahrhunderte hinweg Eingang ins kollektive Gedächtnis Europas. Die vermeintliche Liebesgeschichte des Ritters mit Dulcinea, der Kampf mit den Windmühlen und die Gutmütigkeit des treuen Gefährten Sancho Pansa verbreitete sich auch mittelbar durch Nacherzählung, durch Bilder und durch Musik.

Don Quijote erobert die Opernbühne

Schon 1680 wird in Venedig *Il Don Chisciot della Mancha* als Musiktheater realisiert, zehn Jahre später bringt Johann Philipp Förtsch an der Hamburger Gänsemarktoper *Der irrende Ritter Don Quixote de la Mancia* heraus. Die Gänsemarktoper ist übrigens schon sehr früh ein Ort, an dem sich das hanseatische Bürgertum mit lebensprallen Geschichten unterhalten lässt. Angesichts der nutzlosen Bemühungen des aus der Zeit gefallenen Ritters kann sich der weltmännische Unternehmer seines eigenen Wertes versichern.

Von diesem Zeitpunkt an taucht Don Quijote in schöner Regelmäßigkeit auf den Opernbühnen auf, von Paris bis Breslau, von London bis Neapel. Rameau, Telemann, Piccini (→ Opernkriege, Paesiello, Salieri, Donizetti, Kienzl (der Komponist des zeitweiligen Opernhits *Der Evangelimann*), Manuel de

Falla sind nur einige der Komponisten der über 100 nachgewiesenen Bühnenwerke. Darüber hinaus verdient vor allem das im 19. Jahrhundert hoch erfolgreiche Ballett von Leon Minkus Erwähnung. Minkus realisierte es 1864 für das St. Petersburger Mariinskytheater und komponierte neben den bekannten Szenen des Romans auch eine Reihe spanisch inspirierter Musik, wie etwa eine Seguidilla, und daneben charakteristische Matrosen- und Zigeunertänze.

Der »Ritter von der traurigen Gestalt« ist auch im 20. Jahrhundert noch immer ein Sujet, das Musiker zu neuen Deutungen anregt. Er tritt uns etwa in den Opern von Hans Zender (UA Stuttgart 1993) und Christobal Halffter (UA Wien 1999) entgegen. Während sich Zender für die aufgespaltene Wahrnehmung des Ritters interessiert (daher auch der Untertitel *31 theatralische Abenteuer, auch einzeln oder in beliebigen Kombinationen aufführbar*), sieht sich Halffter in der Auseinandersetzung mit der Tradition der spanischen Musik. Aus dieser Beschäftigung heraus versucht er der Unzeitgemäßheit des Don Quijote eine hörbare

Musicalstar

Gestalt zu geben. In *Man of la Mancha* erreichte der Stoff schließlich die Musicalbühne. Von Dale Wasserman stammt das Bühnenstück, von Mike Leigh die Musik. Als Off-Broadway-Produktion kam das Musical Play 1965 heraus, ehe es drei Jahre später den Broadway eroberte. In der Verfilmung von 1972 spielten Peter O'Toole und Sophia Loren die Hauptrollen.

Auch in der Instrumentalmusik spukt Don Quijote herum. Die Szene mit den Windmühlen regte manchen Komponisten zu raschen Musikstücken im Stil eines Perpetuum mobile an. Die irreale Liebe des Ritters zu Dulcinea lässt sich mit Seufzermotiven auch ohne Sprache ironisieren. Und Sancho Pansas störrischer Esel lädt zu rhythmischem Stolpern ein. Zu den

Don Quijote instrumental

bekanntesten unter den instrumentalen Versionen des Stoffes gehören Georg Philipp Telemanns Orchestersuite *Burlesque de Quijote* und *Don Quixote, Fantastische Variationen über ein Thema ritterlichen Charakters* op. 35 von Richard Strauss. Ursprünglich als Filmmusik gedacht war Maurice Ravels letzte Komposition, die drei Lieder *Don Quixotte à Dulcinée* (→ Filmmusik, unerhörte).

Die Faszination durch die Jahrhunderte zeigt: Miguel de Cervantes nahm zwar eine exakte historische Situation zum Ausgangspunkt seines Romanes. Er verstand sein Buch als satirische Kritik an der gesellschaftlich überholten Gruppe der

Ritter, die ihrer Funktion verlustig gegangen waren. Dennoch enthält der Stoff so viel Eigendynamik, erzählt so viel von den Bedingungen der Menschen schlechthin, dass er immer wieder aufs Neue bearbeitet werden konnte. Nicht zuletzt, weil die Gegenüberstellung von Schein und Sein des »Ritters von der traurigen Gestalt« auf dem Theater und mit musikalischen Mitteln immer eine Herausforderung für die Komponisten gewesen ist.

Russisches Blech

Zu den musikalischen Besonderheiten am Zarenhof in St. Petersburg zählte die Mitte des 18. Jahrhunderts eingerichtete so genannte »Hornmusik«. Etwa 40 Hornisten der kaiserlichen Kapelle wurden als lebendige Orgel eingesetzt. Das heißt, jeder Musiker hatte nur einen einzigen Ton von sich zu geben. Als Begleitung des Chors, als virtuose Instrumentalmusik, aber auch für Bälle fand dieses klanglich homogene, in der Lautstärke durchdringende Ensemble Verwendung, wobei Beobachter oft die ungeheuere Geschwindigkeit lobten. Zu dieser Zeit treten die Hörner im Orchester in der Regel nur paarweise auf. Vor der Erfindung der Ventile sind sie auf die natürlichen Töne der Obertonreihe angewiesen und können zusätzliche Töne nur durch so genanntes Stopfen, d. h. Manipulieren des Schalltrichters mit der Hand, erzeugen. Es ist also davon auszugehen, dass die Hörner des Zaren unterschiedlich gestimmt waren, um es den durch den nötigen Drill ohnehin gestressten Musikern möglichst einfach zu machen.

S

Saxophon

→ Klarinettenersatz, wetterfester

Schulmeister

→ Auf-die-Couch-schmeiß-Musik; → Guidonische Hand; → Kaffee-Kanon & Tonleiterblues)

Schutzpatron, katholischer

Der Jesus vorausgehende Asket Johannes, der im Jordantal zu Buße und Umkehr aufrief und die Scharen mit Flusswasser taufte, hat viele Funktionen in der Welt der Heiligen erhalten. Eine davon ist es, der Schutzheilige der Sänger zu sein. Johannes wird nämlich gegen Heiserkeit und Stimmverlust angerufen. In einem gregorianischen Hymnus zu seinem Namenstag, dem 24. Juni, wird er gebeten, den Dienern die befleckten Lippen von der Schuld zu erlösen: »Ut queant laxis« (→ Guidonische Hand). Hintergrund ist eine Geschichte, die der Evangelist Lukas überliefert: Zacharias, Priester und Gatte der Elisabeth, hatte dem Erzengel Gabriel nicht recht glauben wollen, als dieser die Geburt seines Sohnes Johannes verkündete: »Ich bin alt und mein Weib ist betagt.« Da wurde er mit Stummheit geschlagen und erst als bei der Beschneidung des acht Tage alten Kindes in der Familie das Getuschel über die merkwürdige Namensgebung nicht verstummen wollte, schrieb der immer noch sprachlose Zacharias den Namen Johannes auf ein Täfelchen, »und alsbald ward sein Mund und seine Zunge aufgetan.« (1,64)

Bekannter ist Johannes der Täufer musikgeschichtlich allerdings durch die Episode am Hofe des Herodes, die zu seiner Enthauptung führte: Oscar Wildes Drama »Salome« diente in der deutschen Übersetzung fast wörtlich als Libretto für die gleichnamige dritte Oper von Richard Strauss, die 1905 in Dresden uraufgeführt wurde.

Schutzpatron, revolutionärer

Der durch Europa eilende russische Anarchist und Sozialrevolutionär Michail Bakunin verfolgt am 31. März 1849 die Generalprobe von Beethovens neunter Symphonie in Dresden mit Richard Wagner am Pult. Es sind Tage höchster Dramatik, wie geschaffen für Bakunin, der den Umsturz der alten Welt fest vor Augen hat. Gerade ist in Frankfurt am Main durch die Nationalversammlung eine deutsche Verfassung verabschiedet worden. Nach heftiger Diskussion hat das Parlament dem preußischen König Friedrich Wilhelm IV. die deutsche Kaiserkrone angetragen. Er wird sie später ablehnen. Die Barrikadenkämpfe in der sächsischen Residenzstadt stehen unmittelbar bevor. In dieser Situation tritt nach der Probe Bakunin zum Orchester und erklärt feierlich, »dass, wenn alle Musik bei dem erwarteten großen Weltenbrande verloren gehen sollte, wir für die Erhaltung dieser Symphonie mit Gefahr unseres Lebens einzustehen uns verbinden wollten.« So überliefert es Richard Wagner in seinen Lebenserinnerungen *Mein Leben*. Wagner wird kurze Zeit darauf wie Bakunin per Haftbefehl gesucht, den Weltenbrand gestaltet er später mythisch aufgeladen im *Ring des Nibelungen*.

Selbstmörder

Es gilt als »Hymne der Selbstmörder«, das Lied *Gloomy Sunday*, das der Ungar Rezsö Seress im Dezember 1932 verfasste, nachdem seine Freundin ihn verlassen hatte. Im Text ist von den Überlegungen des Mannes die Rede, sich mit seiner toten Geliebten zu vereinen, indem er Hand an sich legt. Erst wollte das Lied keiner hören, weil es zu depressiv klang. Doch nach und nach erreichte der Song eine makabere Popularität. Es häuften sich die Berichte, nach denen sich Menschen erst *Gloomy Sunday* angehört hatten und dann sich das Leben genommen haben sollen. Schnell erreichte der Song weltweite Verbreitung in immer neuen Übersetzungen. In den 1930er Jahren wurde daher ernsthaft ein Radioboykott erwogen. Als 1941 Billy Holliday ihre Version des Liedes herausbrachte, hatte der Werthereffekt allerdings bereits wieder abgenommen. Wie bei Goethes Roman *Die Leiden des jungen Werthers*, der im späten 18. Jahrhundert eine Selbstmordwelle provozierte, hatte auch *Gloomy Sunday* seine vorübergehende Konjunktur. Den Komponisten Seress allerdings, der mit seiner übrigen Musik nie mehr so bekannt wurde, ließ das Lied nicht los. Nachdem bereits jene einstige Freundin, die Anlass für das Stück gewesen war, Selbstmord begangen hatte, legte auch er 1968 Hand an sich.

Weitere Selbstmörder:

JEREMIAH CLARKE † 1707
: Der britische Organist, der heute vor allem durch sein *Trumpet Voluntary* bekannt ist, soll sich wegen einer unglücklichen Liebe erschossen haben.

HUGO DISTLER † 1942
: Politische Schikanen durch die Nationalsozialisten, der Krieg und die beginnende Bombardierung der deutschen Städte, die Angst vor der Einberufung zur Armee, dies alles mögen Gründe sein für den Selbstmord, mit dem der bedeutende evangelische Kirchenmusiker seinem Leben ein Ende setzte.

BENEDIKT HACKER † 1829
: Einer jener vielen Musiker, die es nie schafften, über einen kleinen Kreis hinaus bekannt zu werden. Und der gerade deshalb hier quasi als »Denkmal für den unbekannten Komponisten« herhalten soll. Hacker lebte in Salzburg, schrieb Singspiele und Messen und litt an seinem Lebensende unter massiven finanziellen Schwierigkeiten, die ihn zum Selbstmord veranlassten.

CARL SCHUNCKE † 1839
: Der Angehörige einer weit verzweigen Musikerfamilie stürzte sich aus dem Fenster, nachdem er durch einen Schlaganfall unfähig geworden war, sich zu bewegen und zu sprechen.

KAREL SVOBODA † 2007
: (bekannt durch die *Biene Maja*-Melodie)

PETER TSCHAIKOWKSY † 1893
: Trank er tatsächlich choleraverseuchtes Flusswasser, mit oder ohne Absicht, oder nahm er Arsen zu sich, um das Urteil eines geheimen Ehrengerichtes zu vollziehen, das ihn wegen seiner Homosexualität verurteilt hatte, wie der britische Biograph Anthony Holden spekuliert?

JAROMIR WEINBERGER † 1967
: Komponierte die tschechische Volksoper *Schwanda, der Dudelsackpfeifer* und verkraftete nach dem Zweiten Weltkrieg den massiven Rückgang seiner schöpferischen Fähigkeiten nicht, war daraufhin extrem depressiv.

BERND ALOIS ZIMMERMANN † 1970
Auch er tötete sich selbst aufgrund einer tiefen Depression. Sein letztes Werk fasst noch einmal seine ganze Verzweiflung zusammen, die »ekklesiastische Aktion« *Ich wandte mich, und sah an alles unrecht, das geschah unter der Sonne* auf Texte der Bibel und von Fjodor Dostojewskij.

ROBERT SCHUMANNS Selbstmordversuch, sich im Rhein zu ertränken, führte zu seiner Einlieferung in die Nervenheilanstalt Endenich bei Bonn (→ Wahnsinnige).

Sirenen

Griechische Mythenwesen

Einmal sind es zwei, dann drei, schließlich in der Spätantike vier Wesen, die den Namen Sirene tragen dürfen. Ihnen wird nachgesagt, mit ihrem Gesang Seefahrer anzulocken und sie ins Verderben zu führen. Erstmals tauchen sie in der Überlieferung bei Homer in einer Bewährungsprobe für Odysseus auf (→ Gefährliche Musik). Ihr »heller Gesang«, seine Süße und Mannigfaltigkeit, so spätere Autoren, würde die Menschen Essen und Trinken vergessen lassen. Einzig Orpheus (→ Superstar, antiker) ist in der Lage, mit seinem Gesang den Sirenen Paroli zu bieten. Aus diesem Erzählstrang entwickelte sich die Sage vom Selbstmord der Sirenen. Schon zuvor sollen sie ihre Flügel verloren haben, weil sie den Musen im künstlerischen Wettstreit unterlegen waren. Man sieht, es geht hier um musikalische Deutungshoheit, denn die vorolympischen Sirenen sollen gegenüber den olympischen Göttern, allen voran Zeus, dem Vater der Musen, als die Schwächeren und Bösen dargestellt werden. Eine der Sirenen, Parthenope, ist bei Neapel an Land geschwemmt worden. Ihr verdanken die Neapolitaner nach eigenem Verständnis ihre Leidenschaft für Kanzonen (→ Odessa, neapolitanisch: O sole mio).

Eine andere Deutung nimmt Platon vor, der in seinem Werk *Der Staat* den Himmelglobus beschreibt. Auf jedem der acht Hemisphären thront eine Sirene und singt einen ganz bestimmten Ton. Plutarch hielt das für Unfug und kritisierte, hier habe jemand die Sirenen mit den Musen verwechselt.

Dante ist für das Negativbild der Sirenen im späten Mittelalter und der frühen Neuzeit verantwortlich. Von ihm stammt die Verknüpfung der nun nicht mehr geflügelten Wesen mit den fischschwänzigen Meerjungfrauen. In der Folgezeit stand als

Bildprogramm David mit der Harfe den Sirenen mit der Orgel gegenüber.

Die Moderne war mehr an Odysseus als an den Sirenen interessiert. Der rational Hörende, der den nüchternen Forscherdrang über das gefahrvolle Entgrenzungsversprechen stellt, ist bei den Autoren der *Dialektik der Aufklärung*, Max Horkheimer und Theodor W. Adorno, als Urbild des bürgerlichen, selbstbestimmten Subjektes gedeutet. Franz Kafka korrigiert in *Das Schweigen der Sirenen* die Vorgabe durch den übermächtig scheinenden Homer. Odysseus, so Kafka, sei als Einzelreisender unterwegs gewesen, habe sich Wachs in die Ohren gestopft, habe also gar nicht hören können, was wirklich geschehen ist: dass die Sirenen gar nicht sangen. Diesen Text hat der Komponist Rolf Riehm zuerst zu einem Orchesterstück und dann zur Oper *Das Schweigen der Sirenen* (uraufgeführt 1994 in Stuttgart) verarbeitet.

Bertolt Brecht ging in seinen kurzen Überlegungen *Berichtigungen alter Mythen*, verfasst 1933, kurz vor dem Tod korrigiert, noch weiter: »Wer – außer Odysseus – sagt uns, dass die Sirenen wirklich sangen, angesichts des angebundenen Mannes? Sollten diese machtvollen und gewandten Weiber ihre Kunst wirklich an Leute verschwendet haben, die keine Bewegungsfreiheit besaßen?« (Bertolt Brecht, Berliner und Frankfurter Ausgabe Bd. 19, S. 340)

Akustisches Warngerät

Als 1819 der durch zahlreiche Erfindungen ausgewiesene Charles Cagniard de la Tour sein akustisches Warngerät vorstellte, das auf mechanischem Wege Hochfrequenztöne erzeugen kann, gab er ihm den Namen der griechischen Mythenwesen. Wie diese sind die technischen Sirenen vom Verschwinden bedroht: von den 80 000 installierten Sirenen für den Katastrophenschutz, die 1990 in der Bundesrepublik Deutschland tönten, wurden inzwischen mehr als die Hälfte abgebaut.

In die Welt der Musik traten diese Sirenen durch Hermann von Helmholtz. Der Physiker, eine der großen Kapazitäten des 19. Jahrhunderts, experimentierte mit ihnen, interessierte sich allerdings nur für die akustischen Ergebnisse, die er 1863 in seiner *Lehre von den Tonempfindungen* niederschrieb.

Durch Erik Satie gelangten die mechanischen Sirenen auf die Podeste der Konzertsäle. In seiner *Parade* (1915), einem Ballett, das er zusammen mit Jean Cocteau und Pablo Picasso für die

Ballets russes von Diaghilev verfasste, tauchen neben Sirenenklängen auch Schreibmaschinengeräusche und Revolverschüsse auf. Dieses Aufgebot an ungewöhnlichen Instrumenten diente Satie zur Karikatur der bürgerlichen Musikwelt, in der der Lärm der Reklame und des Alltags die musikalische Aussage übertönt.

Auch Edgar Varèse setzte in *Amériques* (1922) oder in *Ionisation* (1931) die Sirenenklänge ein. Und zwar nicht wie zur gleichen Zeit im Hörfunk, etwa in einem Hörspiel von Friedrich Wolf (*SOS Rao Rao Foyn*), als realistisches Tonsignal. Varèse hatte sich in die Lektüre der *Lehre von den Tonempfindungen* versenkt und bei Helmholtz den Anstoß für seine veränderte Musikauffassung gefunden: keine Abfolge einzelner Noten, sondern im Raum schwingende Materie. Da Varèse ein praktisch veranlagter Mensch war, kaufte er auf dem Flohmarkt Handsirenen und wirkte selbst bei einer der ersten Aufführungen mit.

Im Wasser

Gefährdet ist auch jene Tierart, die den wissenschaftlichen Namen »Sirenia« trägt, die Seekuh. Der deutsche Zoologe Johann Karl Wilhelm Illiger taufte in seinem Säugetierwerk *Prodromus Systematis Mammalium et Avium* 1811 die bis zu vier Meter langen Meeresbewohner auf den klingenden antiken Namen, obwohl der Mittelmeerraum die Seekuh gar nicht kannte.

Christoph Kolumbus fiel auf seiner ersten Amerikareise die Ähnlichkeit der Seekuh mit in der ferne badenden Menschen auf und er beschrieb sie in seinem Logbuch 1493 als Meerjungfrauen. Die Sirenen der Karibik seien allerdings weniger schön als bei Horaz. Und gesungen haben sie wohl auch nicht, anders als die anderen Meeressäuger, die Wale. (→ Animalische Töne)

Sitzordnung im Orchester

In modernen Symphonieorchestern unterscheidet man die »deutsche« von der »amerikanischen« Sitzordnung. Gemeint ist die Positionierung der Streicher im vorderen Bereich. Denn dass Holz- und Blechbläser, Schlagwerk, Harfen und Tasteninstrumente dahinter sitzen, ist, wenn nicht vom Komponisten dezidiert anders gefordert, kaum strittig.

Die heutige Sitzordnung ist das Ergebnis einer langsamen Fortentwicklung des Orchesters. Ende des 18., Anfang des

19. Jahrhunderts verliert das Cembalo oder das Pianoforte seine Funktion als Continuoinstrument und verschwindet aus dem Zentrum des Ensembles. Zunächst werden meist die tiefen Streicher in die Mitte gesetzt, unmittelbar vor den Dirigenten. Diese Anordnung fand recht lange ihre Anhänger, an der Berliner Hofoper etwa war sie noch Mitte des Jahrhunderts im Orchestergraben üblich.

Deutsche vs. amerikanische Sitzordnung

Die allmählich aufkommende so genannte »deutsche« Sitzordnung ordnet im Uhrzeigersinn die ersten Geigen, die Celli, die Bratschen und die zweiten Geigen an, so dass die hohen Streicher links und rechts um den Dirigenten am Bühnenrand sitzen. Die als »Furtwänglersche« Sitzordnung bekannte Variante tauscht Celli und Bratschen.

Als Urheber der »amerikanischen« Sitzordnung gilt der Dirigent Leopold Stokowski, der für seine brillanten und wirkungsorientierten Interpretationen bekannt ist. Er lässt nun am rechten Bühnenrand die Celli Platz nehmen, so dass im Uhrzeigersinn erste und zweite Geigen, Bratschen und Celli sitzen. Diese Lösung hat sich nach dem Zweiten Weltkrieg zusammen mit dem Siegeszug der modernen Schallaufzeichnung und der damit einhergehenden veränderten Rezeption durch die Musikhörer allmählich auch in Europa durchgesetzt. Allerdings kehren in den letzten Jahren Orchesterleiter auf der Suche nach einem traditionelleren Klangbild wieder verstärkt zur »deutschen« Sitzordnung zurück, etwa der für seine die romantischen Traditionen affirmativ aufnehmenden Interpretationen bekannte Christian Thielemann.

Solmisation

→ Guidonische Hand

Spanisches Preußen: ein musikalischer Gastarbeiter

Wer denkt, Globalisierung sei ein Phänomen der Gegenwart, der irrt. Die Verlagerung der Produktion ins Ausland, das Kommunizieren auf rein postalischem Wege, das alles findet sich bereits im 18. Jahrhundert. Ein gutes Beispiel hierfür ist der Komponist Luigi Boccherini. »Selten hatte ein Komponist den Vorzug der Originalität in einem höheren Maße«, schreibt der belgische Musikforscher François Joseph Fétis im 19. Jahrhundert über ihn. Als Spross einer Musikerfamilie 1743 in Lucca geboren, machte sich Boccherini früh als Cellist einen Namen, erzielte hohe Gagen, begleitete in Wien Ballette und trat in Paris in privaten Zirkeln auf. Dort legte er den Grundstein für seine Berühmtheit als Komponist. Denn längst reichte es vielen aufstrebenden Musikern nicht mehr, an irgendeinem Hof unter Ausschluß einer interessierten Öffentlichkeit ganz den Launen des jeweiligen Brotherrn unterworfen zu sein. Nicht jeder hatte ja das Glück eines Joseph Haydn, einem musizierfreudigen Fürsten unterstellt zu sein.

Luigi Boccherini nutzte als Werbung für sich selbst die immer wichtiger werdenden Musikverlage, die sich in den großen Zentren als Teil der bürgerlichen Kultur herausbildeten und die nicht zuletzt zusätzliche Einnahmen garantierten. Während er in der musikalischen Provinz, im spanischen Aranjuez, als gut dotierter »compositore e virtuoso di camera« in die Dienste des Infanten Luis trat, erschienen seine Werke fast zeitgleich in der Metropole Paris und wurden von dort nach ganz Europa versandt. Sein kosmopolitischer Stil, voller Einfallsreichtum und von einer gewissen Glätte, kam gut an. Um als global player auftreten zu können, bedurfte es eines Querschnittgeschmacks, der dennoch wiedererkennbar war. Boccherini konnte ihn liefern. Wichtig war aber auch eine fortlaufende Produktion immer neuer und doch zugleich verwandter Musikstücke. Zuhause in Aranjuez, später in Madrid, schrieb er folgerichtig 91 Streichquartette, 42 Streichtrios und 125 Streichquintette. Insbesondere bei den Quintetten mit zweiter Bratsche, die nicht so häufig komponiert wurden, erlangte er so rasch eine Vorrangstellung.

Der Komponist als global player

Das Echo seines Ruhms gelangte auch in die Mark Brandenburg. Dort regierte bis 1786 Friedrich II. von Preußen, dessen Musikgeschmack in jener Zeit stehen geblieben war, als er als Kronprinz noch an den neuen ästhetischen Entwicklungen in Europa teilnahm. Brandenburg-Preußen drohte sich von der allgemeinen Musikentwicklung in Europa abzukoppeln. Hier hieß es gegenzusteuern. Friedrichs Nachfolger Friedrich Wilhelm II. liebte nicht nur die Künste und die Frauen, sondern hatte auch als Kronprinz eine umfängliche musikalische Ausbildung erhalten. Zunächst lernte er das Spiel auf der Gambe, schon bald aber auf dem moderneren Violoncello. »Ohne das bischen Musique währe ich gewis krank geworden«, bekannte er später.

Anders als sein Vorgänger ahnte Friedrich Wilhelm II., dass es in Zukunft schwer sein würde, namhafte internationale Musiker dauerhaft an den märkischen Sand zu binden. Er akzeptierte daher die Gesetze des Marktes und bot einen Job ohne Anwesenheitspflicht an.

Durch den preußischen Gesandten in Madrid ließ Boccherini bereits 1783 eigenhändig geschriebene Ausfertigungen seiner Musik nach Potsdam schicken. Um eine Abwerbung in den Norden zu verhindern, erhöhte sein Arbeitgeber Don Luis das Salär, das nun als gesonderten Posten ein Honorar für die kompositorische Tätigkeit vorsah. Nach dem Tode seines Brotherrn und nach der Übersiedelung nach Madrid war Boccherini frei, um das Angebot aus Preußen anzunehmen. Er wurde am 21. Januar 1786 vom Noch-Kronprinzen zum »Compositore della Nostra Camera« ernannt, mit einem Salär von jährlich 1000 Talern. Anwesenheitspflicht Fehlanzeige. Und so sandte er Jahr für Jahr zwölf Instrumentalwerke, meist für Streicher, nach Berlin und Potsdam. Niemals jedoch fuhr er zu seinem neuen Herren in den – von Spanien aus betrachtet – kalten europäischen Norden. Friedrich Wilhelm II. war sehr angetan von der ihm überbrachten Musik und spielte sie oft. Ein handschriftliches »bon« ist auf einem Notenblatt zu finden.

Komponieren in Heimarbeit

Wie so oft in der preußischen Geschichte, bedeutete ein Regentenwechsel auch eine grundsätzliche Änderung in der Hofhaltung. Friedrich Wilhelm III. war eher pragmatisch und amusisch. Er sah wenig Sinn darin, Musiker in der Ferne zu finanzieren, wo es doch genügend einheimische Talente gab. Der neue König lehnte also 1797 nach der Regierungsübernahme das Gesuch Boccherinis um Fortbeschäftigung ab und gewährte auch keine Pension.

Das war für den Madrider Komponisten nun besonders grausam. Denn inzwischen hatte sich der Musikgeschmack geändert. Die Werke des einst so kosmopolitisch den Zeitgeist erspürenden Boccherini galten als altes Eisen. Das Lob des oben zitierten Fétis enthält auch die Erklärung für die Ende des Jahrhunderts einsetzende Vernachlässigung: »Seine Werke sind von so bemerkenswerter Eigenheit, dass man zu glauben versucht sein könnte, er habe außer seiner eigenen keine andere Musik gekannt.« So ist das in der globalisierten Musikwelt. Um anzukommen, muss sich etwas als wiederkennbare Marke etablieren. Wenn aber immer der gleiche Boccherini drin ist, wo Boccherini drauf steht, dann wendet sich das Interesse der Käufer frischeren Produkten zu. Und das waren Ende des 18. Jahrhunderts beispielsweise Werke von Ludwig van Beethoven.

Posthumer Ruhm

Verarmt und vereinsamt starb Luigi Boccherini 1805 in Madrid. Wie im Nachruf von Johann Friedrich Reichardt, dem preußischen Hofkapellmeister, zu lesen war, »von der musikalischen Welt bereits im Leben vergessen«. Wohl, weil er nicht vor Ort präsent war, in Berlin, Potsdam oder anderswo. Doch als global player kehrte er anderthalb Jahrhunderte später wieder zurück. Eine Filmmusik verwendete ein einziges Stück, jenes *Menuett von Boccherini*, welches Mitte des 20. Jahrhunderts so populär wurde, dass es in vielen Schallplatteneinspielungen von kurzen klassischen Stücken Eingang fand.

Stradivari, der Rolls Royce unter den Geigen

Ersteigert

Die Geigen der Familie Stradivari, vor allem die des Vaters Antonio, waren von jeher wegen ihres Klanges berühmt und begehrt. Bis heute rätselt die Forschung, was ihre spezifische Eigenart ausmacht: der Lack? das Holz? die Bauweise? Stradivaris wurden daher immer wieder zu horrenden Preisen ersteigert. Einige Beispiele aus jüngster Zeit:

Die Geige »Hammer« aus dem Jahre 1707, benannt nach dem schwedischen Hofjuwelier Christian Hammer, erzielte bei Christies 2006 den bisherigen Höchstwert für eine Geige von 3,544 Mill. Dollar, die »Solomon, ex-Lambert« von 1729 im Jahre 2007 immerhin noch 2,728 Mill. Die »Lady Tennant« von 1699 erbrachte im April 2005 als damaligen Spitzenpreis 2,032 Millionen US-Dollar.

Und auch im Jahr 2008 wechselte eine Stradivari ihren Besitzer. Das nach ihrer Besitzerin Barbara Penny »The Penny« genannte Instrument wurde für immerhin 1,27 Millionen Dollar versteigert. Barbara Penny hatte als erste Frau unter den Streichern die Männerdomäne des Royal Philharmonic Orchestra London aufgebrochen.

Wie enorm der Wert von Stradivarigeigen in den letzten Jahrzehnten gestiegen ist, kann man an der »Solomon, ex-Lambert« sehen. Der Vorbesitzer, Seymour Solomon, Mitbegründer des Plattenlabels Vanguard Records, hatte das Instrument 1972 auf einer Auktion noch für umgerechnet gut 25 000 Euro ersteigern können.

Die beiden berühmtesten Violinen Stradivaris stehen allerdings nicht zum Verkauf: *Messias* von 1716, durch Modernisierungen des französischen Großproduzenten Jean-Baptiste Vuillaume im 19. Jahrhundert allerdings verändert, ist im Ashmolean-Museum in Oxford aufbewahrt. *Alard* von 1715 befindet sich in einer Sammlung in London. Sie gilt allgemein als die wertvollste authentische Geige des Cremoneser Meisters. Weltweit sollen noch etwa 600 Instrumente existieren, die von Antonio Stradivari selbst erbaut wurden.

Gestohlen

Die wertvollen Geigen der Familie Stradivari wechselten in der Vergangenheit auch auf illegalem Weg ihre Besitzer. Auch dies hat eine lange Tradition:

Dem belgischen Geiger und Komponisten Eugène Ysaye, der in seinem Stil zwischen Romantik und Moderne vermittelt, wird 1908 die »Stradivari Herkules« von 1732 gestohlen. Sie ist bis heute nicht mehr aufgetaucht. Ähnlich ergeht es Efrem Zimbalist mit der so genannten »Lamoureux« von 1735 und Roman Totenberg, dem 1980 bei einem Konzert die »Stradivari Ames« von 1734 gestohlen wird. Die Spur einer Geige von 1719, die der Berliner Hochschule für Musik gehörte, verliert sich im Frühsommer 1945 in Potsdam-Babelsberg. Kriegsbedingt ausgelagert, ist sie danach nicht wieder aufgetaucht, entweder zerstört worden oder als Beute von einem Soldaten entwendet.

1998 wird die »Colossus« von 1716 gestohlen, 2002 verschwindet die »Le Maurien« von 1715. Aufsehen erregte 2004 auch der Diebstahl des Violoncellos »General Kyd ex Leo Stern«, eines frühen Exemplars, das Antonio Stradivari 1684 gebaut hatte. Es gehört dem Los Angeles Philharmonic Orchestra. Das Instrument wurde später von Passanten zufällig in einem Müllcontainer gefunden. Ohne dass der Wert erkannt wurde, sollte daraus ein Möbelstück werden, vermutlich eine Minibar. Erst durch die Berichterstattung über den Diebstahl in den Medien dämmerte es den zunächst sorglosen Findern, was sie da entdeckt hatten. Die Eigentümer erhielten die »General Kyd ex Leo Stern« zurück.

Zerstört

Louis Spohr war neben seiner Tätigkeit als Komponist und Kapellmeister einer der großen Geigenvirtuosen des 19. Jahrhunderts, der durch Verzicht auf allzu vordergründiges Vibrato gegenüber seinen Kollegen auffiel. (→Über den Umgang mit Künstlern). Die damalige Nummer Eins der deutschen Musikkritiker, der Leipziger Friedrich Rochlitz, urteilte 1804 kurz: »Herr Spohr kann alles«. Spohr machte unter anderem den Kinnhalter am Instrument populär. Mit seinen Instrumenten hatte er weniger Glück. In jenem Jahr, als Rochlitz den damals erst 20-Jährigen feierte, machte sich Spohr zu einer Konzertreise nach Paris auf. Doch bei Göttingen wurde ihm aus der Kutsche während des Fahrens seine Guarneri gestohlen. Er sagte seine Tournee ab, da er keine Lust hatte, mit einem minderen Instrument aufzutreten.

1822 kaufte er sich ein neues Instrument, die Stradivari der Madame Schlick. Diese hatte in jungen Jahren Mozart zu einer Violinsonate inspiriert, sich inzwischen längst aus dem Konzertleben zurückgezogen. Kaum ein Jahr konnte sich Spohr an seiner Stradivari sorglos erfreuen. Beim Üben zu Hause rutschte er plötzlich aus und durchlöcherte beim Fallen die Decke der wertvollen Geige. Sie wurde zwar geflickt, doch war als Konzertinstrument nicht mehr zu gebrauchen.

Straßenbahnbimmeln

→Es ist zu laut!

Strohgeige

→Geigen ohne Bauch

Stumme von Portici, die

Fenella heißt das neapolitanische Fischermädchen, das keinen Ton singen durfte und doch die europäische Politik im 19. Jahrhundert maßgeblich beeinflusste.

Am 25. April 1830 fand im Opernhaus La Monnaie in Brüssel eine Festaufführung der zweieinhalb Jahre zuvor uraufgeführten Oper *La Muette de Portici* statt. Anlass war der neunundfünfzigste Geburtstag des Königs Wilhelm I. der Niederlande. Das heutige Belgien, die alten katholisch geprägten habsburgischen, später spanischen Niederlande, waren nach einem Zwischenspiel unter Napoleon mit dem Wiener Kongress 1815 dem nördlich gelegenen protestantischen Königreich zugeordnet worden. Die Wahl der Oper schien zunächst passend zu sein. Der revolutionären Regungen abholde französische Komponist Daniel François Esprit Auber hatte auf einen Text des erfolgreichen Librettisten Eugène Scribe eine der ersten Grand Operas mit vielerlei Effekten geschrieben. Immerhin bricht am Ende der Oper der Vesuv aus. Allerdings geht es in der 1647 spielenden Handlung auch um eine Vergewaltigung des stummen Mädchens durch den Sohn des spanischen Vizekönigs und um den daraufhin von ihrem Bruder angestifteten Aufstand gegen die Fremdherrschaft.

Der Streit zwischen den liberalen und katholischen Bürgern Belgiens einerseits und dem König andererseits war bereits seit längerem eskaliert, weil Wilhelm I. keine Gelegenheit ausließ, die Unabhängigkeit seiner Regierung von parlamentarischen Verfahren zu betonen. Pressezensur und die Ausweisung führender Politiker heizten die Stimmung an, als die Julirevolution im benachbarten Frankreich eine konstitutionelle Regierungsform unter dem »Bürgerkönig« Louis Philippe etablierte. Inwieweit der Abend des 25. August 1830 wirklich ein spontane Rebellion gewesen war oder doch eine geschickt geplante Aktion, darüber gehen die Meinungen auseinander.

Im Opernhaus La Monnaie begeisterten die emotional aufpeitschenden Marschrhythmen Aubers. Bereits das Duett *Amour sacré de la patrie* (Heilige Liebe für das Vaterland) wurde mit seiner Textzeile »Ich verdanke mein Leben meinem Land, es wird seine Freiheit mir verdanken« von den Zuhörern auf die aktuelle Situation bezogen. Im dritten Akt griffen sie die Aufforderung der Aufständischen »Zu den Waffen« auf und riefen »Aux armes!«. Nach Ende der Vorstellung stürmte das erregte Publikum nach draußen, vereinigte sich mit den Menschenmassen, die eigentlich vor das Opernhaus gekommen waren, um an den Geburtstagsfeierlichkeiten für Wilhelm I. teilzunehmen. Der Justizpalast wurde gestürmt. Die Unruhen, die folgten, dehnten sich auf die ärmeren Schichten aus. Die begannen in einer Art Maschinenstürmerei technische Geräte zu zerstören, um damit die sozialen Folgen der Industrialisierung anzuprangern. Was folgte, war der hilflose Versuch des Monarchen, die Situation mit der Armee wieder in Griff zu bekommen. Am

4. Oktober erklärten Brüsseler Bürger die Unabhängigkeit der belgischen Provinzen von den Niederlanden.

Die Stumme von Portici entwickelte sich zu einem Dauerbrenner auf europäischen Bühnen, so wurde sie in einem halben Jahrhundert allein in Paris über 500 Mal aufgeführt. Fenella, die pantomimisch agierende Hauptfigur, stürzt sich übrigens am Ende der Oper in einer ausweglosen Situation vom Felsen.

Superstar, antiker

»Ich wollte wie Orpheus singen« behauptete 1967 der deutsche Liedermacher Reinhard Mey in seinem gleichnamigen Album. Und das ausgerechnet zu einem Zeitpunkt, als auf den Straßen Deutschlands, Frankreichs und der USA der studentische Protest nach der aktuellen Relevanz der Kunst für die Gesellschaft fragte. Auf dem Treffen der Kabarett- und Liedermacherszene auf der hessischen Burg Waldeck wurden jene niedergebrüllt, die vermeintlich kleinbürgerliche Reste in ihren Texten verarbeiteten. Dass die Menge anschließend den Blödelbarden von Insterburg & Co. zujubelte, weil die ja nur Spaß machen wollten, zeigt die ganze Ambivalenz der aufgeheizten politischen Stimmung. In dieser wäre wahrscheinlich auch Orpheus auf der Strecke geblieben, der dem Mythos nach wegen seines Beharrens auf der künstlerischen Autonomie von einer aufgepeitschten Menge zerrissen wurde.

Schon dieses Beispiel zeigt, wie jene mythische Gestalt der griechischen Antike aktuelle Deutungen ermöglicht. Durch die Jahrhunderte hindurch hat Orpheus ungebrochen und kontinuierlich seine Attraktivität als Ideengeber für Kunstwerke verschiedenster Art bewiesen. Vor allem in der Musik, weil alles Entscheidende, was die Geschichte dieser Figur ausmacht, sich in Tönen erzählen lässt. So berichten bereits die antiken Autoren davon, wie Orpheus mit seinem Gesang wilde Tiere und die stürmische See beruhigte. Unter solchen Nützlichkeitserwägungen kam selbst Platon nicht umhin, in seinem Idealstaat ganz bestimmte Musik in sparsamen Dosen zuzulassen. Immer wieder dargestellt wurde Orpheus' Gang in die Unterwelt, in die er nach dem Tod der geliebten Gattin hinabsteigt. Er rührt die Götter, die ihm die Rückkehr der Euridike aus dem Schattenreich erlauben. Dass er das Gebot, sich nicht umzuschauen, verletzt, führt zum tragischen Ende.

Weniger vertraut ist uns die Anwesenheit des Orpheus als Therapeut, etwa beim Zug der Argonauten in das sagenumwobene Land Kolchis. Dauernd muss er zur Leier greifen, wenn wieder einmal Streitereien anstehen. Das passt schon eher zur Erfahrungswelt vieler späterer Musiker an den Höfen Europas, weswegen ihnen der Stoff auch zusagte. Hierzu passt auch jene subversive Version des Todes von Orpheus, nach der ihn Zeus mit einem Blitz erschlägt, weil Orpheus den Menschen die Geheimnisse der Götter verraten hatte.

Grenzüberschreitungen allenthalben! Das sicherte dem thrakischen Sänger die Aufmerksamkeit seiner nachgeborenen Kollegen und des Publikums.

Im Argonautenepos von Apollonios Rhodios aus dem zweiten vorchristlichen Jahrhundert wird beispielsweise der Aspekt der Rettung der Seeleute vor den Sirenen durch die Musik des Sängers geschildert (→ Sirenen). Von Boethius, dem spätantiken Anhänger des Neuplatonismus, stammt die Quintessenz der Orpheusgeschichte. In seinem kurz vor der Hinrichtung 524 geschriebenen *Trost der Philosophie* fasst er den Moment, in dem sich Orpheus nach Euridike umdreht, bündig so zusammen: »Vidit, perdidit, occidit« (er sah, er verlor, er kam um). Das frühe Christentum okkupierte Orpheus als heidnischen Vorläufer von Christus (wegen seines Gangs in die Unterwelt). Später wird er mehr und mehr zur Allegorie für die Musik.

In der Renaissance wird die Rückbesinnung auf antike Mythen auf eine neue Basis gestellt. Fortan sind die Gedichte und Erzählungen, die Bühnen und die Gemälde voll von antiken Göttern und Helden. Unter all diesen Figuren sticht aber wiederum Orpheus heraus. Mit ihm als Gallionsfigur lassen sich nämlich die Akzeptanzprobleme einer neuen Gattung lösen, aus der allmählich sich das herausbildet, was später Oper genannt wird. Weil Orpheus die Möglichkeit bot, mit musikalischen Mitteln eine Geschichte zu erzählen, war der Stoff bereits um 1600 sehr beliebt. Schließlich hatte man sich die Wiedererschaffung der antiken Tragödie in ihrer Einheit aus Text, Musik und Bewegung auf die Fahnen geschrieben. Das war nicht selbstverständlich. Denn dass die Darsteller auf der Bühne, wenn sie den Mund öffnen, singen, das muss dem Publikum auch erst einmal begreiflich gemacht werden. Zwei der führenden Musiker in Florenz, Jacopo Peri und Giulio Caccini, wetteiferten mit Vertonungen des gleichen Librettos der *Euridice* um die Gunst der Hörer. Peris 1600 erschienene Festoper aus Anlass der Hochzeit der Maria de'Medici mit Frankreichs König Henri IV. wurde nur zwei Jahre später von der seines Kontrahenten gefolgt. Wie für feierliche Anlässe üblich, war das tragische Ende durch ein so genanntes *lieto fine,* einen guten Schluss ersetzt. Konkret heißt dies: Orpheus wird nicht von aufgepeitschten Dionysosanhängerinnen zerissen, und die Festgesellschaft behält ihren guten Appetit.

Auch der eigentliche Durchbruch der neuen Gattung ist mit Orpheus verknüpft: Claudio Monteverdis *L'Orfeo* ist das erste Meisterwerk der Oper, das jenseits temporärer Ausgrabungen seinen Platz bis heute auf den Spielplänen bewahrt hat.

In der Folgezeit geht es Schlag auf Schlag, Orpheus kennt keine nationalen Grenzen und passt sich den geistigen Strömungen wie den gesellschaftlichen Bedürfnissen an: Heinrich Schütz führt den Stoff 1638 in Deutschland ein, auch die erste Pariser Oper wählt dieses Thema. Mit Reinhard Keiser 1702 und Georg Philipp Telemann 1726, beide in Hamburg, erobert sich der Mythos das bürgerliche Publikum. Wieder zeigt sich die Wandlungsfähigkeit der Geschichte. Eingekleidet in die Gemütslage norddeutscher Händler und Handwerker werden Orpheus und Euridike zum idealisierten Ehepaar mit pragmatischer Ausrichtung.

Auch Christoph Willibald Gluck wählt für seine Reformbestrebungen den Rückgriff auf das vertraute Thema, nicht zuletzt, um gegenüber der verkrusteten musikalischen und dramaturgischen Sprache der opera seria die Natürlichkeit des einfacheren, »natürlichen« Gesangs aufzuzeigen.

Orpheus wird von nun an immer mehr zur Chiffre für die Rolle des Künstlers. Ist er bei Joseph Haydn 1791 in *L'anima del filosofo ossia Orfeo ed Euridice* der Aufklärer im Sinne des europäischen 18. Jahrhunderts, wird er im 20. Jahrhundert zum Außenseiter, der die Grenzen seines Einflusses auf die Kunst und auf die Menschen erkennen muss. Bedeutende Beispiele von Orpheus-Vertonungen stammen von Darius Milhaud (*Les Malheures d'Orphée,* 1926), Igor Strawinsky (Ballett *Orpheus* für den Choreographen Georges Balanchine 1948), Hans Werner Henze (Ballett *Orpheus* für den Choreographen William Forsythe 1979 auf einen Text von Edward Bond: die Menschen müssen sich gegen den herrschsüchtigen Gott Apoll wehren) und schließlich Philip Glass (die Kammeroper *Orphée* 1993 nach dem Drehbuch von Jean Cocteaus Film von 1949 nach seinem Theaterstück von 1926). Jüngstes Beispiel einer Beschäftigung mit dem Orpheusstoff ist Thomas Bremsers auf sechs Teile angelegter Musiktheaterzyklus *Orpheus am Rhein*, der 2004 begonnen wurde.

Aber der Mythos um Orpheus war von jeher so lebensnah, dass er sich auch als Karikatur jeweils aktueller gesellschaftlicher und politischer Zustände lesen ließ. Als Parodie auf das Zweite Kaiserreich Napoleons III. ist Jacques Offenbachs Operette *Orphée aux enfers* von 1858 gedacht. Hinter der offiziellen, durch den Mythos übermittelten Lesart steht »die öffentliche Meinung«, verkörpert in einer Theaterfigur. Der Gang in die Unterwelt soll nämlich nur überdecken, dass sich das Traumpaar der Antike Orpheus und Euridike längst auseinandergelebt hat. Das Verhalten der Götter und Menschen entspricht der Heuchelei der Pariser Gesellschaft in der Mitte des 19. Jahrhunderts.

Schon vor Offenbach war eine Reihe von Orpheusparodien entstanden, so schrieb der Wiener Karl Ditters von Dittersdorf das Singspiel *Die Liebe im Narrenhause*, das unmittelbar nach seiner österreichischen Premiere 1787 unter dem Titel *Orpheus der Zweyte* auch in Hamburg herauskam.

Ferdinand Kauer wiederum kennt die Musikgeschichte eigentlich nur noch, weil seine romantische Oper *Das Donauweibchen* von 1798 zu seiner Zeit erfolgreicher war als Mozarts *Zauberflöte*. Kauer dirigierte 1813 am Leopoldstädtischen Theater in Wien seine mythologische Karikatur mit Liedern und Chören *Orpheus und Euridice oder So geht es im Olympus zu*. Auch die kleinbürgerlichen Milieus der Vorstadt erkannten in Orpheus einen Zeitgenossen und stritten mit ihm gegen die Ausgrenzung aus der vornehmen Gesellschaft.

Syphilitiker

Der Verdacht, dass Syphilis und Genialität miteinander zu tun haben, ist von populären Musikgeschichtsschreibern wie Medizinern immer wieder aufgebracht worden. Dabei muss man bedenken, wie weit verbreitet die Krankheit Lues in Europa gewesen war. Die teilweise radikalen, oft aber einfach unwirksamen Therapien schwächten viele Kranke, die erst Jahre nach der Infektion überhaupt etwas von der Bedrohung wahrnahmen.

Erst die Medikation mit Penicillin, das nebenwirkungsreiche Arsenpräparate ersetzte, brachte im 20. Jahrhundert nachhaltige Therapieerfolge.

Ihren Namen hat die Krankheit aus der Kulturgeschichte: Als Veneris umschrieben, huldigt er der römischen Liebesgöttin Venus; der Begriff Syphilis leitet sich aus einem humanistischen Lehrgedicht des 16. Jahrhunderts ab, das sich auf den Sohn der Niobe Sypilos bezieht, der in Ovids Metamorphosen Erwähnung findet.

Wolfgang Amadeus Mozarts Tod wirft auch nach zwei Jahrhunderten immer wieder Fragen auf. Rechtzeitig zum Mozartjahr 2006 erschien die These von Ludwig Köppen, der glaubte, das Rätsel endgültig gelöst zu haben. Er vermutet eine akute Syphilisinfektion im Sommer 1791, die der Komponist mit quecksilberhaltigen Salben behandelt. Diese seien für seinen plötzlichen Verfall innerhalb kürzester Zeit verantwortlich. Die illegale Beschaffung der Medikamente erkläre auch die Geheimniskrämerei um seinen Tod und die Bestattung in einem einfachen Reihengrab. Oder wie der Grazer Pathologe Helmut Denk sagte: »Es ist für mich überhaupt nicht ausgeschlossen, dass er (Mozart, H. A.) damals arsenhaltige Substanzen verwendet hat, um eine Kräftigung zu erreichen.« Eine Indizienkette, die wieder einmal zeigt: So kann es gewesen sein, so muss es nicht gewesen sein. Wie bislang durchweg bei allen Hypothesen zu Mozarts Ende.

Josef Myslivecek

Josef Myslivecek (1737–1781) hatte durchaus eine glänzende Karriere vor sich, machte sich, durch seine Freundschaft mit der Familie Mozart, Hoffnungen auf eine Stelle beim Salzburger Erzbischof, feierte als Komponist und Dirigent südlich der Alpen Erfolge. Seinen in verschiedenen Versionen überlieferten Namen verkürzten die Italiener nach der Herkunft aus Prag zu *il Boemo* oder übersetzten den tschechischen Namen wörtlich als »Venatorini«, der kleine Jäger. Er war einer der bestverdienendsten Komponisten der Apenninhalbinsel, doch seine Syphilis war Mitte der 1770er Jahre so weit fortgeschritten, dass er allmählich von der Gesellschaft gemieden wurde. Eine Gesichtslähmung und schließlich die operative Entfernung der Nase ließen ihn vereinsamen und verarmen.

Niccolo Paganini

Niccolo Paganinis Krankheitsbild ist nicht ganz eindeutig. So schwankten medizinische Beobachter zwischen Tuberkulose und Syphilis als Haupterkrankung seines Lebens. Die fehlende Ansteckung seiner Umgebung lässt allerdings eher auf Syphilis schließen. Künstlerisch bedeutsamer wurde das so genannte Marfan-Syndrom, an dem Paganini litt. Es handelt sich um einen genetischen Defekt, der zur Spinnenfingrigkeit führt. Im Fachbuch *Kerners Krankheiten großer Musiker*, das Andreas Otte und Konrad Wink neu bearbeitet haben (Stuttgart 2008), ist diese Erbkrankheit beschrieben, die unter anderem zu einer Instabilität des Bindegewebes, zu einer extremen Dehnbarkeit der Gelenke und zu den überlangen Fingern führt. Paganinis Zeitgenossen waren schlichtweg von der Unspielbarkeit seiner Musik konsterniert, die mit diesen spezifischen Voraussetzungen aber leicht erklärbar ist.

Franz Schubert

Ebenfalls an Syphilis erkrankt war Franz Schubert, doch weist die Todesursache auf seinem Totenschein, Nervenfieber, darauf hin, dass der Wiener Komponist auch an einer Typhuserkrankung infolge seines geschwächten Allgemeinzustandes gestorben sein kann.

Bedřich Smetana

Bedřich Smetana wurde infolge seiner Luesinfektion taub und litt jahrelang an einem Tinnitus. Möglicherweise sind die ihn über Stunden peinigenden Töne auch in seine Musik eingeflossen, in das Streichquartett *Aus meinem Leben*. Im Finale wird von der 1. Violine ein schrilles viergestrichenes E intoniert, während die übrigen Streicher in tiefer Lage spielen.

Weitere Syphilitiker sind Robert Schumann und Hugo Wolf, die beide dem Wahnsinn verfielen. (→ Wahnsinnige)

T

Taktstock

Beides sind späte Erscheinungen der Musikgeschichte: der vor seinem Orchester mit dem Rücken zum Publikum stehende Dirigent und sein Taktstock. Es gab zwar in der chinesischen Kunstmusik bereits in vorchristlichen Jahrhunderten einen musikalischen Leiter, der mit einem Stab den Takt vorgab. Aber die wenigen Reisenden aus dem Abendland, die überhaupt ins Reich der Mitte gelangten, berichteten davon nichts. In Europa kann das Auftreten des Taktstockes soziologisch mit dem Auseinandertreten von Komponist und Interpret erklärt werden, mit der Vergrößerung der Ensembles zu Beginn des 19. Jahrhunderts und der Tendenz weg von fest angestellten Musikbediensteten hin zu Dirigenten, die zwischen wechselnden Ensembles hin und her reisen.

Klatschsohlen

Der Takt wurde schon immer geschlagen, und keineswegs nur in der Luft. In der griechischen Tragödie hielt der sich bewegende Chor den Takt, weil der Chorführer unter seinen hohen Schuhen Klatschsohlen hatte. Auch der Steptanz kommt also nicht aus dem kulturgeschichtlichen Nirgendwo.

Heute nimmt das Publikum das Aufstampfen mancher Dirigenten mit den Füßen als Marotte, aber auch als Störung wahr. Dabei finden sich bis zum Beginn der Klassik solche akustischen Zeichen recht häufig. Seine höfische Stellung dokumentierte der Komponist und Leiter eines Ensembles mit Hilfe eines reich verzierten Stabes, den er auf den Boden schlägt. Jean Baptiste Lully soll gestorben sein, nachdem er sich einen solchen in den Fuß gerammt hatte. Gegen das akustische Signal liefen vor allem Vertreter einer Philosophie der Natürlichkeit wie Jean Jacques Rousseau Sturm. Noch Hector Berlioz kritisierte ein Jahrhundert später in seiner Instrumentationslehre, der *Grand Traité d'instrumentation et d'orchestration modernes*, deren erste Auflage 1844 erschien, eine offensichtlich damals noch immer übliche Praxis.

Notenrollen

Aber auch die als visuelles Zeichen verwendete Notenrolle machte Lärm, Kritiker tadelten das Aufschlagen auf dem Notenpult, das zudem die darum gruppierten Chorsänger irritierte.

Keinen Taktstock brauchte während des 18. Jahrhundert ein Ensemble, das vom Cembalo einerseits und vom Konzertmeister, dem stehenden ersten Geiger andererseits gemeinsam geleitet wurde. Es war E. T. A. Hoffmann, der das Neue an Beethovens fünfter Symphonie nicht nur in der Qualität seines Programms (»per aspera ad astra« – durch Nacht zum Licht) erkannte, sondern ebenso in der technischen Komplexität: Das Beethovensche Orchester sei nicht mehr vom ersten Pult aus zusammenzuhalten.

In der Bewältigung dieses Problems setzt der Siegeszug des Taktstockes ein. Er ist neben der reinen Funktion der Armverlängerung das Hoheitszeichen einer bürgerlichen Säkularreligion. Kaum ist das Heilige Römische Reich Deutscher Nation unter den Schlägen Napoleons zerbrochen, steht die Verbindung von Thron und Altar wieder auf: das Zepter des Statthalters, der die Anwesenheit des Göttlichen, hier der musikalischen Absicht des Komponisten, repräsentiert und, wie ein Priester der Antike, auch herbeizwingt.

Holzstäbe

Nachdem es erste zaghafte Versuche mit dem Taktstock bereits um 1780 in Berlin gegeben hatte, wechselt Carl Maria von Weber von der üblichen Papierrolle zum Holzstab und überrascht damit in Dresden 1817 das Publikum. Louis Spohr hat zwei Jahre später in London hingegen mit Widerständen konservativer Musiker zu kämpfen, die nicht zuletzt fürchten, dass ihnen der Mann am Pult die Schau stielt.

Der Chef der Berliner Lindenoper, Gaspare Spontini, im gleichen Jahr 1817 vom preußischen König zum »Ersten Capellmeister und General-Musikdirektor« ernannt, führt sich mit seinem marschallstabähnlichen Stock wie ein militärischer Führer an der Lindenoper auf. Solches Gebahren ist für Robert Schumann nicht nur lächerlich. Er fürchtet vielmehr, dass der geschmeidige Umgang der Instrumentalisten mit dem inneren Rhythmus der Musik verloren gehen könnte. 1836 jammert er: »der verfluchte weißbuchene Taktstock verleidet nun einmal alle Musik«. Der Virtuose Franz Liszt hingegen betont auch als Dirigent seine besondere Stellung. Er steht in der Regel im langen talarartigen Gewand (er ist schließlich Abbé) auf einem Podest. Das ist vordergründig aufgrund der gewachsenen Größe des Orchesters vonnöten. Doch Liszt ist sich vor allem seiner kunstpriesterlichen Bedeutung bewusst.

Der letzte Schritt in dieser Entwicklung ist jenes Verhalten, das in mancher Karikatur des Dirigenten aufscheint, wenn er erbost seinen Stab zerbricht. So verhielt sich früher die Obrigkeit gegenüber zum Tode verurteilten Delinquenten, über die ganz real »der Stab gebrochen wurde«.

Die zunehmende Bedeutung der linken Hand als Kommunikationsmittel des Dirigenten mit dem Orchester, aber auch der Niedergang des Tyrannen am Pult hat die Bedeutung des Taktstockes vermindert. Kurt Masur verzichtet grundsätzlich beim Dirigieren auf das Holzstöckchen, René Jacobs betont die Arbeitsatmosphäre durch Verwenden eines Bleistiftes.

Bleistifte

Taktstöcke sind übrigens kein Luxusartikel. Hölzerne Exemplare lassen sich im Fachhandel bereits für unter 10 Euro erwerben. Der ideelle Wert mancher Exemplare ist unschätzbar, weswegen schon einmal quasi mit krimineller Energie vorgegangen wird. Die Begeisterung für Gustav Mahler lässt einen jungen, angehenden Komponisten nach der Wiener Erstaufführung der vierten Symphonie den Stab entwenden, mit dem der Komponist gerade sein eigenes Werk dirigiert hat. Es handelt sich bei dem Dieb um Alban Berg, der zeit seines Lebens das Objekt seiner Mahlerverehrung aufbewahrt.

Thomaskantoren

Johann Sebastian Bach war für die Ratsherren der Stadt Leipzig nur dritte Wahl, nachdem sowohl Christoph Graupner als auch Georg Philipp Telemann nicht greifbar gewesen waren. Und auch Bach, der durch seine im mitteldeutschen Raum weit verstreute Familie sehr genau die Stellenangebote beobachtete, hätte sich lieber eine fürstliche Residenz als Wirkungsort vorgestellt. Weder Bach noch die Ratsherren konnten also ahnen, dass eines Tages das Amt des Thomaskantors mit jenem Mann untrennbar verbunden sein würde, den Ende des 19. Jahrhunderts der Biograph Philipp Spitta den »fünften Evangelisten« genannt hat.

Das Amt des Thomaskantors stand bereits vor Bachs Amtsantritt 1723 in gutem Ruf. Für die Frühzeit geben die Dokumente allerdings nur lückenhaft preis, wem die wachsende Reputation zu verdanken war. Für die Kirchenmusik an St. Thomas und damit auch für die musikalische Erziehung an der zugehörigen Schule zeichneten folgende Thomaskantoren verantwortlich:

1431 bis mind. 1451	Johannes Steffani de Orba
1443	Thomas Ranstete
1470	Martin Klotsch oder Kletsch
1475–nach 1480	Ludwig Götze
ab 1505	Johannes Scharnagel
1518–1520	Georg Rhau, Musikdrucker, musste als Anhänger der Reformation Leipzig verlassen
1531–1536	Johannes Herrmann
1536–1540	Wolfgang Jünger
1539	wird durch Herzog Heinrich, der daraufhin den Beinamen »der Fromme« erhält, im Herzogtum Sachsen die Reformation lutherischen Bekenntnisses eingeführt
1540–1541	Johann Bruckner
1541–1549	Ulrich Lange
1549–1551	Wolfgang Figulus, dessen Hauptwerke später in Meißen entstehen
1553–1564	Melchior Heger
1564–1595	Valentin Otto
1594–1615	Sethus Calvisius. Wie die latinisierte Form seines Namens andeutet, verstand sich der »Cantor« auch als Wissenschaftler und kommunizierte mit Johannes Kepler und Michael Praetorius
1615–1630	Johann Hermann Schein. Erlangte mit seinen Kompositionen überregionale Bedeutung
16 31–1657	Tobias Michael. Hält das Kantorat in den Wirren des Dreißigjährigen Krieges aufrecht
1657–1676	Sebastian Knüpfer. Richtete das Collegium musicum ein, den bürgerlichen Musikkreis, für den auch Bach gerne tätig war
1677–1701	Johann Schelle. Zu seiner Zeit sind an der Thomasschule später namhafte Schüler
1701–1722	Johann Kuhnau
1723–1750	Johann Sebastian Bach
1750–1755	Gottlob Harrer. Verfechter eines »vermischten Geschmacks«
1755–1789	Joh. Friedrich Doles. Beklagt den Niedergang der musikalischen Fähigkeiten der Thomasschüler
1789/94–1804	Johann Adam Hiller. Übernahm das Amt 61-jährig und reduzierte das lateinische zugunsten des deutschen Musikangebots
1804–1809	August Eberhard Müller. Ging im Streit, nachdem er erstmals wieder Bachkantaten im Gottesdienst aufgeführt hatte

Ab diesem Zeitpunkt ist das Gewicht der musikalischen Entwicklung endgültig von der Kirchenmusik auf die bürgerlichen Konzertveranstaltungen, etwa im Gewandhaus, übergegangen. Im Amt des Thomaskantors, der weniger selbst komponiert als fremde Werke einstudiert, folgen Johann Georg Schicht (1810–1823), Christian Theodor Weinlig (1823–1842), Moritz Hauptmann (1842–1868), Ernst Friedrich Richter (1868–1880), Wilhelm Rust (1880–1892), Gustav Schreck (1892–1917 – er führte die Thomaner als A-capella-Chor ein), Karl Straube (1918–1939), Günther Ramin (1940–1956), Kurt Thomas (1957–1960), Erhard Mauersberger (1961–1972), Hans-Joachim Rotzsch (1972–1991), Georg Christoph Biller (seit 1992).

Tonaufnahmen, erste

→Zehn Arien für 100 Pfund

Töne, in Stein gemeißelt

Die Zeugnisse der griechischen Antike sind, was Bauten, Skulpturen, literarische Texte angeht, recht umfangreich. Insbesondere die Sagenstoffe, die von Homer angefangen über die großen Tragiker Aischylos, Sophokles und Euripides bis hin zu den hellenistischen Dichtungen der Zeitenwende tradiert worden waren, dienten als Steinbruch der europäischen Kulturgeschichte und damit auch als Ausgangspunkt vieler musikalischer Werke.

Über die antike Musiktheorie sind wir recht gut unterrichtet, ihr verdanken wir die zentrale Stellung des Kammertones a (→Kammerton a) ebenso wie die im Abendland gebräuchlichen Tonleitern.

Im Vergleich dazu sind die überlieferten Zeugnisse realer Musik aus der Antike minimal. Zwar haben sich in den letzten Jahrzehnten immer mal wieder Papyri finden lassen, auf denen neben einem Text auch eine Musiknotation vorliegt. Doch um sich ein umfängliches Bild über die aufgeführte Musik in der Antike zu machen, reicht dies nicht aus. Der Verlust wirkt um so schwerer, als wir uns alle großen Theaterereignisse der Antike gesungen und musiziert vorstellen müssen. So bedeutet »mousiké« in klassischer Zeit immer die Einheit von Dichtung,

Tanz und Musik, erst im Lauf des 4. Jahrhunderts vor Christus engt sich der Begriff allmählich ein.

Das berühmteste Stück altgriechischer Musik ist ein Spätprodukt aus einer Zeit, da politisch im Mittelmeerraum bereits die Römer herrschen. Das Lied des Seikilos, das wohl aus dem ersten nachchristlichen Jahrhundert stammt, ist auf einer Grabstele aufgezeichnet. Mit der Begleitinschrift wird Seikilos als Errichter der Stele genannt, nicht also als Komponist jener Musik, die unter seinem Namen in die Geschichte einging. Gefunden im kleinasiatischen Tralles, wurde das Lied des Seikilos bereits 1883 publiziert. Es handelt sich um eine diatonische Melodie auf einen vierzeiligen Text. Dieses immerhin vollständig überlieferte Musikstück stammt aus dem Späthellenismus, also einer Zeit, in der die kulturelle Bedeutung Griechenlands bereits im Schwinden begriffen war. Aus der vorhergehenden klassischen Zeit der griechischen Antike sind einzig einige wenige notierte Fragmente aus den Tragödien *Orestes* und *Iphigenie auf Aulis* von Euripides erhalten geblieben. Deutlich chromatisch geht es in dieser Musik zu, die als Inschriften an den Mauern der Gebäude in Delphi gefunden wurde.

Und wie klang diese altgriechische Musik? Schon 1930 erschienen erste Versuche auf Schallplatte in einer Reihe mit dem Titel *2000 Jahre Musik*. Auch später sind, meist unter wissenschaftlichen oder pädagogischen Aspekten, eher spröde Einspielungen vorgenommen worden. Das spanische Ensemble Atrium musicae de Madrid wagte sich schließlich unter seinem Leiter Gregorio Paniagua in den 1970er Jahren an die Rekonstruktion altgriechischen Instrumentariums und an eine Aufführung der wenigen spielbaren Fragmente entsprechend den musiktheoretischen Überlieferungen. Diese spekulative akustische Archäologie brauchte allerdings eine Reihe zum Teil dramaturgisch eingesetzter Eigenkompositionen, um zwei Schallplattenseiten für das Label harmonia mundi zu füllen. Und das, obwohl ein viersilbiges Fragment aus der römischen Musik noch hinzugenommen wurde. Wenigstens bekam das Lied des Seikilos als einziges vollständig erhaltenes Musikstück in dieser Aufnahme einen Ehrenplatz. Als die Spitze eines Eisberges, an der wir ahnen können, wie die Musik der griechischen und römischen Antike beschaffen war, und als Zeichen der Erinnerung dafür, was uns unbekannterweise alles verloren gegangen ist.

Tournedos Rossini

→ Kulinarisches

U

Über den Umgang mit Künstlern

Theoretisch

Adolph Freiherr von Knigge (1752–1796) wird heute weniger wegen seiner Romane oder seiner Theaterstücke erinnert, schon gar nicht wegen seiner wenigen erhaltenen Kompositionen. Einer seiner Lehrer, so heißt es in einer Würdigung zu Lebzeiten, sei immerhin »ein junger Bach« gewesen. Welcher aus der reichhaltigen Zahl musikalisch aktiver Mitglieder der mitteldeutschen Familie (→ Bache) wird allerdings nicht mitgeteilt.

Knigge, auch dies ist wenigen bekannt, verfertigte auch eine Übersetzung des Librettos von Mozarts *Hochzeit des Figaro*. Seine Version beherrschte sogar über eine längere Zeit die Bühnen in Deutschland, nicht zuletzt wegen der sehr intensiv dem italienischen Original angepassten Wortwahl. Es war Knigges Text, der dem ersten Notendruck der Oper beigefügt wurde. Von Tochter Philippine, so berichtete der stolze Vater, stammt die Übertragung der Dialoge. Sie brachte dabei einiges von der vorrevolutionären Schärfe aus dem französischen Original von Pierre Augustin Caron de Beaumarchais wieder in den Text zurück. Mozarts Librettist Lorenzo da Ponte hatte aus Rücksicht auf das Wiener Publikum allzu aufrührerische Passagen abgemildert.

War Adolph Freiherr von Knigge zu seinen Lebzeiten auch als Romanautor der Aufklärung bekannt, so bleibt er bis heute in Erinnerung mit seinem Buch *Über den Umgang mit Menschen*, das erstmals 1788 in Hannover erschienen ist. Im dritten Teil seines Benimmratgebers wendet er sich zunächst dem Umgang mit den Großen der Erde, dann mit den Geringen, den Geistlichen und den Gelehrten zu. Erst danach widmet Knigge den Künstlern ein eigenes Kapitel. Komponisten, Tänzer, Schauspieler, Maler sind für ihn in ihrem Charakter sehr ähnlich. Sie sind »wohl keine gefährlichen, aber desto eitlere und oft sehr zudringliche und unsichre Leute«. Bescheidene und philosophische Musiker gäbe es wenige, konstatiert er weiter und rät, man solle vertrauten Umgang nur nach strenger Auswahl suchen, zumal oft gilt: »Cantores amant humores, das heißt: auf ein Liedchen schmeckt ein Schlückchen.« Auf die richtige Haltung dem Künstler gegenüber kommt es laut Knigge an: »Wer Schauspieler und Tonkünstler unter seiner Aufsicht und Direktion hat, dem rate ich, sich gleich anfangs auf einen gewissen Fuß mit ihnen zu setzen, wenn man nicht von ihrem Eigensinne und ihren Grillen abhängen will.«

Viele Sänger liebten das Wohlleben und fänden selten Geschmack an ernsthaften Geschäften, so Knigge weiter. Wolle man sich mit ihnen gutstellen, so solle man ihre Kunst und ihren Unsinn anhören. »Schmeichle vornehmen, reichen und mächtigen Dilettanten und Mäzenaten. Befördere die Lust an Spielwerken und Kleinigkeiten, an niedlichen Rondos, an Bierhausmenuetten mitten in ernsthaften Stücken, an buntscheckigem Kolorit, an Bombast und leerer Phraseologie«. Als ein Mann von reinem Charakter, so Knigge schließlich, sollte man sich allerdings der Lobhudelei enthalten und kluge Kritik üben.

Freiherr von Knigge weiß aber auch um die andere Seite der Medaille: »Übel ist auch oft der Künstler, besonders der Musiker, daran, wenn er in eine Gesellschaft von Leuten gerät, die ihn bewundern wollen, die ihn bitten, sich vor ihnen hören zu lassen, und dann doch weder Aufmerksamkeit noch Kenntnis der hohen Kunst haben«. So kann es dem Künstler geschehen, dass er sich ans Klavier setzt, das sanfteste Adagio spielt, »... und nun brüllen die zuhörenden Liebhaber mitten in der rührendsten Stelle überlaut: ›Oh! das ist gar schön! Vortrefflich!‹, und darüber geht die Stelle verloren. Solcher Unschicklichkeiten soll man sich enthalten.« (*Über den Umgang mit Menschen* III, 5)

Praktisch

Wie angebracht Knigges Bemerkungen im Umgang mit Künstlern waren, zeigt die Realität an den europäischen Fürstenhöfen. Musiker galten ungeachtet der Wertschätzung, die ihnen entgegengebracht wurde, oft einfach als Lakaien. Selbst als der sich entwickelnde öffentliche Konzertbetrieb reisenden Virtuosen wie ansässigen Instrumentalisten bereits ein Auskommen verschaffte, änderte sich an der Haltung vieler Regenten wenig. Dabei waren die gesellschaftlichen Neuerungen der Französischen Revolution bereits bis an den Rhein vorgedrungen.

Der politisch liberal denkende Louis Spohr, Geigenvirtuose und Komponist, der später als Angestellter am Hof zu Kassel die Auseinandersetzungen zwischen dem konservativen Kurfürsten und der aufbrechenden bürgerlichen Opposition hautnah erlebt hat, schildert in seinen Lebenserinnerungen zwei Erfahrungen, die ihn in seiner Künstlerehre kränkten.

Als junger Geiger, er ist gerade erst 15 Jahre alt, gelingt es ihm 1799, beim Herzog Carl Wilhelm Ferdinand von Braunschweig vorstellig zu werden. Dieser gestattet dem jungen Heißsporn, bei einem der wöchentlichen Hofkonzerte seiner Frau, Herzogin Auguste, aufzutreten. Doch was muss der angehende Star erleben? Da die Herzogin die Konzerte als Vorwand für ihre Kartenspielleidenschaft nimmt, hat sie befohlen, dass die Musiker der Hofkapelle durchweg piano spielen. Um den Schall weiter zu dämpfen, sitzen die Musiker auf einem dicken Teppich, so dass die Mitteilungen der Kartenspieler lauter zu vernehmen sind als das Spiel der Instrumententalisten. Bei einem der Konzerte wird der junge Spohr von einer eigenen Komposition so mitgerissen, dass er, wie er sich im Alter erinnert, »mit aller Kraft und allem Feuer der Begeisterung« spielt. Ein Lakai unterbricht ihn und überbringt ihm eine Rüge der Herzogin. Sie lässt ihm ausrichten, er solle »nicht so mörderisch darauf streichen!«

1808 tritt Spohr zusammen mit seiner Frau, der Harfenistin Dorette Spohr, im Rahmen einer Deutschlandtournee am Hofe König Friedrich I. von Württemberg in Stuttgart auf. Wieder soll das Konzert die Hintergrundmusik für das übliche Kartenspiel abgeben. Spohr weigert sich unter diesen Umständen zu spielen. Er erreicht immerhin, dass das Spiel während des Auftritts der beiden unterbrochen wird. Die anderen musikalischen Darbietungen werden selbstredend durch die Geräusche und Zurufe der ihre Tätigkeit wieder aufnehmenden Spieler begleitet.

Spohrs spätere Bemühungen, für eine soziale Absicherung der Musiker zu sorgen, die ihnen Unabhängigkeit gegenüber solcher Willkür ermöglicht, wurzelt in diesen Erfahrungen.

Überflüssige Literaturopern

Richard Strauss hat es vorgemacht. Seine Oper *Salome* hielt sich recht eng an die Übersetzung des gleichnamigen Dramas von Oscar Wilde durch Hedwig Lachmann. Auch seine *Elektra* vertonte die Tragödie von Hugo von Hofmannsthal fast wortgetreu und überzeugte den Dichter, trotz unterschiedlicher Temperamente, zu einer weiteren Zusammenarbeit. Auch Alban Bergs *Wozzeck* gab bei all seinen Umstellungen und Einkürzungen die Struktur der Vorlage von Georg Büchner nicht preis. Seit dem späten 19. Jahrhundert hatte sich die Musik allmählich von den geschlossenen Formen, zum Beispiel den Arien, hin zu einer Art musikalischer Prosa in durchkomponierten Szenen fortentwickelt. Diese Prosa eignete sich besser für die Vertonung ungebundener Sprache.

Schon zuvor hatten selbst große Komponisten mit dem Vorwurf zu kämpfen, sie schnippelten sich große Literatur für ihre Opernzwecke zurecht. Hans Pfitzner wetterte 1915 in seiner Schrift *Vom musikalischen Drama* gegen Giuseppe Verdi: »Es gibt kein skandalöseres Zeichen von dem Unverständnis einer Dichtung, keine schmählichere und niedrigere Auffassung von dem Wesen allen Dichtens als die Meinung, man könne etwa ein Stück von Shakespeare auch ›als Oper‹ bearbeiten, eine Meinung, die leider ebenso dumm als verbreitet ist.« Pfitzner schrieb sich das Libretto für sein musiktheatralisches Hauptwerk *Palestrina,* der Lebensgeschichte des Komponisten Giovanni Pierluigi da Palestrina aus dem 16. Jahrhundert, selbst. Das einfache Auskomponien von Sprechtheatertexten eins zu eins, wie es sein großer Konkurrent Richard Strauss machte, war ihm ebenso ein Gräuel wie das Verwenden großer Dichtung als Steinbruch.

Nun gibt es ja Fälle, in denen die Oper eine einstmals berühmte Vorlage in den Schatten gestellt hat. Man denke nur an Verdis *La Traviata,* der Bearbeitung der *Kameliendame* von Alexandre Dumas dem Jüngeren. Im 20. Jahrhundert findet sich nun aber häufig das Kalkül, mit Hilfe einer bekannten Vorlage auch dem neuen Musikwerk eine größere Aufmerksamkeit zukommen zu lassen. Doch entfalteten beispielsweise folgende Opern wenig Eigenleben (eine, zugegeben, subjektive Ansicht):

GOTTFRIED VON EINEM, *Der Besuch der alten Dame* (Friedrich Dürrenmatt),
RUDOLF KELTERBORN, *Ein Engel kommt nach Babylon* (Friedrich Dürrenmatt),
GERD KÜHR, *Stallerhof* (Franz Xaver Kroetz),
HEINRICH SUTERMEISTER, *Le Roi Bérenger* (Eugène Ionesco).

Dagegen überzeugen unter anderem:

ARIBERT REIMANN, *Bernada Albas Haus* (Federico Garcia Lorca)
WOLFGANG RIHM, *Hamletmaschine* (Heiner Müller).

Unter vier Ohren

Zu Beginn der 1970er Jahre hatte sich die Stereophonie bei den Schallplatten, aber auch bei den neuen Kompaktkassettenrekordern vollständig durchgesetzt. Nun bemühte sich die Industrie, über die Rechts-Links-Verteilung der akustischen Signale hinaus den Kunden für das Wohnzimmer ein Klangfeld anzubieten, das durch die Aufnahme mit vier Kanälen und die Wiedergabe mit vier Lautsprechern, die im Karree gestellt waren, einen korrekten akustischen Raum mit dem Hörer in der Mitte suggerieren sollte. Erstmals in den Handel kam die Quadrophonie 1968 in den USA, in der Bundesrepublik Deutschland drei Jahre später. Und das nicht nur im Popmusikbereich, etwa bei den Vorreitern überwältigender Sounds, der Gruppe Pink Floyd. Auch bei klassischen Alben wurde mit Quadrophonie experimentiert. Dazu zählten höherauflagige populäre Produktionen wie die Gitarrenkonzerte von Rodrigo mit Los Romeros bei Philips, aber auch musikwissenschaftlich begleitete Repertoireerweiterungen wie die Aufnahme der *Rappresentazione di Anima e di Corpo*, der geistlichen Oper von Emilio de'Cavalieri aus dem Jahre 1600 bei EMI.

Sterophonie

Die Experimente mit dem vierkanaligen Raumklang ließen sich zwar in die Produktionspraxis integrieren, da im Studio ohnehin die verschiedenen Instrumente mit unterschiedlichen Mikrophonen aufgenommen und anschließend gemischt wurden. Doch gab es technische Probleme, die mit der Rillenbreite der Schallplatte zu tun hatten und auf die mit besonderen Tonabnehmern versucht wurde zu reagieren.

Pseudoquadrophonie

Mitunter wurde eine Pseudoquadrophonie angeboten, bei der einzelne Signale aus dem Stereoklang ausgekoppelt und auf die hinteren Lautsprecher gesandt werden.

Vor allem scheiterte die Quadrophonie an der menschlichen Klangwahrnehmung. Wir können räumliche Ortung am besten in einem gleichseitigen Dreieck vornehmen (Effekt der Phantomschallquellen). Aber wir haben bereits mit klanglichen Raumbewegungen in unserem Rücken Schwierigkeiten. Bei der Anordnung im 90-Grad-Abstand funktionieren die Phantomschallquellen nicht mehr. Zwar haben die bis etwa 1980 erprobten Verfahren für die digitale Welt der CD und des Surround-Sounds wichtige Impulse gegeben. Aber, wie es ein HiFi-Fachmann mal auf den simplen Nenner brachte: Die Quadrophonie bleibt eine Totgeburt, denn der Mensch hat nun mal nicht mehr als zwei Ohren.

Nur für Kamele geeignet

Im Grunde eignet sich die Quadrophonie demnach vorzüglich für das Kamel. Denn das Wüstentier besitzt insgesamt vier Hörorgane.

Until the fat lady sings

Eine Karikatur, die in der Tageszeitung *USA Today* am 9. Mai 2008 erschien, zeigt Hillary Clinton an einem Rednerpult. Sie steht zu diesem Zeitpunkt noch im Rennen um die Präsidentschaftskandidatur der Demokratischen Partei. Anspielend auf den Dauerwahlkampf mit Barack Obama, verkündet sie lächelnd: »It's not over until the fat lady sings«. Auf einer zweiten Zeichnung daneben sieht man sie schon weniger lächeln, denn bei ihr steht eine kräftige Dame im Walkürengewand, wie es Ende des 19. Jahrhunderts in Wagneropern üblich war. Ins Mikrophon sagt sie: »Testing … one … two … three …«

Die Botschaft im amerikanischen Vorwahlkampf war klar.

Die dicke Dame hat das letzte Wort

Dass eine Oper mit all ihren Kabalen und dramaturgischen Verwicklungen erst zu Ende ist, wenn die dicke Dame gesungen hat, mag zwar ein Vorurteil sein, trifft aber oft zu. Schon gar bei Opern mit dramatischen Sopranen. Bei Richard Strauss darf in *Salome* die Hauptfigur vor Verzückung den Kopf des getöteten Jochanaan (→ Schutzpatron, katholischer) ansingen: »Das Geheimnis der Liebe ist größer als das Geheimnis des Todes.« In Straussens darauffolgender Oper *Elektra* ist es wieder die dramatische Hauptpartie, die ihren Sieg über die verhasste Mutter in einem ekstatischen Tanz herausschreien darf. Oder nehmen wir Giacomo Puccini, *Turandot*, wieder eine Rolle für eine ausdrucksstarke Sängerin. Auch sie hat das, zugegeben von Puccini nicht mehr vollendete, letzte musikalische Wort, indem sie den Namen des Fremden ausspricht: »Liebe«. Selbst in *Tosca* ist es der Sprung der Primadonna von der Engelsburg, ohne den das Stück nicht enden kann. Allerdings gab es Aufführungen, bei denen eine eher »kräftige« Hauptdarstellerin es vorzog, winkend zur Seite abzugehen, statt tatsächlich zu springen.

Doch das Kostüm in der Karikatur deutet auf einen anderen Ursprung des leicht despektierlichen Satzes. In der Tat ist es die Walküre Brünnhilde, die am Ende des »Bühnenfestspiels für drei Tage und einen Vorabend« *Der Ring des Nibelungen* in der

Götterdämmerung den Verderben bringenden Ring zurück in den Rhein wirft, dann den Holzscheit für ihren Geliebten Siegfried entzündet und selbst mit dem Pferd ins Feuer reitet. Worauf der Götter- und Menschenwelt nichts anderes übrig bleibt, als über den Protagonisten zusammenzustürzen. Liegt in diesem Ende der Ursprung des Satzes von der »fat lady«?

Wagner oder Gospelzitat?

Anders als bei anderen gern zitierten Sätzen, wie dem von der Musik als einer Sprache der Welt (→ Eine Sprache, die alle Welt versteht), liegt die Herkunft der »fat lady« im Dunkeln. Findige Sucher von Stecknadeln im Heuhaufen haben allerdings nachgeforscht. Sie fanden einen Sportreporter namens Dan Cook, der im Frühjahr 1978 nachweislich bei der Übertragung eines Basketballspiels jenen Satz ausgesprochen hatte. In der Welt des Sports scheint der Satz beliebt gewesen zu sein, denn in *The Yale Book of Quotations* wird nachgewiesen, dass der Sportinformationsdirektor von Texas Tech, Ralph Carpenter, in den *Dallas Morning News* am 10. März 1976 behauptet hat: »The opera ain't over until the fat lady sings.« Doch hat er den Satz auch erfunden? Im gleichen Jahr, 1976, erschien ein Buch mit dem Titel *Southern Words and Sayings*, in dem eine Variante des Spruchs als lange bekannt vorausgesetzt wird, nämlich, dass die Kirche nicht zu Ende sei, ehe nicht die dicke Frau gesungen habe. Sollte diese Herleitung stimmen und irgendwie zu Carpenter gelangt sein, dann sind alle Überlegungen mit *Salome, Elektra, Turandot, Tosca, Götterdämmerung* nur nachträgliche Rationalisierungen. Und der Ausgangspunkt jener Phrase, die im Frühsommer 2008 der Bewerberin um das Amt des Kandidaten der Demokratischen Partei für das Präsidentenamt der Vereinigten Staaten von Amerika zu schaffen machte, verliert sich in der religiösen Verzückung des Gospelgesangs.

Urknall

»Der Urknall ist das erste radiophone Ereignis gewesen«, behauptet in einem Artikel über das Deutsche Rundfunkmuseum Berlin der Autor Niko Tenten.

Ihm antwortet der Publizist Ulrich Holbein in seiner Textsammlung *Der belauschte Lärm* (Frankfurt a. M. 1991) mit der Erkenntnis: »Der Lärm war lange einsam. In seiner ersten Großtat, dem Urknall, hatte er sich von seiner lautesten Seite gezeigt, aber kein Gehör gefunden.«

Der Komponist Maurizio Kagel hingegen behauptete in einem Interview zu seinem 1980 uraufgeführten Bühnenwerk *Die Erschöpfung der Welt,* das die erste Schöpfungsgeschichte der Genesis travestiert: »Am Anfang war die Pause«.

V

Verkleinerung eines Titanen

Für den gesanglichen Hausgebrauch des bürgerlichen Standes waren die Lieder und Chorsätze Friedrich Silchers eine unerschöpfliche Fundgrube. Der in Tübingen lehrende Silcher komponierte das heute noch beliebte Weihnachtslied *Alle Jahre wieder*, er schrieb das sentimentale *Ännchen von Tharau* und er behauptete mit Heinrich Heine *Ich weiß nicht, was soll es bedeuten.* Seine Sammlungen sind ebenso pägagogisch ausgerichtet wie pragmatisch: *Stimmen der Völker in Liedern und Weisen, Kinderlieder für Schule und Haus* oder die *Tübinger Liedertafel* für Männerchor.

Friedrich Silcher adaptierte auch das Thema des zweiten Satzes aus Beethovens Fünfter, der Schicksalssymphonie. Das leicht wiegende, immer aber durch eine unsichtbare Kraft vorwärts gezogene musikalische Material wird zu einem Klavierlied komprimiert, mit geschlossener Form. Und mit folgendem Text:

»Ohne dich was wär mein Leben,
du mein Stern in kummervollen Nächten,
Wie bin ich selig nur durch dich,
so selig.«

Aus dem Aufbruch des Bürgertums im Umfeld der Französischen Revolution wird hier der Rückzug in die biedermeierliche Innerlichkeit.

Vier Minuten dreiunddreißig

Das vielleicht berühmteste Stück des amerikanischen Komponisten John Cage, *4'33"*, ist auch als »stilles Stück« bekannt, obwohl nicht einfach nichts zu hören ist. Das Werk, geschrieben für jedwede Anzahl und Art von Instrumenten, besteht aus drei Sätzen, für die in der Notenausgabe der Edition Peters dreimal der Vermerk »tacet« (schweigt) angegeben ist.

Das lateinische Wort »tacet« bedeutet schlicht »er/sie/es schweigt« und steht normalerweise in den jeweiligen Stimmen größer besetzter Musikwerke, wenn das betreffende Instrument in dem jeweiligen Satz nicht vorkommt (das betrifft in der Musik der Wiener Klassik bei Haydn und Mozart oft Blechbläser oder Pauken in den mittleren, langsamen Sätzen).

Die Uraufführung 1952 fand mit Klavier statt. Anlass für die Komposition waren Erfahrungen, die Cage Jahre zuvor mit der schalldichten Kammer an der Harvard University machte. Alle externen Geräusche waren ausgeschaltet worden und dennoch blieben ein niedriger und ein hoher Ton übrig, im Körper selbst von den Nerven beziehungsweise dem Blutkreislauf erzeugt. Das Nichtgehörte hörbar machen, das sollte das Anliegen des Sückes werden. Denn Musik ist alles das, was während einer vorgegebenen, vom Komponisten umrissenen Zeit zu hören ist, unabhängig von dem Anteil, der von den Schallereignissen wirklich in den Noten steht. Cage verstand seine freiheitliche Musikausrichtung damit offensiv im Gegensatz zu denjenigen Komponisten, die versuchten, immer weitere Parameter für den Interpreten eineindeutig festzulegen, wie es etwa zeitgleich in der seriellen Musik geschah.

Borderline-Komposition

Gleichwohl ist das Musikstück ein Grenzfall komponierter Musik, übertroffen nur noch von Cages Stück 0'00", das keine zeitliche Ausdehnung mehr besitzt, also nur noch in Annäherung beschrieben werden kann, so wie der (→Urknall). Gegenpol ist das Stück *ASLSP* (as slow as possible), das seit 2001 in Halberstadt zu hören ist (→Langsamkeit, die Entdeckung der). Auch die Aufführung von *4'33"* bleibt immer aufs Neue eine Herausforderung, selbst wenn man inzwischen die Pointe kennt. Eine Radioausstrahlung des Werkes 2004 bei der BBC zeigte dies. Dort spielte ein Orchester und die Technik hatte alle Hände voll damit zu tun, die Automatismen zu unterdrücken, die im Falle eines »Sendeloches«, also dem Tacet in der Übertragung, andere akustische Sendeinhalte einstreuen.

Tacet für den Chor

Eine frühere berühmte Stelle, an der die Musikhörer auf das »Tacet«, das Schweigen, bewusst aufmerksam gemacht werden, ist übrigens die berühmte Chorprobe einer Huldigungskantate in Albert Lortzings Oper *Zar und Zimmermann*. Bürgermeister van Bett als Dirigent der unsdisziplinierten Schar singt zunächst die instrumentalen Zwischenspiele mit (wörtlich: »dideldumdideldum«). Als die Schüler dies nichts ahnend auch tun, ruft er beim nächsten Mal: »Jetzt Tacet für den Chor.«

Vierteltonklaviere und andere Erfindungen

Im Prager Nationalmuseum steht der vermutlich weltweit einzige noch vorhandene Vierteltonflügel. Er wurde von der Klavierfabrik Foerster aus Löbau in der Oberlausitz gebaut. Er kündet von einer Zeit, in der man im Klavierbau nicht mehr damit zufrieden war, den technisch ausgereiften Standard des Flügels, wie er Ende des 19. Jahrhunderts erreicht war, einfach zu wiederholen. Die Gesamtproduktion von Klavieren zwischen Mitte des 19. Jahrhunderts und dem Ersten Weltkrieg war explosionsartig angewachsen, von rund 45 000 auf 600 000 Stück. Doch wenn sich auch die einzelnen Marken klanglich noch deutlicher unterschieden als heute, technologisch waren sie doch auf einem kaum überbietbaren Niveau. Auch der Tonumfang war mit 88 Tasten seit etwa 1860 standardisiert. Experimente mit anderen Materialien des Gehäuses hatten nur begrenzte Einsatzmöglichkeiten geboten. So wurden etwa gusseiserne Klaviere für die tropischen Kolonien konzipiert.

Relevanter schienen Versuche zu sein, die Nachteile der geraden Tastatur zu verändern. Spielt der Pianist tiefe und hohe Töne, muss er entweder die Handgelenke deutlich abwinkeln oder die Tasten schräg anschlagen. Um dieses Problem zu lösen, baute Ferdinand Clutsam 1907 eine Bogenklaviatur, bei der die Tasten kreisförmig angebracht sind. Andere Klavierbauer behielten die gerade Anordnung der Tasten bei, bauten sie aber in den äußeren Lagen schräg zum Pianisten hin. Durchsetzen konnten sich diese ergonomischen Varianten allerdings nicht. Die Standardisierung schritt ohnehin voran, denn die reisenden Virtuosen waren darauf angewiesen, in jedem Konzertsaal ähnliche Bedingungen vorzufinden, was zu einer allmählichen Dominanz des Steinway-Flügels führte.

Mit der Anordnung von sieben weißen und fünf schwarzen Tasten hatte der Pianist und Erfinder Paul von Jankó seine liebe Not. 1883 ließ er eine Tastatur patentieren, die die Töne einer Oktave in zwei um einen Halbton verschobenen Ganztonreihen anordnete. Die nicht nur gleichmäßig angeordneten, sondern auch gleich gebauten Tasten brachten den Klavierspielern viele Vorteile. Es gab nun nicht mehr bequeme und unbequeme Tonarten. Harmonisch gewagtere Modulationen, wie sie im späten 19. Jahrhundert in der Musik immer häufiger wurden, ließen sich leichter spielen. Da der Abstand einer Oktave kürzer wurde, vergrößterte sich die Griffweite einer Hand. Kein Wunder, dass Pianisten des Lobes voll waren. Jankó warb um sein Instrument, das einige Klavierfabriken in Prototypen herausbrachten, bis sein Vermögen darunter litt. Doch er hatte seine Rechnung nicht mit der normativen Kraft des Faktischen gemacht, konkret: mit dem Vorhandensein von Hunderttausenden von Klavieren mit traditioneller Tastatur. Hunderttausende höhere Töchter des Bürgertums, die mühsam gelernt hatten, effektvolle Charakterstückchen zum Vortrag zu bringen (→ Bestseller, musikalischer) wollten und konnten nicht umlernen. Wie manche andere Innovation des Instrumentenbaus verschwand auch die Jankó-Klaviatur als Kuriosität in den Musikinstrumentenmuseen. Dort wird sie neben zahlreichen anderen Erfindungen, die sich als Sackgassen erwiesen haben, ausgestellt. Denn der später in die Türkei übergesiedelte und dort für den Tabakhandel zuständige Paul von Jankó war beileibe nicht der einzige Erfinder seiner Zeit, der eine neue Tastatur auf dem Markt bringen wollte. Die Anzahl ähnlicher Versuche wurde schon zu seinen Lebzeiten auf mindestens anderthalb Hundert geschätzt.

Neben den technischen Verbesserungen beim Klavier stehen jene Experimente, die aus musikalischen Gründen eine Erweiterung des Tonraums vornahmen. Versuche einer Klavierstimmung mit mehr als den in der abendländischen Musik üblichen zwölf Halbtöne wurden 1923 in Zusammenarbeit mit dem Komponisten Alois Hába, einem Pionier der Vierteltonmusik, begonnen. Im Grunde handelte es sich um zwei übeinandergelagerte Flügel im Vierteltonabstand. Der Spieler hatte zwei Tastaturen, analog zu den Manualen einer Orgel. Die Klaviersaiten waren auf zwei Etagen untergebracht. Erst später versuchte man auch hier, die eingeführte Tastatur mit sieben weißen und fünf schwarzen Tasten zugunsten einer einheitlichen Reihenfolge abzuändern. Heute behilft man sich bei der Aufführung von Vierteltonmusik einfach mit zwei Klavieren, die unterschiedlich gestimmt sind.

Mit den Vierteltonklavieren wurden die Erfahrungen der gleichstufigen zwölfstufigen »Temperatur« fortgeführt (→ Wohltemperiert). Bereits in früheren Zeiten hatten sich Musiker und Klavierbauer Gedanken über die Nutzung einer größeren Anzahl von Tönen innerhalb der Oktave gemacht. Die akustischen Probleme, die in der Musik entstehen, da reine Oktaven, Quinten, Terzen nie überall gleichzeitig zu erzielen sind, waren früh bekannt (→Pythagoräisches Komma). So gab es bereits im 16. Jahrhundert Versuche mit einem Tasteninstrument, das in einer Oktave 19 Stufen besaß. Mit Hilfe der Logarithmenrechnung wurde im 17. Jahrhundert eine 31-stufigen Skala vorgestellt. Im späteren 19. Jahrhundert suchten Klavierbauer nach praktischen Lösungen für ein 53-stufiges Instrument. Meist entstanden gerade mal einige Prototypen. Den wenigen Instrumenten folgten die wesentlich ergiebigere Theorie und die Praxis. Harmonielehren für Drittel- und Zwölfteltonsysteme wurden verfasst, schließlich wurden im 20. Jahrhundert reihenweise Kompositionen für mikrotonale Systeme geschrieben, die nun zum Teil elektronisch erzeugt wurden.

Zwei Richtungen sind dabei erkennbar. In der Nachfolge von Arnold Schönbergs Zwölftontechnik strebten Komponisten die völlige Beherrschung und Organisation des musikalischen Materials an, den Unterteilungen sind lediglich pragmatische Grenzen für Ausübende und Hörer gesetzt. Einer zweiten Gruppe von Mikrointervallanhängern geht es um die natürliche Obertonordnung, die durch die gleichschwebende Temperatur »verstimmt« wurde. In einem 31-stufigen System lassen sich beispielsweise reine Terzen erzeugen. So wundert es nicht, dass im niederländischen Alkmaar eine Orgel in dieser Stimmung steht, mit der die musikalische Welt bis hin zu Johann Sebastian Bach auf einem modernen Instrument erklingen kann.

Virtuose, eitler

Heute sind unrasierte Geigenvirtuosen und lolitaähnliche Violinnymphen, die sich mit nasser Kleidung im Wasser stehend photographieren lassen, keine Seltenheit mehr im klassischen Musikbetrieb. Früher waren solche Exzentriker eher die Ausnahme und wurden daher umgehend dämonisiert. Paganinis Konzerten eilte beispielsweise der Ruf voraus, er spiele auf Darmsaiten, die aus den Innereien der von ihm ermordeten Geliebten stammen. Doch Paganini brachte mit seinem Spiel immerhin auch die skeptischen Zuhörer regelmäßig zur Raserei.

Als ein Inbegriff für den narzisstischen, nur auf äußeren Schein bedachten Geiger galt Anfang des 19. Jahrhunderts der Franzose Alexandre-Jean Boucher (1778–1861). Er pflegte um sich herum einen regelrechten Starkult zu inszenieren, der vor Paganini seinesgleichen suchte. Als Wunderkind bereits mit sechs Jahren im Schloss des Königs Louis XVI. herumgereicht, ging er in der Revolutionszeit nach Spanien, kehrte aber rechtzeitig wieder zurück, als Napoleon seinen Glanz als Kaiser der Franzosen verbreitete. Boucher setzte ganz auf technisch anspruchsvolle Spielweisen, die er zur Verblüffung seiner Hörer einsetzte. Er nutzte Doppelgriffe und eingestreutes Pizzicato, also gezupfte statt gestrichene Töne. Verwunderung rief das silbrig klingende Flageolett hervor. Es entsteht, wenn die Saite nicht vom Finger niedergedrückt, sondern nur leicht berührt wird, so dass die Obertöne deutlicher zu hören sind. Mit all diesen Techniken wartete er nicht nur im Konzert auf, sondern auch auf den Marktplätzen, wo er für sein Spiel offensiv Werbung machte. Er nannte sich häufig »Napoléon du violon«, nicht zuletzt wegen einer gewissen Ähnlichkeit im Aussehen. Nach der endgültigen Verbannung des Empereurs auf die südatlantische Insel St. Helena streute Boucher das Gerücht, er werde von der Obrigkeit diskriminiert, weil er die Erinnerung an Napoleon wach halte (→Napoleon ist an allem Schuld). In späteren Jahren, als der Neffe Bonapartes unter dem Namen Napoleon III. das Zweite Kaiserreich gegründet hatte, beeilte sich der greise Starvirtuose, mit einem *Serment Napoleonien. Chant national patriotique et religieux dédié à la Majesté l'Empereur des Francais au peuple et à l'armée* seine Aufwartung zu machen. Das hatte Paganini nicht nötig. Er brauchte keine berühmten Herrscher, um für sich Werbung zu machen. Und bei seinen Konzerten teilte er immer in letzter Minute die Noten an die Orchestermusiker aus, damit ihm ja keiner seine Ideen klauen konnte. Nachspielen konnte ohnehin lange niemand seinen Solopart.

W

Wahnsinnige

Auf der Bühne

Gaetano Donizetti 1797–1848 hat sich in seinen Opern ausführlich mit dem Wahnsinn befasst:

In *Anna Bolena* (Mailand 1830) kümmert ihn die unglückliche Gattin des englischen Königs Henry VIII. Dieser verlässt sie wegen ihrer Gesellschafterin und ordnet schließlich ihre Hinrichtung an. Ihre Umnachtung wird in ihrer musikalischen Intimität als starker Kontrast zu den gleichzeitig stattfindenden höfischen Feierlichkeiten gestaltet.

Wahnsinn spielt aber auch im possenartigen Theater eine Rolle. In *Il furioso all'Isola di San Domingo,* 1833 in Rom uraufgeführt, lässt Donizetti einen betrogenen Ehemann in eine Irrenanstalt flüchten, was eine Fülle komischer Situationen hervorruft.

Lucia di Lammermoor (Neapel 1835) nach dem Schauerroman von Walter Scott besitzt die vielleicht berühmteste Wahnsinnsarie des Opernrepertoires. Soeben hat Lucia ihren Gatten ermordet, da tauchen in ihrem Gedächtnis – und im Orchester – Fetzen früherer Musikstücke auf. Begleitet wird die melodische Linie der Sopranistin von einer Soloflöte, deren Vorgaben sie gehorsam folgt. In ihrer Wahnvorstellung stellt sie sich die Hochzeitsszene mit ihrem Geliebten vor: »Alfin son tua, alfin sei mio, a me ti dona un Dio« (Endlich bin ich dein, endlich bist du mein, Gott hat dich mir gegeben).

Und auch in *Linda di Chamounix* (Wien 1842) wird die Hauptfigur verrückt. Dem Bauernmädchen ist die Ehe mit dem Neffen des Marchese versprochen worden. Doch angeblich heiratet der Liebste darauf eine andere. Ist die Intrige aufgelöst, verschwindet der Wahnsinn, wie er gekommen ist. Der Opernkenner Kurt Pahlen wies einmal darauf hin, dass der Wahnsinn in romantischen Opern dramaturgisch kritische Momente überbrücken hilft.

Hinter der Bühne

Donizettis eigene Lebens- und Leidensgeschichte ist prosaischer. Erst zwei Jahre vor seinem Tod, nach bereits längerer Zeit des Leidens und der Absage von vertraglich vereinbarten Verpflichtungen, diagnostizierten die Ärzte die Zerstörung des Nervensystems, die eine Spätfolge der Syphilis darstellt (→ Syphilitiker). Anderthalb Jahre lebte Donizetti in der Irrenanstalt von Ivry bei Paris, ehe er in seine Heimatstadt Bergamo überführt wurde, wo er bald darauf verstarb.

Henri Duparc, 1848–1933, erkrankte bereits vor seinem vierzigsten Lebensjahr an Neurasthenie und gab das Komponieren bis auf wenige Ausnahmen auf. Außerdem verbrannte er viele Skizzen.

Robert Schumann wurde in die Nervenheilanstalt Endenich eingeliefert, nachdem er versucht hatte, sich in den Rhein zu stürzen. Erst kürzlich veröffentlichte Krankenakten zeigen, so Andreas Otte und Konrad Wink in *Kerners Krankheiten großer Musiker*, dass das Krankheitsbild Schumanns als Spätfolge der Lues parenchymatosa zu deuten ist. Die damit einhergehende Schädigung des vorderen Gehirns führte zu einer Persönlichkeitsveränderung. Schumann glaubte Stimmen zu hören. Sprachstörungen und Gedächtniseintrübung waren weitere Folgen. Schumanns zu seiner Zeit unverstandenes Spätwerk, das sich durch eine spröde Kargheit auszeichnet und in der Moderne besondere Aufmerksamkeit erlangte, könnte musikalischer Ausdruck dieser Krankheit sein.

Auch Bedřich Smetana wurde infolge einer Luesinfektion wahnsinnig. Neun Jahre vor seinem Tod begann seine Taubheit, die ihn zwang, vom Dirigieren Abstand zu nehmen. Seine letzten Jahre verbrachte er in geistiger Umnachtung. Der scharfzüngige Publizist Karl Kraus, Herausgeber der *Fackel*, sah hinter der Krankheit allerdings auch ein Problem gesellschaftlicher Ablehnung: »Smetana wurde gefoltert, bis er im Wahnsinn starb. Sein Verbrechen? Der Fortschritt. Smetanas Leben war ein langsamer Hungertod. Als er es nicht hören konnte, sicher nicht mehr hören konnte, nannte man ihn den Mozart unserer Zeit. Wie das wohltut, wenn man schon zwischen jenen anderen Brettern liegt, die nicht die Welt bedeuten.«

Wohl aufgrund einer Syphilisinfektion in jungen Jahren, die nie richtig ausgeheilt war, wechselten sich bei dem Wiener Komponisten Hugo Wolf Zeiten hoher Produktivität mit manischdepressiven Schüben ab. 1897 bringt die kühle Reaktion des Hofoperndirektors Gustav Mahler auf die Partitur der Oper *Manuel Venegas* Wolfs Wahnsinn zum Ausbruch. Er hält sich selbst für den Operndirektor, würgt seinen Diener und wird daraufhin in eine Nervenheilanstalt eingeliefert. Dort steigert er sich weiter in seine Omnipotenzphantasien hinein und erklärt, er werde Friedrich Nietzsche von seinem Wahnsinn heilen. Gleichzeitig entwirft er aber auch Skizzen für ein Orchesterstück über den heiteren italienischen Schlager *Funiculì, funiculà*. Nach einer vorübergehenden Besserung des Gemütszustandes erzwingen Angstattacken und ein Selbstmordversuch die endgültige Einweisung in die Landesirrenanstalt am Alsergrund. Dort dämmert Hugo Wolf dahin. Sein Biograph Dietrich Fischer-Dieskau, im Übrigen ein großartiger Interpret der Lieder des Komponisten, bemerkt nicht ohne Sarkasmus zum damals großen Interesse am Fall, nicht am Musiker Wolf: »Draußen aber machte die Kunde von Hugo Wolfs Erkrankung schneller und nachhaltiger die Runde, als es je eines seiner Werke vermocht hätte.«

Walhalla

Göttervater Wotan in Richard Wagners *Ring des Nibelungen* prellt die Riesen, die die Götterburg Walhall errichtet haben, um ihren verdienten Lohn. Ausgangspunkt für ein vier Abende währendes Ringen gegen den Untergang.

König Ludwig I. von Bayern hingegen hatte seinen Architekten Leo von Klenze offensichtlich ordentlich bezahlt. Der errichtete oberhalb der Donau, stromabwärts von Regensburg, eine an das griechische Vorbild des Partenon auf der Akropolis von Athen gemahnende Säulenhalle. Darin wollte Ludwig I. die Großen »teutscher Zunge« in Abbildern versammelt sehen. In einer Zeit, in der Deutschland nach dem Ende des Heiligen Römischen Reiches nur noch als Kulturnation existierte, suchte er dem von Napoleons Politik und der Kleinstaaterei zermürbten Land seine geschichtliche Identität durch Vorbilder in Marmor zu erinnern. Zur feierlichen Eröffnung am 18. Oktober 1842, sinnigerweise auf den Jahrestag der Völkerschlacht von Leipzig gelegt, wurden auf 64 Tafeln jene historischen Personen gewürdigt, von denen bildliche Darstellungen fehlten. 96 Büsten verwiesen auf die Helden der Vergangenheit, darunter auch ein

Schweizer Dichter, österreichische und russische Herrscherinnen und ein flämischer Maler. Heute betont man in der Walhalla diese europäische Dimension, nachdem der Ort in der Vergangenheit oft genug für nationalistische Demonstrationen herhalten musste. So ist die Aufstellung der Büste Anton Bruckners 1937 nicht zuletzt durch das Bild des vor ihr nachdenklich versunkenen Adolf Hitler propagandistisch ausgeschlachtet worden. Bis heute wurden 129 Personen verewigt, 2009 wird Heinrich Heine erwartet.

Unter den in der deutschen Ruhmeshalle Versammelten befinden sich nur dreizehn Musiker, wenn man Friedrich II. von Preußen nicht dazuzählt. Der wurde weniger wegen seines Flötenspiels als wegen seiner politischen und militärischen Leistungen vom 19. Jahrhundert gepriesen und würdig für die Walhalla gefunden. Für die Auswahl künftiger Würdenträger ist der Bayerische Ministerrat zuständig; für die Kosten der jeweils Vorschlagende.

Folgende Musiker sind in der Walhalla (in der Reihenfolge der Aufnahme) vertreten:

Christoph Willibald Gluck
Georg Friedrich Händel
Joseph Haydn
Wolfgang Amadeus Mozart

Diese vier gehörten zum Gründungsbestand. Es folgten:

Ludwig van Beethoven (1866)
Richard Wagner (1913)
Johann Sebastian Bach (1916)
Franz Schubert (1928)
Anton Bruckner (1937)
Max Reger (1948)
Richard Strauss (1973)
Carl Maria von Weber (1978)
Johannes Brahms (2000)

Wettkampf, musikalischer

Geglückt Domenico Scarlatti ist heute hauptsächlich durch seine 555 Klaviersonaten (→ Œuvres, überbordende) im Bewusstsein geblieben. Der Neapolitaner galt als einer der herausragendsten Virtuosen auf den Tasteninstrumenten seiner Zeit. 1685, im gleichen Jahr wie Georg Friedrich Händel geboren, weilte er zur gleichen Zeit wie dieser, 1707, in Rom. Beide standen noch am Anfang ihres Weltruhms. In Rom hatte ein anderer bedeutender Komponist, Arcangelo Corelli, die Leitung der wöchentlichen Konzerte im »Palazzo della Cancelleria« übernommen. Bei diesem Palast handelte es sich um die Wohnräume von Kardinal Ottoboni. Der Kardinal lud Scarlatti und Händel zu einem Wettspiel ein. Das Ergebnis lautete 2:1 für Händel. Die Zeitgenossen berichteten nämlich, dass sich die Zuhörer beim Vortrag auf dem Flügel nicht einig waren, einige Scarlatti, andere Händel bevorzugten. Doch Scarlatti selbst erkannte die ungeheure Stärke und Geschicklichkeit seines Hallenser Konkurrenten auf der Orgel an. Ein solcher Wettstreit hat für uns Nachgeborene über das Anekdotische hinaus vor allem deshalb eine gewisse Bedeutung, weil wir über die Spielweisen der Kontrahenten unterrichtet werden. So sei die Besonderheit des Scarlattischen Spiels die Zierlichkeit des zärtlichen Ausdrucks gewesen. Bei Händel wurde neben der Fertigkeit der Finger vor allem die, wie es in einer deutschen Übersetzung hieß, »entsetzliche Vollstimmigkeit und nachdrückliche Stärke« gerühmt. Ob manche römischen Zuhörer dabei nicht auch an ihre Vorurteile über die transalpinen Deutschen gemahnt wurden?

Gescheitert Johann Sebastian Bach hatte seine Schwierigkeiten am Hof zu Weimar 1716, wie es schien, dadurch überwunden, dass ihm ein Anstellungsvertrag durch den Fürsten Leopold von Anhalt-Köthen ausgefertigt worden war. Während die Familie bereits nach Köthen umzog, wollte Bach bei einem Besuch der Residenz von Dresden den Cembalisten, Organisten und Komponisten Louis Marchand hören.

Dieser hatte als führender Musiker im Paris von König Louis XVI. einen weit reichenden musikalischen Ruf. Bach kannte einige seiner Cembalokompositionen. Marchand war aber auch als Intrigant bekannt, der Konkurrenten wegbiss und sich mitunter kapriziös gegenüber seinem Publikum verhielt. Als sein Stern in Paris im Sinken begriffen war, reiste er durch Deutschland, um an verschiedenen Fürstenhöfen zu konzertieren. In Dresden munkelte man bereits von einer Festanstellung.

Mit Hilfe des Dresdner Konzertmeisters gelang es Bach, einem Konzert seines sechzehn Jahre älteren Kontrahenten nach dessen Ankunft im Verborgenen beizuwohnen. Anschließend lud er ihn nach damaliger Sitte mit einem Schreiben zum persönlichen Wettstreit ein. Bach erklärte sich dabei bereit, vorgegebene Stücke aus dem Stegreif zu spielen. Zu angegebener Stunde, nachdem der Hof und das interessierte Publikum sich versammelt hatten, war nur Bach anwesend, Marchand, so hieß es, sei mit der Extrapost aus Dresden abgereist. Eine Geschichte, die im 19. Jahrhundert vor allem deshalb gerne in der Bachforschung und Bachverehrung kolportiert wurde, weil sie den Gegensatz zwischen deutscher und französischer Musik auch auf der Ebene der jeweiligen Charaktere verortete. Was in Zeiten zunehmender nationalistischer Töne zwischen Deutschland und Frankreich auch unter Musikforschern gut ankam.

Johann Sebastian Bach wurden vom sächsischen König immerhin 500 Taler als Geschenk versprochen, so, als hätte er den Wettkampf gewonnen. Die Auszahlung des Preisgeldes wurde allerdings schlichtweg vergessen. Nach seiner Rückkehr musste sich Bach in Weimar erst einmal ins Gefängnis begeben (→ Berufsrisiko).

Wohltemperiert

Das *wohl temperirte Clavier*, komponiert von Johann Sebastian Bach, ist als Sammelbezeichnung für 48 Präludien und Fugen durch alle Dur- und Moll-Tonarten in die Musikgeschichte eingegangen. Die Reinschrift der ersten Folge von 24 Stücken stammt aus dem Jahre 1722, an der zweiten Folge arbeitete der Thomaskantor in den frühen 1740er Jahren.

Ausgangspunkt war die Möglichkeit bei den neueren Tasteninstrumenten, jedwede Tonart ohne allzu große Abweichungen von der Naturstimmung verwenden zu können. Bereits im 16. Jahrhundert hatte sich unter Lautenspielern eine gleich schwebende Temperatur verbreitet, die die Halbtöne einer Oktave schließlich nach der Formel »zwölfte Wurzel aus zwei«

verteilt. Selbst in China gab es Vorschläge, was zeigt, dass das Unbehagen kulturübergreifend war.

Ursache für die Aufgabe der reinen Stimmung in Europa war der musikalische Siegeszug der Terzen und Sexten. Mehr und mehr wurden sie in der Musiktheorie als Konsonanten aufgefasst, also wohlklingend, ja allmählich schienen die Musiker von Dur- und Mollakkorden regelrecht besoffen geworden zu sein. Die Vorrangstellung der Quart, übernommen aus der antiken Musiktheorie, schwand.

Zu Bachs Zeiten verstärkten sich die Bemühungen für eine Lösung des Stimmungsproblems. Sein Zeitgenosse, der Musiktheoretiker und Orgelsachverständige Andreas Werckmeister, hatte verschiedene Vorschläge erarbeitet, um eine Temperatur (sprich eine von den reinen Intervallen abweichende Stimmung) herzustellen, die »circular weise das gantze Clavir« nutzbar macht. Er rang sich nicht zu einer rein rechnerischen Aufteilung der Oktave durch, sah aber die Probleme einer so genannten mitteltönigen Stimmung, bei der die großen Terzen rein bleiben, die Quinten leicht verstimmt werden und die Ganztöne angeglichen. Hörbar wurde dies insbesondere bei der Wolfsquinte, gis – es, die einfach zu groß war. Werckmeister vermittelte. Denn als Alternative gab es bereits Pläne mit doppelten schwarzen Tasten für die Halbtöne, so dass as und gis nebeneinander zu liegen kämen und nicht auf einen einzigen Ton zusammengezogen würden. Eine spieltechnisch problematische Konstruktion, die Werckmeister ablehnte. Werckmeister wollte mit seinen praktischen Vorschlägen, die den gebräuchlichen Tonarten weniger Verstimmung zumutet als den ferner liegenden, die universelle Harmonie des Kosmos wieder ins Bewusstsein bringen, in der fromme Menschen im Himmel mit Gott jubilieren, wie er in einer späten Publikation betont. Er knüpft also an mittelalterliche Vorstellungen an, obwohl er mit seinen Berechnungen das Tor zu einer modernen, rein mathematischen Betrachtung des Problems weit aufstieß.

Nicht nur Johann Sebastian Bach, auch seine Zeitgenossen wie der Theoretiker und Komponist Johann Mattheson, einer der Propagandisten der Forschungen Werckmeisters, entwickelten in der Folgezeit musikalische Zyklen, die den ganzen Tonartenraum durchschritten und die keine Angst mehr vor der Wolfsquinte hatten. Die »wohl temperirte« Stimmung öffnete den Weg für andere Unterteilungen der Oktave (→ Vierteltonklaviere und andere Erfindungen).

Würfelkomponisten

Jeder kann komponieren. Diese fast nach einem Diktum von Joseph Beuys (»jeder ist ein Künstler«) klingende Erkenntnis stammt aus der deutschen Aufklärung. Gemeint ist allerdings weniger der schöpferische Akt der Musikhervorbringung als das rationalisierte, mechanische Schreiben von Musik aus kleinsten Einheiten heraus. Die müssen so konstruiert sein, dass sie sich beliebig aneinanderreihen lassen. 1757 veröffentlicht der Bachschüler und Musiktheoretiker Johann Philipp Kirnberger in Berlin seine Komposition *Der allzeit fertige Polonaisen- und Menuettenkomponist*. Kirnberger hat, wie spätere »Würfelkomponisten« auch, schlichtweg gleichartige Takte mit ähnlichen melodischen und rhythmischen Mustern über gleich bleibender Harmonik geschrieben. Die Gleichförmigkeit wird nun dadurch verdeckt, dass der Spieler nach einer Tabelle entsprechend der Augen des Würfels aus den verschiedenen Abschnitten jeweils einen Takt heraussucht und ihn an das bisherige Stück anhängt.

Der allzeit fertige Polonaisen- und Menuettenkomponist

Die so entstehende automatische Einheitlichkeit in der Struktur der Komposition nimmt Bezug auf den Wandel des musikalischen Geschmacks in der ersten Hälfte des 18. Jahrhunderts. Der Ruf nach Einfachheit statt »künstlicher«, also kunstfertiger Kontrapunktik führt zu geradzahligen Taktfolgen. Zwei, vier, acht Takte ergeben jeweils zusammen einen musikalischen Sinn. Eine klare Trennung von Melodie und deutlich akzentuierter Bassstimme bevorzugt bestimmte Tänze, wie die Polonaise, den Walzer und vor allem das Menuett.

Das musikalische Würfelspiel, das nach Kirnberger den Vorteil hat, dass man anders als bei anderen Glücksspielen kein Geld setzen muss und zudem nüchtern bleibt, wird nicht nur zur intellektuellen Knobelei. Die Ergebnisse, die so leblos mechanisch daherkommen, können gleichwohl pädagogisch eingesetzt werden. Einerseits, um etwa das Prinzip eines Menuetts zu erläutern; zum zweiten aber auch, um den Spielern den himmelweiten Unterschied zwischen diesen Ergebnissen und der wahren Tonkunst in den Kompositionen großer Meister vor Ohren zu führen. Nicht umsonst heißt das im ostfriesischen

Aurich erschienene *Musikalisches Charten-Spiel ex G dur, wobey man allezeit ein musikalisches Stück gewinnet* von Michael Johann Friedrich Wiedeburg im Titel weiter *zum Vergnügen und zur Übung der Clavierspieler und zum Gebrauch der Organisten in kleinen Städten und auf dem Lande.* Wiedeburg erlangte zu dieser Zeit eine überregionale Berühmtheit durch seine Klavierschule, die er für den Selbstunterricht (*Der sich selbst informirende Clavierspieler*) verfasst hatte.

Zum Gebrauch in kleineren Städten und auf dem Lande

Weitere musikalische Würfelspiele wurden verkaufsfördernd bedeutenden Komponisten untergeschoben. So wurde unter Joseph Haydns Namen *Gioco filarmonico* um 1790 in Neapel gedruckt, ein Modell, das identisch ist mit Maximilian Stadlers *Tabelle, aus welcher man unzählige Menueten und Trio für das Klavier herauswürfeln kann,* Wien 1781, das seinerseits eine Adaption einer französischen Vorlage ist.

So viel Walzer wie man will

Im Köchelverzeichnis der Werke Mozarts ist unter KV Anh. 294d eine *Anleitung so viel Walzer oder Schleifer mit zwei Würfeln zu componiren so viel man will ohne musikalisch zu seyn noch etwas von der Composition zu verstehen* zu finden, die zwei Jahre nach seinem Tod in Berlin und Amsterdam veröffentlicht wurde, inzwischen aber als unecht erkannt worden ist.

Gewürfelt – mit echten Würfeln oder mit Hilfe des Computers – wurde auch in der Musik des 20. Jahrhunderts, allerdings weniger aus Jux denn mit konzeptionellem Background. Die auf dem lateinischen Wort für Würfel, alea, basierende Bezeichnung →Aleatorik verweist auf den Stellenwert der theoretischen Überlegungen.

X

X (= Doppelkreuz)

Steht ein X vor einer Note, so wird sie nicht, wie bei einem Kreuz, um einen Halbton erhöht, sondern um zwei Halbtöne. Das Doppelkreuz dient in der Notenschrift also vor allem der Modulation in entlegene Tonarten. Töne mit einem Doppelkreuz davor heißen cisis, disis, fisis, gisis oder aisis und sind äußerst selten. Eben genauso selten wie Wörter die mit einem X beginnen.

Auch von Komponisten werden entlegene Tonarten, die im Quintenzirkel weit entfernt von C Dur oder a-Moll stehen, mit ihren sechs oder sieben b's oder Kreuzen eher homöopathisch eingesetzt. Vor der Zeit der gleichstufigen Stimmung (→ Wohltemperiert) hatten Tasteninstrumente bei diesen Tonarten oft Schwierigkeiten, die Intervalle einigermaßen passend zur Verfügung zu stellen. Ab dem Anfang des 18. Jahrhunderts, mit der Durchsetzung der neuen Stimmung, schrieben Komponisten Zyklen durch alle Tonarten. Da blieb es nicht aus, dass Ges-Dur, es-Moll, Ces-Dur, as-Moll, Fis-Dur, dis-Moll, Cis-Dur und ais-Moll einen, wenn auch bescheidenen, Platz in der Musikgeschichte eroberten.

Bei Dmitrij Schostakowitsch dienten entlegene Tonarten allerdings auch als Fluchtraum. Der Komponist wurde von der politischen Nomenklatura der Sowjetunion immer wieder als Aushängeschild benutzt, zugleich gegängelt und zeitweise bis zur Bedrohung des Lebens angefeindet. Als Refugium für seine privaten Gefühle und Einstellungen hatte er sich nicht die repräsentative Symphonie, sondern das intime Streichquartett vorbehalten. So wundert es nicht, dass er sein letztes Streichquartett op. 144 kurz vor seinem Tode 1975 in der entlegenen Tonart es-Moll verfasst. Vielleicht wollte auch Gustav Mahler mit den sechs Kreuzen des Fis-Dur in seiner unvollendeten zehnten Symphonie vorstoßen in ein unbekanntes musikalisches Land, ein Land, das ihm letztlich verschlossen blieb.

Oft sind es nur Passagen in einzelnen Musikstücken, die durch die allmähliche Entfernung von der Grundtonart in diese fernen Gefilde eindringen (etwa Debussy, *La Mer* oder seine Oper *Pelléas et Mélisande*, Schuberts letzte Klaviersonate D 960,

Coda des 2. Satzes). Manchmal ist auch der Wechsel zwischen Dur und Moll innerhalb eines Satzes für die plötzliche Vorzeicheninflation verantwortlich. Oder es sind eben Zyklen durch alle Tonarten, wie Bachs *Wohltemperiertes Klavier,* die Klavierwerke des Franzosen Charles Alkan (Préludes op. 31, Studien op. 35, Esquisses op.63) oder verschiedene Orgellehrwerke. Selbstredend haben sich die Klaviervirtuosen des 19. Jahrhunderts, allen voran Frédéric Chopin, auch in den entfernten Tonarten getummelt, nicht zuletzt, weil sie bei ihren Konzerten in der Aufeinanderfolge der einzelnen Stücke auf Abwechslung und Überraschung setzten. Mit der Aufeinanderfolge von weit voneinander entfernten Tonarten konnten sie Effekte wie plötzlich auftretende Brillanz oder weltfremde Entrückung erzielen.

Obwohl vom Notenbild her schwer zu lesen, haben die entlegenen Tonarten auch ihre Fans, wie man im Internet an der Seite www.Cisdur.de sehen kann. Dort wird auch auf jene Anekdote verwiesen, die der als Filmmusikkomponist hervorgetretene Miklos Rosza erzählt hat. Er wurde während seines Harmonieunterrichts aufgefordert, eine Melodie nach His-Dur zu transportieren. His-Dur mit den Tönen his, cisis, disis, eis, fisis, gisis, aisis, his, also mit fünf Doppelkreuzen und zwei Einfachkreuzen, ist nichts anderes als das vorzeichenlose C-Dur. Rosza merkte die Schikane und bestand. Richtig ist allerdings, dass der Quintenzirkel letztlich in beide Richtungen unendlich weiterreicht. Und wenn reine Quinten als Grundlage genommen werden, entstehnen auch immer wieder neue akustische Ergebnisse, anders als in der gleichstufigen Stimmung, die für den Siegeszug des Klaviers mit verantwortlich ist. Dennoch ist es in der Praxis üblich, die vielen Kreuze quasi auszukreuzen. Die vier Tonarten mit 7 Kreuzen oder b's können nämlich viel leichter dargestellt werden: Cis-Dur und ais-Moll mit nur fünf b's als Des-Dur und b-Moll; Ces-Dur und as-Moll als H-Dur und gis-Moll mit 5 Kreuzen.

X-er

Diese Abkürzung stand früher für die Münze Kreuzer, die seit dem 16. Jahrhundert vor allem in Süddeutschland verbreitet war und von denen meist 60 Stück einen Goldgulden ergaben. Wir sind also bei einem Thema, das für Musiker nicht selten existentiell und tragisch besetzt ist, beim Geld.

In Beethovens einziger Oper *Fidelio* möchte der bodenständige Kerkermeister Rocco seine Tochter Marzelline gerne mit dem vermeintlichen jungen Mann verheiraten, der als Gehilfe angeheuert hat. In Wirklichkeit handelt es sich um Leonore, die in dieser Verkleidung ihren im Verlies schmachtenden Gatten Florestan befreien möchte. Als guten Ratschlag gibt Rocco den jungen Menschen mit auf den Weg: »Hat man nicht auch Gold beineben, kann man nicht ganz glücklich sein. Traurig schleppt sich fort das Leben, mancher Kummer stellt sich ein.« Ein Satz, den Beethoven selbst sicher unterschrieben hätte, so wie er seine Verleger auf säumige Zahlungen hinwies (→ Kanonkommunikation) oder sich über Ehrengeschenke, die wertlos waren, mokierte. Für die Widmung der neunten Sinfonie an den Preußenkönig bekam er einen Ring, der nur 300 Gulden Papiergeld wert war und den er am liebsten zurückgeschickt hätte. 1796 erhielt er für seinen Auftritt als Pianist in Dresden nichts weiter als »eine goldene Tabatière«, für seine Präsentation am Hof von Preußen eine immerhin mit Louis d'ors gefüllte Dose. Aus dieser Zeit stammt auch sein Rondo a capriccio G-Dur für Klavier mit der später vergebenen hohen Opusnummer 129, genannt *Die Wut über den verlorenen Groschen*. Als freischaffender Komponist ohne Bindung an ein Amt war Beethoven besonders abhängig von Konjunkturschwankungen. 1808 bot ihm Jérôme, der Bruder Napoleons, an, für 600 Golddukaten nach Kassel in eine feste Anstellung zu kommen. Um ihn in Wien zu halten und ihn nicht auf die Seite Napoleons wechseln zu lassen, beschlossen Erzherzog Rudolph, Fürst Kinsky und Fürst Lobkowitz ein Jahresgehaltdekret, das dem Komponisten im Jahr 1809 insgesamt 4000 Gulden zuerkannte. Doch im Strudel der Abwertung der österreichischen Währung 1811 im Verhältnis 5:1 verlor die zugesagte Summe in den Folgejahren immens an Wert. Hingegen konnte Beethoven von der patriotischen Stimmung der antinapoleonischen Kriege profitieren: Sein Schlachtengemälde *Wellingtons Sieg oder die Schlacht bei Vittoria* brachte mehr ein als die Symphonien. In den Folgejahren musste Beethoven immer wieder Gelder für seine Kompositionen anmahnen, erst kurz vor seinem Tod löste die Zuwendung der Londoner Philharmonischen Gesellschaft von 100 Pfund, umgerechnet 1000 Gulden, die drängenden pekuniären Probleme.

Beethoven bekommt wertlose Geschenke

Und wird Opfer der Inflation

Über Beethovens Finanzen sind wir vergleichsweise gut unterrichtet. Er stellt ohnehin eine Ausnahme dar, weil er Gönner fand, die sehr früh seine herausragende Bedeutung erkannten. Doch wie sah es allgemein aus? Welche grundsätzliche Bedeutung Musiker in der sozialen Skala hatten, lässt sich am ehesten durch Vergleiche aufzeigen. So hat der Musikforscher Walter Salmen die Sozialgeschichte der Branche in seinem Buch *Beruf: Musiker* (Kassel 1997) auf die Schlagworte »verachtet, vergöttert, vermarktet« gebracht. Wenn die Steuerlisten Mitte des 18. Jahrhunderts in einer norddeutschen Kleinstadt beim Pastor 462 Reichstaler Einkommen nachweisen, dem Rektor einer Schule 250 zurechnen, dem Organisten aber nur noch 160, wird die gesellschaftliche Abstufung deutlich.

Wenn in Wien ein Minister am Kaiserhof zwischen 8000 und 20 000 Gulden jährlich einstrich, wirken die 450 Gulden, die Mozart vor seinem Rauswurf in Salzburg beim knauserigen Erzbischof bekam, vergleichsweise dürftig. Festangestellte Musiker in ländlichen Regionen erhielten zwar zusätzlich Naturalien, dafür war aber das Gehalt erschreckend niedrig. Mancher Musiker in fürstlichen Kapellen musste gar mit 25 Gulden auskommen, ein Hungerlohn, der durch die zusätzlich gestellte Kleidung noch demütigender war. Dafür erzielten international begehrte Stars wie der Komponist und Kapellmeister Niccolò Jommelli am württembergischen Hof in Stuttgart 4000 Gulden nebst kostenfreiem Wohnen an den beiden Residenzen in der Stadt und in Ludwigsburg. Dieser Hof war für seine Prunksucht und seinen leichtfertigen Umgang mit Geld bekannt – die Kehrseite waren jene Zustände, die den jungen Friedrich Schiller ins ausländische Mannheim desertieren ließen.

Hungerlöhne vs. höfische Prunksucht

Meist suchten die Fürsten allerdings angesichts der vielfältigen Konkurrenz von Instrumentalisten, die sich als Lehrer des adligen Nachwuchses verdingen wollten, die Preise zu drücken. Mozarts Korrespondenz ist voll von solchen Enttäuschungen. Dabei verdiente er in dem Jahrzehnt, in dem er in Wien lebte, gar nicht mal so schlecht. Allein aufgrund der überlieferten Zahlungen errechneten Mozartforscher bereits im 19. Jahrhundert aus Erlösen selbstorganisierter Konzerte, Opernhonoraren, Geldgeschenken, Gehältern und Verlagszuwendungen Summen zwischen 1000 und über 3000 Gulden jährlich. Die tatsächlichen Einnahmen liegen jedoch vermutlich deutlich darüber. Der Biograph Volkmar Braunbehrens stellte entgegen der landläufigen Meinung fest, dass Mozart nicht unter zu geringen Einnahmen, sondern unter zu großen Ausgaben gelitten hat.

Y

Yradier

Es hätte nicht des Kunstgriffs bedurft, dass alphabetisch geordnete Lexika auch das seltene Ypsilon mit einem Stichwort bedenken müssen, um Sebastián de Yradier einen Platz in der Erinnerung der musikinteressierten Welt zu sichern. Dafür hat er selbst mit seinem berümtestes Lied *La Paloma* gesorgt. Außerdem ist er der Komponist einer allseits bekannten Melodie, die Georges Bizet ursprünglich für ein Volkslied hielt, der *Habanera* aus der Oper *Carmen*.

Der am 20. Januar 1809 in Lanciego im spanischen Baskenland geborene Musiker trug zunächst den außerhalb Spaniens wenig attraktiven Namen Sebastián de Iradier y Salaverri. Nach seiner Tätigkeit als Organist und Ausbildung zum Sänger übersiedelte er nach Paris und veränderte die Schreibweise seines Namens. Von einer Reise in die Karibik brachte er die Habanera mit. Die war im Grunde ein Lied im Stil italienischer Canzonen (→ Odessa, neapolitanisch: O sole mio), das wiederum musikalisch mit kubanischer Rhythmik und textlich mit Themen des Inselalltags angereichert wurde. Die Habanera war zu diesem Zeitpunkt noch nicht als feste Form in der kubanischen Popularmusik etabliert. Das geschah erst Ende des 19. Jahrhunderts, als sie ihren Namen nach der Hauptstadt der Insel Havanna erhielt. Doch durch Yradier, der sie in Europa in Notensammlungen veröffentlichte, war sie in den Salons bereits als exotischer Kick greifbar. Mit unmittelbaren Auswirkungen auf die Kunstmusik: Camille Saint-Saens schrieb beispielsweise 1887 als Konzertstück seine *Havanaise* für Violine und Orchester.

Die Habanera als exotischer Kick

Am berühmtesten wird aber die Habanera *L'amour est un oiseau rebelle*. Die Liebe wird als rebellischer Vogel charakterisiert. Nichts da mit »Die Liebe von Zigeunern stammt«, wie eine glättende deutsche Übersetzung jahrzehntelang suggerierte. Georges Bizet hält die Melodie für ein Volkslied. Er weiß nicht, dass *El arreglito*, so ihr ursprünglicher Titel, von Yradier komponiert wurde. In der Oper *Carmen* wird mit diesen Tönen eine dramatisch, vor allem aber erotisch hoch aufgeladene Szene eingeleitet. Mit dem Wissen um die fremde Herkunft der Melodie erlaubte sich übrigens der Dirigent Carlos Kleiber häufiger einen Spaß. Er schlug den Darstellerinnen der Carmen während der jeweiligen Proben vor, ihre Glanznummer, die *Habanera*, einfach wegzulassen. Mit der Begründung, dass sie ja ohnehin nicht von Bizet stamme.

Ursonate des Pop

Ein Lied Yradiers übertrumpfte allerdings die *Habanera*, nämlich *La Paloma*. Es könnte sich um das Lied mit den meisten verschiedenen Einspielungen und Interpretationen weltweit handeln. Bereits in der Steinzeit der Tonaufzeichnung ist *La Paloma* auf Walze mitgeschnitten worden. Spätestens mit dem Film *Große Freiheit Nr. 7* mit Hans Albers hat es sich im deutschen Sprachraum als halbfatalistisches Stück durchgesetzt: »Einmal muss es vorbei sein!« Kein Wunder, dass Reichspropagandaminister Joseph Goebbels schäumte ob des Erfolges von Film und Lied.

Mehr als nur Folklore

Um das Lied rankt sich eine ebenso rührende wie wahrscheinlich erfundene Legende. Der unglückliche Kaiser von Mexiko, Maximilian soll dieses Lied besonders gern gehört haben. Er war als Bruder von Kaiser Franz Joseph von Habsburg (→Herrscher, musikalische) von Napoleon III. gegen den Willen der Bevölkerung und wahrscheinlich auch gegen seinen eigenen (er musste auf die Thronfolge in Wien verzichten) zum Kaiser bestimmt worden. Er hoffte in der Neuen Welt auf eine liberale Regierung, scheiterte aber, nachdem die Franzosen unter dem Druck der USA abgezogen waren, gegenüber dem populären Präsidenten Juárez. Maximilian wurde am 19. Juni 1867 standrechtlich erschossen. Die weltweite Wirkung dieser Hinrichtung war enorm. Theaterstücke wurden geschrieben, Rechtfertigungen verfasst (→Historische Momente auf dem Theater). Vor allem aber wurde der Moment des Todes auf kongeniale Weise in der Kunstgeschichte verewigt. Das Gemälde von Édouard Manet *Die Erschießung des Kaisers Maximilian*, in insgesamt vier verschiedenen Fassungen vorliegend, überstrahlte als künstlerisches Meisterwerk die historische Erinnerung vollständig.

Kaiser Maximilians lezter Wunsch: *La Paloma*

In den widersprüchlichen Berichten von Maximilians Ende findet sich auch das Gerücht, der Kaiser von Mexiko habe sich vor der Erschießung als letzten Wunsch erbeten, das Lied *La Paloma* noch einmal zu hören. Belegen lässt sich dies nicht. Wahrscheinlich ist aber, dass die Komposition Yradiers bei der Ausschiffung von Maximilians Sarg nach Europa erklang.

Sebastián de Yradier war zu diesem Zeitpunkt bereits in seine Heimat Spanien zurückgekehrt und am 6. Dezember 1865 in Vitoria gestorben.

Das meist interpretierte Lied der Welt

Erfolgreich war *La Paloma* über all die Jahrzehnte. Aber erst in letzter Zeit haben Sammler umfängliche Kompilationen auf Tonträgern bereitgestellt, die einen Vergleich der recht unterschiedlichen Interpretationen möglich machen. Vom opernhaften Gesang bis zur Rocknummer, von Weltmusikklängen bis zum synthetischem Sound reichen die Interpretationen, die auch die jeweilige Anpassung der Texte an den Zeitgeschmack verdeutlichen.

Z

Zahlensalat bei Schubert

Manche Komponisten zitterten geradezu vor der magischen Zahl Neun, wenn sie Sinfonien schrieben. Das übergroße Vorbild Beethoven hemmte sie und spornte sie doch zugleich an (→Neun, Mythos der Zahl). Franz Schubert brauchte keine Zahlenmystik, um die beängstigende Wirkung des in der gleichen Stadt lebenden Zeitgenossen zu spüren. Begegnet ist er ihm vermutlich nicht, trotz der überlieferten Anekdote, nach der Schubert ans Sterbebett des tauben Beethoven geeilt sei. Zu seinen Freunden soll er gesagt haben: »Wer vermag nach Beethoven noch etwas zu machen?« Auch wenn sich Schubert auf anderen musikalischen Feldern, etwa dem Klavierlied, seiner Bedeutung durchaus bewusst war, in der Beurteilung seiner eigenen Symphonien war er sehr unsicher. Und das wirkte für die unmittelbare Nachwelt in ihrem mitunter geradezu schlampigen Umgang mit der Überlieferung fast wie ein Freibrief. So wundert es nicht, dass Noten verschwanden, Werke verschiedene Zählungen erhielten und erst im 20. Jahrhundert eine Werkliste auf wissenschaftlicher Grundlage erstellt wurde.

8, 7, 9 … verzählt

Am offensichtlichsten wird dieser Wirrwar bei den beiden letzten Sinfonien. Die *Unvollendete,* Schuberts h-Moll-Sinfonie in zwei Sätzen (D 759) wurde lange in den Konzertprogrammen wie in den Notenpublikationen als achte geführt. In der ersten Gesamtausgabe der Werke Schuberts, die in Leipzig 1884–1897 erschien, hatte man das vermeintlich fragmentarische Werk den vollständigen Sinfonien nachgeordnet. Die so genannte »Große« C-Dur-Sinfonie (D 944), der schon Robert Schumann »himmlische Längen« attestierte, erhielt die Nummer Sieben. Beide Werke waren erst nach Schuberts Tod 1828 bekannt geworden und wurden 1839 in Leipzig (C-Dur) und

Musik aufräumen

1867 in Wien (h-Moll) uraufgeführt. Um nun wiederum die Chronologie des Entstehens abzubilden, entschloss man sich, die C-Dur-Sinfonie mit der Nummer Neun zu versehen, was auch propagandistische Gründe hatte. Auf diese Weise erreichte Schubert zumindest zahlenmäßig den gleichen kanonischen Rang wie Beethoven.

Eigentlich hätte man nun auf die freigewordene Stelle jene Gmunden-Gasteiner Sinfonie setzen müssen, die lange in der Schubertforschung herumspukte. Im Sommer 1825 hatte Schubert nach Dokumenten seines Freundeskreises an einer Sinfonie gearbeitet. Das Deutsch-Verzeichnis der Werke (→ Köchel, Hoboken und Co.) gab diesem Phantom die Nummer 849. Nach einem solchen Werk zu suchen, war zunächst einmal nicht verwunderlich. Im Anschluss an die sechste Sinfonie C-Dur (D 589) aus dem Jahre 1818 experimentierte Schubert immer wieder mit der großen Orchesterform, es existieren Fragmente, Entwürfe, angefangene Instrumentationen, mitunter in einem Skizzenkonvolut zu mehreren geplanten Sinfonien gleichzeitig. Der am weitesten vorangeschrittenen Sinfonie E-Dur D 729 aus dem August 1821 gab man vorübergehend die frei gewordene Nummer Sieben. Jüngere Forschungen haben nun aber herausgefunden, dass die Arbeit an der Großen C-Dur-Sinfonie nicht erst, wie bis dahin angenommen, 1828, also im Todesjahr, in Angriff genommen wurde, sondern bereits drei Jahre früher. Damit entpuppte sich die »Gmunden-Gasteiner« als Phantom, denn statt an ihr arbeitete Schubert bereits an der C-Dur-Sinfonie. Nun konnte die Chronologie endlich wiederhergestellt werden: Die »Unvollendete« von 1822 wurde Nr. 7, die C-Dur-Sinfonie Nr. 8.

Nr. 849 – eine Phantomsinfonie

Posthum wurde Ordnung geschaffen

Die Debatte, inwieweit die »Unvollendete« unvollendet ist, ist eine nicht enden wollende. Sie füllt Regalmeter der Forschung und des populären Schrifttums. Nimmt man die übliche vierteilige Satzfolge einer klassischen Sinfonie als Maßstab, ist Schuberts Komposition mit einem schnellen und einem langsamen Satz nicht komplett. Es existieren ja auch einige wenige Entwürfe zu einem Scherzo. Allerdings scheint Schubert selbst gespürt zu haben, dass mit den beiden Sätzen alles gesagt ist. Nicht zuletzt der Erfolg seit der Uraufführung 1867 bestätigt diese Annahme. Schuberts »Unvollendete« gehört zu den meistgespielten Sinfonien der Wiener Klassik.

Zehn Arien für 100 Pfund

Im Jahre 1902 stand Enrico Caruso als Tenor noch vor seinem internationalen Durchbruch. Der 29-jährige Neapolitaner hatte gerade an der Mailänder Scala die neue Oper *Germania* von Alberto Franchetti erfolgreich uraufgeführt. Das Werk, das bei seiner Wiederaufführung an der Deutschen Oper Berlin im

Herbst 2006 keine Renaissance erlebte, hatte ein Jahrhundert zuvor viele Fans unter den italienischen Operngängern. Und das trotz der Tatsache, dass in diesem Stück deutsche Philosophen und deutsche Feldherrn den Befreiungskrieg des Jahres 1813 gegen Napoleon quasi herbeisingen. Für Enrico Caruso war es wichtig, sich mit anspruchsvollen, aber eingängigen Partien aus dem Heer der Tenöre herauszuheben. Noch hielten sich nämlich Begeisterung und Distanz bei seinen italienischen Hörern die Waage. Da kam ihm der Zufall zu Hilfe. Der für die amerikanische Victor Company durch die Welt reisende Frederick W. Gaisberg, immer auf der Suche nach neuen Stimmen für das neue Medium Grammophon, wollte Caruso unbedingt als erster auf Platte bannen. Caruso zögerte – und pokerte hoch. Er wollte gleich zu Beginn deutlich machen, dass er ein besonderer Tenor sei und Anspruch auf eine angemessene Gage habe, die ihn aus der Reihe seiner Mitstreiter herausheben würde. Vielleicht ahnte er auch, dass er mit dem Singen in einen Schalltrichter die Kontrolle über die Wirkung der von ihm produzierten Töne abgibt. Er verlangte für die geplante Aufnahme ein Honorar von 100 Pfund. Die zuständigen Stellen von Gaisbergs Firma lehnten diese, nicht nur in ihren Augen, horrende Forderung ab. Aber Gaisberg machte die Aufnahmen dann doch, ohne Wissen seiner Vorgesetzten, die zähneknirschend das Honorar bezahlten, als sie die herausragende Leistung Carusos gehört hatten.

Aber waren diese Aufnahmen wirklich die ersten? Angeblich sollen bereits im Jahr zuvor drei Aufnahmen für die französische Konkurrenz der Gebrüder Pathé vorgenommen worden sein. Das geschah noch auf Tonwalzen: *Tu non mi vuoi più ben* von Antonio Pini-Corsi, *E lucevan le stelle* aus Puccinis *Tosca* und *Qui sotto il ciel* aus den *Hugenotten* von Meyerbeer. Heutige Plattenverzeichnisse datieren diese Aufnahmen auf den Oktober 1903. Das könnte allerdings auch das Datum der Überspielungen von den Walzen auf Platte oder das Veröffentlichungsdatum sein. In dieser Anfangsphase der Schallplattenindustrie mit ihrer wilden Konkurrenz ist die Rückdatierung als Reklameelement denkbar. Jedenfalls beharrt die bei BMG-RCA herausgekommene Original Master Recordings Sammlung *The Complete Caruso*, die 1990 auf CD erschien, auf der Datierung auf das Jahr 1903. Auch für die International Zonophone Company, die in Berlin ihren Sitz hatte, soll Caruso früh ins Trichtermikrophon gesungen haben. Der kommerzielle Erfolg aber kam mit folgenden ersten Aufnahmen vom 11. April 1902, gesungen in einem Zimmer des Hotels »Milan« in das Aufnahmegerät des Frederick W. Gaisberg für Victor Company:

- Alberto Franchetti, *Studenti! Udite!* aus *Germania*
- Giuseppe Verdi, *Questa o quella* aus *Rigoletto*
- Giuseppe Verdi, *Celeste Aida* aus *Aida*
- Jules Massenet, *Chiudo gli occhi* aus *Manon*
- Gaetano Donizetti, *Una furtiva lacrima* aus *L'elisir d'amore*
- Arrigo Boito, *Giunto sul passo estremo* aus *Mefistofele*
- Alberto Franchetti, *No, non chiuder gli occhi vaghi* aus *Germania*
- Arrigo Boito, *Dai campi, dai prati* aus *Mefistofele*
- Giacomo Puccini, *E lucevan le stelle* aus *Tosca*
- Pietro Mascagni, *Apri la tua finestra* aus *Iris*

Zwei dieser Stücke (Boitos *Giunto* und die Arie von Mascagni) liegen in keinen weiteren Aufnahmen Carusos vor. Es muss die erste von insgesamt fünf Aufnahmen des Puccinireißers *Es blitzten die Sterne* gewesen sein, die Caruso zum ersten Sänger weltweit machten, der allein aufgrund einer Tonaufnahme ein Engagement bekam: Am 23. November 1903 debütierte er als Herzog von Mantua in Verdis *Rigoletto*. Kurz darauf erhielt er von der Victor Company einen Exklusivvertrag. Caruso kam sein eher baritonal gefärbter runder, gleichmäßiger Ton zugute, der bei den begrenzten technischen Möglichkeiten der Mikrophone besser zur Geltung kam als die damals von den führenden Sängern ausgebildete Brillanz mit ihrem starken Vibrato. Bis zu seinem Tode am 2. August 1921 hat er insgesamt 238 Aufnahmen gemacht. Die letzten waren knapp ein Jahr zuvor, am 16. September 1920, unter anderem das *Domine Deus* und das *Crucifixus* aus Rossinis *Petite messe solennelle*.

Zufall

→ Aleatorik, → Würfelkomponisten

Namensregister

Dieses Register beinhaltet alle im Buch vorkommenden Personen.

Eine Welt bricht aus den Fugen

James R. Gaines
Das musikalische Opfer
Johann Sebastian Bach trifft Friedrich den Großen
am Abend der Aufklärung
Aus dem Englischen von Reinhard Kaiser
384 Seiten • Gebunden mit Schlaufe
€ 34,– (D) / sFr 58,–
ISBN 978-3-8218-6208-8

Band 285 der Anderen Bibliothek

Als Johann Sebastian Bach im Jahr 1747 einer Einladung des jungen Königs von Preußen folgte, begegneten sich in Potsdam zwei unvereinbare Charaktere – der eine ein tiefgläubiger Protestant mit schier göttlichen Gaben, der andere ein zynisch machiavellistischer Herrscher und Monarch. Einzig Friedrichs Liebe zur Musik öffnete ein Fenster in eine andere, bessere Seite seines Wesens ...

Eine meisterhaft komponierte Doppelbiographie eines musikalischen und eines militärischen Genies, die auch die Geschichte eines kulturellen Konflikts ist: zwischen Religion und Aufklärung, zwischen Glauben und kalter, rationalistischer Skepsis.